伯家神道　伝承の系譜

くしびなる日本　とかむながらの道

松濤広徳

太玄社

伯家神道 伝承の系譜――くしびなる日本とかむながらの道　目次

2章 かむながらの道（伯家神道） 63

3章 伯家神道の系譜 103

4節　和学教授所を京都に再興した中村新子

4章　神祇官の歴史　321

出典、参考資料等の表記について

1．引用の出典については本文に明記、または引用文を字下げで掲載し末尾に書名を表記しました。なお、旧字体や旧仮名遣いは新字体と現代仮名遣いに改め、句読点を追加したところがあります。

2．古典・近代作品について紹介する際などは成立年を記載し、概要を掲載する場合は文字を太字にして末尾に〈要旨〉と記しました。

3．意見や言及について参照した文献がある場合は、各所に（参考文献）として書名を記載しました。

4．引用、参考として使用した書籍とｗｅｂサイトについては巻末の参考文献に掲載しました。書籍は著者五十音順に発行所と発行年を、ｗｅｂサイトについては取得日を加えて記載しました。

◎「3章　伯家神道の系譜」では、伯家神道における伝承を元として、筆者による創作説話として挿入しました。詳しい経緯を記した記録は残っていないけれども、一部は話が残っているものもあるためです。なお、本文で取り上げた人物以外の登場人物はフィクションです。

はじめに

みなさんは、ご存じでしょうか。

天皇様が、ふだん何をなさっておられるのか。普通の人にとっては、あまり関係ないので、特別には気にしたこともないのが、本当のところでしょう。

外国の元首や賓客を出迎えること、それも大切なお役目でしょう。日本国の象徴として、昔から存在するお方、いるだけでありがたいお方、たしかにそのとおりでしょう。

では、なぜ天皇様は、ありがたいお方なのでしょうか。

実は、私たちが普段は知らない天皇様のお姿がございます。天皇様は、表にはあまり出ることのない私たちの知らないところで、この日本のために働いておられます。

天皇様は、いつも神殿で祈りを奉げておられます。これは江戸時代をはるかにさかのぼる昔々からのことなのです。日本の皇室は、祈りとともにあるのです。天皇様が行わなければならない、天皇様だけしか行うことのできない、祭祀（お祀り）がございます。代表的な祭祀には、四方拝《しほうはい》、神嘗祭《かんなめさい》、新嘗祭《にいなめさい》などがございます。皇室の典礼儀式の内容は、非公開になっています。

天永二年（一一一一）にまとめられた書物に、『江家次第《ごうけしだい》』というものがございます。朝廷の年中行事や儀式などを詳細に記した書物で、昔のことをまとめた（有職故実）書物として珍重されました。お正月の四方拝について、内容を引用いたしましょう。（出典『江家次第』）

賊寇《ぞくこう》之中《しちゅう》　過度《かど》我身《がしん》　毒魔《どくま》之中　過度我身
毒氣《どくけ》之中　過度我身　毀厄《きやく》之中　過度我身
五急六害《ごきゅうろくがい》之中　過度我身　五兵六舌《ごへいろくぜつ》之中　過度我身
厭魅《えんみ》之中　過度我身　萬病除癒《まんびょうじょゆ》　所欲随心《しょよくずいしん》　急急如律令《きゅうきゅうにょりつりょう》

漢文になっていますので、このままでは意味はわかりにくいでしょうから、読み下し文にしてみましょう。

賊寇の中、我が身を過度せよ　毒魔の中、我が身を過度せよ
毒氣の中、我が身を過度せよ　毀厄の中、我が身を過度せよ

五急六害の中、我が身を過度せよ　　五兵六舌の中、我が身を過度せよ
厭魅の中、我が身を過度せよ　　萬病を除き癒し、欲する所は心に随《したが》わんことを、
急急如律令（急ぎ急ぎ律令の如くせよ）

「過度（過し度せよ）」という言葉が使われていますが、道教でも使われていた言葉で、「無事に過ごす」というような意味を持ちます。さらには「我身を通して悟りへ至らしめよ」という意味だとも解釈されています。

「急急如律令」は、道教の呪文として使われる決まり文句で、「至急に掟のごとく振るまえ」の意味です。言い換えると「急いで行い給え、急いでかなえ給え」ということです。使われている言葉は道教的な色彩が強いので、現在は使われていません。

ですが、四方拝は国民のために天皇様が崇高な祈りをささげる場という本来の意味は、今でも変わりません。（現在のやり方は異なっています）

日本がなぜ、これほど長い間、一つの国であったと思いますか。過去においては、天皇様といえども、権力争いの渦中にあったこともありました。権謀術数を駆使された方もおられます。今までの数々の国難ともいえる艱難辛苦を乗り越えて、日本という国は続いています。

それは陛下の神々への祈りの力ではないでしょうか。天皇様は神と一体となって、日本の、世界の、国民のために、神々へ祈りを捧げます。祈りの力を過小評価してはいけません。行うべき役割のものが祈れば、何らかの結果をもたらします。神々と一体となって神々へ祈る、その祈りの力が、今までの日本を守っているのではないでしょうか。

暖房もない冷房もない神殿で、天皇様は、時には朝早くから祈りを奉げます。寒さに凍える冬も、暑さに汗ばむ夏も、陛下、ただ御一人で、自らが行うべき祭祀を神殿の中で行います。雪の降る冬であれば、少しじっとしているだけでも体に震えがきます。真夏の暑さの中であれば、衣をつけただけでも、肌に汗が滲んできます。いったん祭祀が始まれば、途中での休憩はゆるされない。それが祭祀です。冬も、夏も、必要ならば何時間も祭祀に費やします。天皇様の大きなお役割として、人々のために祈るのです。神に奉げる祭祀のためには、陛下には楽も贅沢もないのです。

あなたは、人のために祈ることはできるでしょうか。自分の身内や親しい人のためならば、祈ることもあるでしょう。自分の身内でもない、何の関係もない人に対しても、祈ることはできるでしょうか。あなたは、行き倒れている人や、ホームレスの人に対しても、身内に対してと同じように祈ることはできるでしょうか。普通の人は、陛下のような、そんな大変なお役は御免でしょう。もっと楽をして贅沢をしたいのではないでしょうか。資産家や経営者のほうが、ずっと楽な生活ではないでしょうか。

陛下が神と一体となって、祈りを奉げるための御道《おみち》がありました。実はこの御道は、陛下だけでなく、すべての人が神になる道でもありました。

伯家神道の名前は、古神道に興味を持つ人々の間では、いくらかは知られているでしょう。実際にどのようなものなのか、御道の修行に取り組んだ人は少ないのです。宮中に深く秘められた秘密の伝承というように謎めかして、伝えられているだけです。伯家神道といっても、いろんな宮中に伝わった儀式を含めて呼んでいます。

伯家神道のなかでも、御道とは、別名を十種神宝《とくさのかんだから》御法、祝《はふり》之神事、御簾内《みすうち》の御行、すめらの道などと、いろいろな呼び方をされます。多様な名称で呼ばれるのは、元来、この御修行には名前が付けられていなかったからなのです。宮中では、御道といえば、これを指すのがあたりまえでしたから、別に特別な名前など必要でなかったのです。しかし時代は下り、いろいろな作法や行法と区別する必要がでてきたために、あえて名前を付けたからです。

今に至るまでの伯家神道の伝承は、江戸時代末から明治時代にかけて活動した、白川伯家最後の学頭である高濱清七郎(一八一一〜一八九三)にまでさかのぼります。高濱清七郎の名前は、伯家神道を学んだことのある人々の中では知られています。ですが、どのような人生を歩んだのかは、まとめられたことはありません。伯家神道の修行に関係した人々の間でのみ、清七郎とその後継者や関係者の名前や、断片的なエピソードがわずかに知られているだけです。白川神祇伯家の最後の学頭でした清七郎の事績は、歴史のかげに埋もれて、ごく一部の方々しか知りません。

清七郎に始まる明治以降の伯家神道の歴史、中でも祝之神事と呼ばれる御道が、どのような経緯で伝わってきたのか、初めて、その歴史と事跡をまとめてみました。清七郎は、宮中に伝わった秘密の御行というだけでなく、現在の教派神道や古神道の行法にも、影響を与えています。

本を書くことには迷いもありました。しかしながら、今まで御道を継承するために努力を傾けた方々の名前が、歴史のかなたに失われることを危惧いたしました。このままでは、先代の継承者から直接教えを受けた方々も、世代が変わるごとにいなくなっていきます。これは世の常として、仕方のないことです。どこかで、誰かが、先代の継承者の方々のことを記録に留める必要があると思いました。どのような人が、何のために、どのようにして、今まで継承してきたのか、それすらわからなくなってしまいます。

今をさかのぼること、およそ五〇年以上から、一〇〇年以上も前の方々なので、関係者はすでにほとんど物故されています。今はすでに直接話を聞くこともできません。残っている記録類と継承されている関係者の伝聞を中心として、まとめてみました。記録の残っていないところは、推測もあります。そのため間違いもあるかも知れませんが、お許し願いたいと思います。

江戸時代の末期に学んだ高濱清七郎に始まる伯家神道の継承の歴史が、今まとめておかなければ、永遠に忘れ去られてしまうことを危惧いたしました。古《いにしえ》の昔から、宮中の奥深くに秘められた、語らずも知る古の道、神と舞う神遊びの道、伯家神道に伝わる御道について、継承のために努力した方々の歴史を残したく思いました。

日本に昔から伝わってきた、神秘の伝統がどんなものだったのか思い出すことから始めたいと思います。日本において、語らずも知る古の道、神と一体となって舞う神遊びの道の伝承についてお話しましょう。

1章　くしびなる日本と伯家神道

1節　くすしき世界の物語

1　天守閣の蠱惑の美女

天守閣に住むという蠱惑《こわく》の美女の話がある。播磨国（現在の兵庫県）の天守閣に秘められた人ならざる異界の住人、富《とみ》姫達と、さる誤解から切腹を命じられ、それを許す代わりに城の中へと入り込んだ若侍の物語である。泉鏡花《いずみきょうか》（一八七三～一九三九）の『天守物語』（一九一七）という戯曲である。

話の舞台は、播磨国の姫路城である。姫路城は別名白鷺《しらさぎ》城とも呼ばれ、その天守閣最上階の第五重（第五層）を主舞台としている。舞台となる時代は、いつの時代のことかはっきりとしないが、少なくとも封建時代であることはまちがいない。『天守物語』の戯曲は次のように始まる。

季節は、木々の葉が黄色や赤へと色鮮やかに染まり、紅葉のもえさかる晩秋のことである。

草はらには、萩《はぎ》や野菊などの秋の野花も可憐に咲いていた。
白鷺城の天守閣の最上階には、富姫という稀代の美女（実は異界の住人）が、その侍女（従者、眷属）を従えて住んでいた。そこには巨大な獅子頭がすえてあり、異界となっていた。今宵は天守夫人である富姫の親しい友、猪苗代の城の亀姫《かめ》がやってくるというので、城の従者たちは、白露を釣竿の先につけ、秋の草花を釣っているところである。舞台は白露で草花を釣るという誠に典雅な描写である。〈以上、要旨〉

物語の舞台は、わらべうた「通りゃんせ」とともに幕を開ける。天守閣の五層から上は、妖《あやかし》の住む世界で、人間が足を踏み入れたこともない魔界として描かれている。この城の主人の富姫はもちろんのこと、仕える侍女たちもすべて魔性の妖である。

橋本政次（一八八六～一九七三）が一九五二年にまとめた『姫路城史』によると、姫路城の天守閣が築城され、その威容を見せはじめたころには、城内ではさまざまな妖異があったという。

播磨姫路藩の初代藩主となったのは池田輝政《てるまさ》（一五六五～一六一三）で、安土桃山時代から江戸時代前期にかけての武将である。美濃や大垣、岐阜、三河などの城主を経て、播磨姫路藩の初代藩主となった。姫路城を大規模に改修し、威容を整え、現在に残るような姿にした。

姫路城に伝わるさまざまな怪異には、次のような話がある。

新天守閣が完成（一六〇八年）するころ、さまざまな怪異が起こり、慶長一六年（一六一一）にはついに輝政が病に臥してしまった。輝政が病に倒れたので、悪魔折伏のため祈祷をしたといわれる。比叡山より阿闍梨（密教の僧侶）を招いて、七日七夜の祈祷をした。

七日目の夜半、年のころは三〇歳ばかりの女が現れ、問答を仕掛けながら二丈ばかりの鬼神になった。阿闍梨が剣を抜いて突こうとすると、鬼神は「われは権現《ごんげん》なり」と、阿闍梨を蹴り殺して消え失せたという。

権現とは神の現れのことで、神様のことである。怪異は、刑部大神《おさかべおおかみ》の祟りだという噂が流れたため、池田家は城内に刑部神社を建立し、刑部大神を遷座し祀った。

刑部明神《おさかべみょうじん》（長壁明神）は姫路城の守護神であり、今も大天守の最上階に祀られている。城内の長壁《おさかべ》神社や播磨国総社にも祀られている。

姫路城の天守には、長壁《おさかべ》姫という妖が隠れ住むともいわれる。姫路城の天守を住まいとして、年に一度だけ城主と会い、城の運命を告げていたという。長壁姫が、泉鏡花の『天守物語』の富姫のモデルの一人となったのであろう。

2 『天守物語』の妖《あやかし》

『天守物語』の舞台となる白鷺城には、妖《あやかし》が棲みついていると、まことしやかに伝えられていた。

舞台は、白鷺城の天守の第五層である。

登場人物は、天守夫人の富姫《とみひめ》。岩代国猪苗代の亀の城の亀姫《かめひめ》。鷹匠の姫川図書之助《ひめかわずしょのすけ》。姫路城主武田播磨守家臣。茅野ヶ原の舌長姥。桔梗《ききょう》、萩《はぎ》、葛《くず》、女郎花《おみなえし》、撫子《なでしこ》の富姫の侍女。奥女中の薄《すすき》。女の童三人などである。

左右に柱、向って三方を廻廊下《まわりろうか》のごとく、一面に高麗《こうらい》べりの畳を敷いている。紅《くれない》の鼓の緒があり、処々に蝶結びして一条《ひとすじ》、これを欄干のごとく取りまわして柱に渡している。向って右の廻廊の奥には、階子《はしご》がある。階子は天井に高く通じている。外をみると山岳が遠くに見え、秋の雲がたなびく。棟甍《むながわら》や、樹立《こだち》の梢《こずえ》が見える。正面には、森々《しんしん》たる樹木の梢がある。〈以上、要旨〉

三人の女童《めのわらわ》のわらべうたの合唱とともに幕を開ける。誰でもよく知っている天神様の細道の歌である。

ここは何処《どこ》の細道じゃ、天神様の細道じゃ

唄は「通りゃんせ」として知られている、江戸時代に歌詞が成立したと見られるわらべうたである。天神様は、学問の神として知られているが、天神と呼ばれるものには、日本の皇室や古代の有力豪族の祖先とされる神々である天津神《あまつかみ》のことを呼ぶこともある。『天守物語』は、次のような話である。

白鷺城の主人である富姫は、ある用向きがあり、いずこかへ出かけている。五人の美しい侍女たちが、天守から地上へと釣り糸を垂れている。白露を餌に、地上の秋の草を釣っているのである。幕開けの描写は、典雅な綺想に満ちている。ここでは白鷺城は、武田播磨守の居城とされている。葛《くず》が語る。

「千草八千草秋草《ちぐさやちぐさあきぐさ》が、それはそれは、今頃は、露を沢山たんと欲しがるのでございますよ。刻限も七つ時、まだ夕露も夜露もないのでございますもの」

隣を視て、「御覧なさいまし、女郎花《おみなえし》さんは、もう、あんなにお釣りなさいました」

釣り糸を垂れて、白露を餌に秋草を釣る、このたおやかな侍女たちは、桔梗《ききょう》、萩《はぎ》、葛、女郎花、撫子《なでしこ》という秋の七草の名前なのである。この妖たちは、花々の化身のようにも、寄り添う

妖精のようにも見え、天守から釣り糸を下界へと垂れて、秋の野花と戯れている。

雅《みやび》な秋草釣りの光景は、空に電光がきらめき、一転にわかに雷鳴がとどろくと、またたく間に急な土砂降りへと変わってしまう。

出かけていた富姫が、蓑《みの》をかぶって、天守に戻ってきた。富姫は、越前国、夜叉ケ池《やしゃがいけ》の主《ぬし》であるお雪に、雨を頼みに出かけていたのだ。鷹狩りに出かけてきて、うるさく騒ぐ下界の姫路城主の一行を雨で追い散らしたいからである。

会津から、遊びにはるばるやってくる亀姫の邪魔にならぬようにするためである。富姫は、ほどなくやって来た亀姫と厚誼を交わし、手鞠で遊んだ。手土産に播磨守の自慢の白鷹を捕らえて渡し、亀姫は土産をもって帰っていく。

富姫が天守閣で一人、物思いにふけりながら獅子頭の前にたたずんでいる。富姫のいる天守閣へ、人間である播磨守の鷹匠、姫川図書之助《ひめかわずしょのすけ》が現れる。白鷹を逃がしたために切腹を命じられるところ、誰も恐れて登ろうとしない天守の中へ、白鷹の行方を捜しにいけば一命を助けようと言われたと語る。

富姫は図書之助を一目で気に入るが、天守へ登ってくる者は生かしては帰せない掟がある。しかし富姫は図書之助を殺さずに、図書之助に二度とここへ来てはいけないと諭して帰すことにする。図書之助も姫のあまりの美貌に心奪われたが、おのれの役目を果たすためには、城の外へと帰らねばならない。

帰りがてら、階段を下りる途中で灯火が消えてしまい、灯火をもらうために再度、富姫の元へ戻る。富姫は自分に出会った証拠として、播磨守秘蔵の兜を図書之助に渡す。

播磨守の元へ兜をもって帰った図書之助は、兜を盗んだという疑いをかけられ、殺されそうになる。図書之助はしかたなく三度、城の中の天守閣へと逃げこむ。図書之助は、無実の罪で殺されるくらいなら、天守に登った罪で美しい姫の手にかかって死にたいと願った。

播磨守の追手が天守閣へと迫る中、富姫は図書之助にともに生きようと言い、天守にある獅子頭の母衣《ほろ》の中へ隠れた。〈以上、要旨〉

この戯曲は、妖《あやかし》と人間との恋の物語である。富姫は妖ではあるが、その心には人間的な心情が感じられる。仕える侍女たちは秋の七草の精霊のようでもある。この物語が書かれたのは、自然の働きの中に神々や精霊をみるような自然の神秘への日本的なとらえ方があるからである。古くから伝わる不思議の伝統を、まさしく封建時代を舞台として蘇生させた泉鏡花の作品は、この『天守物語』をおいてほかにはない。

3 『雨月物語』の畏怖と哀愁

『雨月物語』（一七七六）は、恐ろしくも哀愁に満ちた、江戸時代を代表する幻想的な怪異小説集である。『雨月物語』は、上田秋成（一七三四～一八〇九）によって、江戸時代の後期に著わされた読本《よみほん》の一つで、怪異小説九篇から成る短編集である。近世の日本文学の代表作ともいえる。江戸後期の文化文政期には、いろいろな怪異や不思議を語ることで、恐ろしくも哀愁を帯びた言語空間を創造しようとした物語が流行した。怪異や不思議を語る伝奇小説のことを読本と呼んでいる。寛政の改革（一七八七～一七九三）以降に流行し、文化文政（一八〇四～一八三〇）のころ全盛となり、明治になっても活字本として広まっていた。泉鏡花には、『雨月物語』を書いた秋成の影響が伺える。秋成が著した『雨月物語』や『春雨物語《はるさめものがたり》』を鏡花がいつも脇に置いていたという。

『雨月物語』には、「白峰」「菊花の約」「浅茅が宿」「夢応の鯉魚」「仏法僧」「吉備津の釜」「蛇性の婬」「青頭巾」「貧福論」の九編の短編が収められている。各短編に共通することは、「怪異」を扱っていることで、生霊、死霊、蛇精、金霊、魔王など、数多くの怪しい存在が、物語の中に現れる。古典的な怪異を扱った名作で、文章は優美かつ幽玄であり、読む人の心をとらえて離さない。

『雨月物語』の第一話「白峰」は、不吉な闇の夜を舞台に、崇徳院《すとく》（一一一九〜一一六四。崇徳天皇が譲位した崇徳上皇）が悪霊である天狗になって跋扈《ばっこ》する話である。江戸時代の作品だが、次の下りは名文で有名である。

この里ちかき白峰《しらみね》といふ所にこそ、新院の陵《みささぎ》ありと聞きて、拝みたてまつらばやと、一〇月はじめつかたかの山に登る。松柏《しょうはく》は奥ふかく茂りあひて、青雲のたなびく日すら、小雨そぼふるが如し。児が岳といふ険しき岳背に聳《そばだ》ちて、千仭《せんじん》の谷底より、雲霧おひのぼれば、まのあたりをもおぼつかなき、ここ地せらる。

（出典『上田秋成全集』第7巻「雨月物語」）

筆者注：はじめつかた＝初めのころ、陵《みささぎ》＝御陵、松柏《しょうはく》＝松や檜などの常緑樹

崇徳院が怪鳥を操り、世の中を混乱させようとし、それに僧（西行）が相対する。崇徳院の怨霊は、平安時代の後期（院政期）にもっとも恐れられた怨霊である。崇徳院の怨霊の話は、『保元《ほうげん》物語』や『平家物語』にも登場する。

ある旅人が、島流しにあって無念の死を遂げた崇徳上皇の墓があるという讃岐《さぬき》国（現在の

香川県）の白峰に向かう。旅人は山の中を歩いていくと、深い千仭《せんじん》の谷底より、霧が立ち込めてくると、一面真っ白になり、目の前も見えず、心細く不安な気持ちになった。

旅人はようやく石の重ねられた墓にたどり着く。生前の崇徳上皇のことを思い出し、旅人は悲しい気持ちに襲われる。せめてもの崇徳上皇の供養をと、旅人はひたすらお経を読み続ける。いつの間にか夜になると、辺りはおどろおどろしい雰囲気に包まれてくる。

「円位、円位」と旅人の名を呼ぶ声が聞こえて来る。円位とは、西行の法名である。この旅人は、西行法師であったのだ。

そこへ現われたのはなんと、顔や姿はぼんやりとしか見えない、崇徳上皇の亡霊である。西行は慌てず、この世に未練を残さず、成仏してくれるように頼む。しかし、怨みを抱えて亡くなった崇徳上皇は、「お前は知らないだろうが、近ごろの世の乱れは、私がなしたのだ」という。近ごろ起こった平治の乱は、自分が起こさせたものだという。

崇徳上皇は「からから笑い始めて、天狗となった姿を現す。西行と問答を繰り返す。西行は昔の徳の高い崇徳天皇を覚えているので、天狗となった崇徳院を諌めようとする。天狗はさらに怪鳥まで呼び出す。和漢の故事を引き合いに出しながら、両者の議論は続く。〈以上、一部要旨〉

崇徳院は、平安時代後期の第七五代の天皇である。父である鳥羽天皇の譲位により五歳で即位するが、実権は白川法皇が握っていた。白河法皇が崩御すると権力を握った鳥羽法皇の意向で、崇徳天皇が二四歳の時に、三歳の異母弟である近衛天皇に譲位させられ、崇徳上皇となる。鳥羽上皇(鳥羽法皇)は、なぜこれほど崇徳上皇を嫌ったのであろうか。崇徳上皇が自分の子ではなく、白河法皇と璋子《たまこ》が密通して生まれた子と思われたからである。鳥羽法皇にしてみれば、崇徳上皇は自分の子ではなく、叔父の子として疎ましい存在にすぎなかった。

鳥羽法王が重体の報に、崇徳上皇は鳥羽殿へ赴くが側近たちにさえぎられる。父への別れもできずに、崇徳上皇は引き返す。鳥羽法皇死去後の大葬にも、崇徳上皇の参列は許されなかった。これには崇徳上皇も怒り心頭に達した。近衛天皇も若くして崩御すると、同母弟の後白河天皇が即位した。これらの出来事に怒った崇徳上皇は、保元の乱を引き起こし、武力により後白河天皇からの覇権奪還を試みる。しかし戦いに敗れて、讃岐とへ流される。

讃岐で崇徳上皇は、三年の歳月をかけて、五部の大乗経(華厳経、大集経、大品般若経、法華経、涅槃経)を写経し、鳥羽法皇の墓前に供えてもらうべく都へと送った。後白河天皇の近臣であった藤原信西《しんぜい》に受け取りを拒否されて、写経した五部の大乗経は突き返される。

崇徳上皇はこれに激怒して、「我願わくば五部大乗経の大善根を三悪道に抛《なげう》って、日本国の大悪魔とならん」と、舌を噛み切り、流れる血で、突き返された五部の大乗経に呪詛の誓いの言葉を書きつけたという。

崇徳院の状況がただならぬということが都にも聞こえてきたので、朝廷は平康頼を讃岐へ遣わし状況を確認した。崇徳院のありさまを見た平康頼は、驚き急いで退出した。崇徳院は、髪も爪も切らず伸ばし放題で、形相は凄まじいありさまとなっていく。都から派遣された平康頼は、院は生きながら天狗となられたと報告している。（参考文献『保元物語』『平家物語』）

京都に帰ることを望んだが、ついに許されず、配流地の讃岐で無念のまま崩御された。深い恨みと怒りのうちに憤死し、魔道に落ちたとも、怨霊になったともいわれる。墓所は、香川県坂出市白峯陵《しらみねのみささぎ》がある。京都帰ることを望んで帰ることができずに亡くなった崇徳院のために、明治以降に明治天皇の意向で、京都に白峰《しらみね》神宮が造営される。白峰神宮は伯家とも所縁があるのである。白峰、白峯の両方の字が使われている。

もう一つ『雨月物語』の中から、釜鳴《かまなり》神事についての話「吉備津の釜」を挙げておこう。釜鳴神事は、現在でも岡山県にある吉備津《きびつ》神社（岡山市）で行われている。伯家神道の学頭であった高濱清七郎は釜鳴神示を行うことができた。『雨月物語』の「吉備津の釜」は、次のような話である。

吉備国（現在の岡山県）に、井沢正太郎という若者がいた。正太郎は怠け者で、酒や女に溺れ、両親は頭を悩ませていた。そこで両親は、美人の嫁をもらえば落ち着くのではないかと正太郎の結婚を考え、神主の娘で、眉目秀麗な磯良《いそら》と正太郎の縁談を進めることにした。

磯良の父は、釜鳴神事で吉凶を占うことにする。釜鳴神事を行い、吉ならば釜が鳴るはずである。しかし何の音もしなかったので凶の知らせに違いない。しかし神主の妻は、この結婚を進めたい考えていた。妻は、儀式を手伝った人々の身が汚れているから釜が鳴らなかったのだと夫を説き伏せて、正太郎と磯良の結婚が決まったのである。

正太郎と磯良の結婚は、はじめはうまくいっていたが、やがて正太郎は磯良を騙して、金を巻き上げ、愛人を作り、その女を連れて京へ向かって駆け落ちしてしまった。磯良の恨みの気持ちは大変なもので、やがて病気になり寝込んでしまう。磯良の恨みはますます強く、病は重くなってしまう。

播磨国（現在の兵庫県）の荒井の里に、彦六という者がいた。女の親戚に当たるので、駆け落ちした二人がここに立ち寄ると、彦六は正太郎と友となり、正太郎と女を隣に住まわせることにした。ところがすぐ、女はひどく病気がちになり、物の怪に憑かれたようになって七日後には死んでしまった。

正太郎が寂しさのあまり女の墓に参ると、横に新しい墓が建てられていた。その墓をお参りしている若い娘は、ここは御主人様の墓で、残された奥方様があまりに悲しみ病に伏せたので、代わりにお参りしているという。正太郎はその未亡人に何か心ひかれ、若い娘に案内させて、未亡人の家へと向かう。家は藁葺き小屋で、屏風の中に座っていた人に話し掛けると、振り返った女は故郷に捨てた磯良だった。

驚きのあまり気を失ってしまった正太郎が目を覚ますと、そこは暗い墓地にある念仏堂で、仏像が一つ置いてあった。家に逃げ帰った正太郎は、彦六に相談して陰陽師《おんみょうじ》を訪ねることにした。陰陽師は正太郎に、四二日間、家で謹慎すること、護符を家中の入り口に貼りつけ神仏に念じるよう、守らなければ命はないだろうと告げた。

その夜、真夜中に外で声がする。夜ごと、家の周りを動き回る音、叫ぶ声がはげしくなっていき、ついに四二日目の夜となる。少し明るくなったと思えたので、正太郎は隣の彦六に声をかけた。彦六が「もう大丈夫ですよ、こちらへ」と戸を開けようとすると、隣から悲鳴が聞こえ物音ひとつしなくなった。正太郎に何かあったのだと彦六が外へ出ると、明けたはずの夜はまだ暗く、細い月が光っている。正太郎の家は空で、おびただしい血が流れているが、肉片ひとつ落ちていない。

このようなことで、陰陽師の占いが的中し、神事で釜が鳴らなかった吉凶の占いは、実に正しかったのだと囁かれた。〈以上、要旨〉

釜鳴神事とは、鳴りだした釜の音の変化によって、神の意向を知るものである。釜を鳴らすと釜の音が変化したり、勢いよく鳴っていた釜の音が急に鳴らなくなったりする。釜の音の変化によって、神の意向を判断するのが審神者の役割である。釜鳴神事では、釜の鳴る音の意味を読み取る審神者の役割が重要なのである。鳴釜の神事は、祓いや清めのためだけではない。神仏への感謝や許しを請うためにも、行うことがある。

釜鳴神事で釜を固定して焚く場合は、釜を焚く場所、人間側の事情、釜の向きなど、釜を焚く者の位置などいろいろなものが影響する。釜鳴神事では、釜の音の変化によって、神が示そうとする意味を読み取るのである。

釜鳴神事で釜を持ち歩く場合もある。鳴っている釜を持ち歩くと、場所によって釜鳴りが止まることがある。鳴りが止まる場所には、それなりの理由があり、鳴らない理由を正しく判断できると、また釜は鳴り出す。不浄な場所、方角的な理由、建物の構造的なもの、いろいろな邪神などいろいろある。鳴らない理由がある。

高濱清七郎はこの釜鳴神事を行うことができた。釜鳴神事で審神者を行うことができたのであろう。現在でも、吉備津神社や修験道の行者や稲荷行者などで行う者もいるという。ただ今の神社では、審神者ができるものがいないようである。昔は審神者する人(神職や巫女など)が、必ずいたはずである。釜鳴神事は釜を鳴らすだけではなく、その鳴り方によって吉凶禍福などを判断する審神者が必要なのである。審神することは、それなりに難しいことである。

4　上田秋成とくすしき世界

上田秋成の晩年の随筆『胆大小心録《たんだいしょうしんろく》』(一八〇八)には、狐つきの有無をめぐって、江戸時代の中期から後期の儒学者である中井履軒《りけん》(一七三二～一八一七)への反論が記述されている。「妖怪など存在しない、狐つきなど癇症《かんしょう》(ちょっとしたことを気にかける性質のこと)だ」という履軒に対して、秋成は自分の実体験や信用に足る人物の実体験を証拠として挙げている。

秋成は、文学者であっただけでなく、医師でもあり、賀茂真淵《かものまぶち》(一六九七～一七六九)の門下の国学者でもあった。随筆に表れた神々や妖異への秋成の態度を見てみよう。

秋成は、狐狸を人間とは異なった性質を持ち、神に近い存在とみなしている。日本における神は、人間の善悪や正邪とは無関係で、むしろ狐狸のような妖怪に近い性質を持っているという。神々や妖怪は、想像上の存在などではなく、実際に明らかに存在しているものと認識していた。異界の存在と意思疎通ができると考えており、くすしき(奇《くす》しき)世界が存在することを当たり前と感じていたのである。人間の手が加わる前の自然に強い憧れを抱いていた。人間による干渉を受ける前の自然は、人間による予想を超えた神々の働きが体現されたものと感じられていた。神道には**「自然をもって経典とせよ」**という言葉が残されている。自然の中に不可測の神々の働きの現れを見るのである。

秋成は、本居宣長《もとおりのりなが》(一七三〇〜一八〇一)と天照大御神(日の神)についての論争を行っている。宣長の国粋主義的な、皇国を絶対化した主張に対して、外国との関係において相対的な態度を取って入り、かなり痛烈な批判を行っている。宣長は国学者として有名だが、真摯な修行者として、神霊へ向かう態度は、ほとんど感じられない。国学の論は、多分に観念論的であり、神々の実存を基盤にした信念は希薄である。

5 泉鏡花の再評価

『天守物語』を書いた泉鏡花であるが、一時期までは、泉鏡花の作品はあまり出回ってはおらず、古めかしい文体とも相まって、忘れ去られた作家であった。尾崎紅葉(一八六八〜一九〇三)に師事し、怪奇趣味とロマンティシズムで知られる明治後期から昭和初期にかけて活躍した小説家である。江戸期の文芸の影響を深く受けており、近代における幻想文学の先駆者ともいえる。近年は全集や選集もいろいろと出版されており、手に入れやすい作家の一人になっている。『高野聖』『夜行巡査』『外科室』『照葉狂言』『婦系図』『歌行燈』などがある。

鏡花を忘却の淵から救いだすのは、三島由紀夫（一九二五〜一九七〇）である。文学全集の中の『尾崎紅葉・泉鏡花』の解説において、三島は書いている。

私は今こそ鏡花再評価の機運が起るべき時代だと信じている。そして、古めかしい新派劇の原作者としてのイメージが払拭された果てにあらはれる新しい鏡花像は、次のようなものであることが望ましい。すなはち、鏡花は明治以降、今日にいたるまでの日本文学者のうち、まことに数少ない日本語（言霊）のミーディアムであって、彼の言語体験は、その教養や生活史や時代的制約をはるかにはみ出してゐた。前衛的な超現実主義的な作品の先蹤であると共に、谷崎潤一郎の文学よりもさらに深遠なエロティシズムの劇的構造を持った、日本近代文学史上の群鶏の一鶴（後略）

（出典「日本の文学第4巻」解説）

三島は、超現実的な世界を垣間見せる泉鏡花のことを日本語の言霊をあやつる霊媒（ミディアム）とまで呼んでいる。また三島は、上田秋成も愛読していたという。

三島が評価したフランス文学者に、生田耕作《いくたこうさく》（一九二四〜一九九四）がいる。フランス文学者であり、翻訳者、評論家として知られる。一九七〇年代に『現代詩手帖』(一九七二年第1巻第1号)で「泉鏡花特集」を編集し、戦後の文学界の埒外に置かれていた泉鏡花の再評価の大きな流れを作った。生田耕作は、フランスの作家であるルイフェルディナン・セリーヌ(一八九四〜一九六一)の自伝的な小説『夜の果てへの旅』(一九三二)の翻訳で有名であり、名訳とされている(一九六四)。『夜の果てへの旅』はセリーヌの自伝的な小説で、明確な話の筋がないような、混乱し、明確な目的を見失ったある人物の魂の彷徨であり、第一次世界大戦という陰鬱な現実に打ちひしがれて、無力と倦怠の中をさ迷う人間の物語である。

6 くすしき世界の意思

日本での近代化以前の物語の構造は、『天守物語』や『雨月物語』に述べられているように、人間とくすしき異界とは裏表の関係にある。その世界観は、日本が西欧と出会う前に育んできた伝統文化の世界であり、独自の完成された形式を持っている。物語の背景に怪異の伝説があり、日本人の持つ世界観の上に成立している物語である。日本人の心の奥底に潜む信仰の上に成り立つ世界が物語の背景に見て取れる。

江戸時代に伝奇小説が多く書かれたのは、その背後に日本の神道的な精神性が存在したからである。一般人にも、海、山、川、草原、雨、風、あられ、雪、雷など、あらゆるものに神々が存在する世界観が、日本人にとって当たり前のことだった。しかしながら近代化の影響のもとで、今ではその世界は遠くにかすんでしまっている。

日本の美しさを成立させている環境や時代、あるいは前提というものが、はたして変わってしまったのだろうか。かつての日本の原風景には、日本文明と呼ぶべき生活様式があった。それは日本の近代化によってすでに失われたものなのであろうか。日本文明がどのように変容していったかは、日本の近代史に明らかであるが、もはや今となっては取り戻すことは出来ないものなのであろうか。それは失うには、あまりに愛しい日本のくすしき原風景である。

泉鏡花が見ていたものは、長らく平和だった日本のもとで、練り上げてきた伝統世界が消えつつあるという強い懸念があったのではなかろうか。その時代からして、すでに長い時間が経っている。

長い平和により、日本は近代的な軍事技術も、それを使用するための哲学も有してはおらず、軍事力を持った列強と呼ばれるヨーロッパ諸国に学ぶことになった。その後の富国強兵時代から、大きな戦争の時代を経て、アメリカに学ぶ長い期間が過ぎ去った。新しい世界を築くために必要な、時代を先導していくような哲学は、ヨーロッパにも、アメリカにも存在しない。時代を先導していくような思想は、ほかの文明圏、中華文明、インド文明、イスラム文明にも存在しない。日本が外に学ぶべき時代はすでに過ぎ去ったのである。

日本に必要なものは、かつての日本にあった精神的な信仰の基となる世界、今は地下に潜って、あまり表には表れてはいないが、全く失われたわけではなく、脈々と人々の心の中の世界に息づいている不思議の世界がある。八百万《やおよろず》の神々の世界を、再び日本によみがえらせることが、日本の復活につながり、これからの世界の礎《いしずえ》にもなるに違いない。

江戸時代までの日本では、巫女《みこ》や山伏は地域の人々の生活に欠かせない存在であった。自然現象の中に神を見、あらゆる現象に八百万の神を見出す神道が、日本人の意識の裏に流れている。気が付かなくても、日本人なら誰の心の奥にも、神秘主義的な伝統が息づいている。あらゆる山川草木には、生命が宿り、精霊が舞い、いのちの妖気が流れる。鋭くそそり立つ岩山や霞《かすみ》たなびく谷間、人を寄せ付けない緑濃い山奥、深山幽谷には、くすしき神気が漂う。それらが現実世界を侵犯すると、そこには不可思議な言い知れぬ荘厳な美しさが見て取れる。

明治期に広められた国家神道は、一つの国家体制に組み込まれていた。国家自体が一時期、神々の世界まで管理するかのようなところがあったといえよう。しかしながら、これは神道本来のものでもないし、日本の伝統的な世界観に沿ったものでも、神々の意に沿った行動でもなかった。

くすしき神々の世界では、あらゆる山川草木に生命が宿っているという信仰が背後にある。これは原始的なアニミズムのように思われるかもしれないが、長い伝統の中で、はるかに洗練されたものである。万物の中に八百万の神々が息づいている。神々や精霊と交流し、神の意思を知り、その意を受けて行動する。それが日本民族の持っていた世界観である。

奥深い山々には、神霊が住まい、山に踏み入る人間が、山の神気に触れて、人間の霊性(神性)を、精神性を磨くのは、昔から日本人には当たり前のことだった。霊性が目覚め、神の力が発現するには、自然を理解し、自然と一体化し、孤独に適応できて可能なことなのである。かつて存在したくすしき世界は、今では滅んでしまったものなのであろうか。人間と神々との、くすしき世界との交流は、今では望むべくもない、到ることのできない儚い夢物語なのであろうか。

万物の中に八百万の神を見、そのゆかりを身近に感じ、神々の世界に触れる一つの方法が、白川神祇伯家に伝わった、語らずも知る古《いにしえ》の道である。白川神祇伯家に伝わった御道も、くすしき神々の世界に触れるあやしの業《わざ》であり、名前もないものである。

伯家神道の道は、いろいろな名称、御道《おみち》、御修行《ごしゅぎょう》、御行《おぎょう》、十種神宝御法、御簾内《みすうち》の御行、すめらの道、祝之神事《はふり》と呼ばれる。語らずも知る古からの神の道であり、くすしき世界とのゆかりを深め、神々の意を知るために白川神祇伯家に伝わった秘められた道なのである。

2節　三島由紀夫と神の心

1　三島由紀夫と神道

三島由紀夫は、小説家として有名である。昭和時代の日本文学を代表する作家の一人である。日本の中だけでなく、海外においても広く認められた作家である。代表作に『仮面の告白』(一九四九)、『潮騒』(一九五四)、『金閣寺』(一九五六)、『鏡子の家』(一九五九)、『憂国』(一九六一)、『豊饒の海』(一九六五年〜一九七〇)などがあり、ほかにも戯曲もある。三島の文体は、極めて独特の文体で綴られる豪華絢爛とした、詩的な作風である。泉鏡花を評価したことでもわかるように、華麗な装飾体を用いた文章による、耽美的な傾向の文学である。

三島は、神道にもかなり興味を持っていたという。作品にも神道や仏教の知識が深く反映されている。三島の夫人(平岡瑤子《ひらおかようこ》)は神道への造詣が深く、その影響を受けたのであろう。

三島は作家としての活動だけでなく、軍隊的な集団として、楯《たて》の会という民間防衛組織を結成している。楯の会は、日本の文化と伝統を「剣」で守る有志の共同体と位置付けた。三島は楯の会の代表として、日本の行く末を憂うるあまり、自衛隊総監室で、日本人を目覚めさせるためとして、衝撃的な割腹自殺を遂げた。

三島は梛の会のメンバーらに、古くから宮中に伝えられてきた伯家神道の御道を学ばせたいと願っていた。三島は秘かに、梛の会のメンバーらに御修行を受けさせてほしいと、人を介して伝えてきたという。指導を行っていた方は、他の門人と一緒に御行を受けてほしいと伝えたが、梛の会のメンバーだけでの御修行を望んでいたので、結局、立ち消えとなってしまったという。もし、三島が伯家神道の御行(御修行)に参加していれば、どうなっていただろうかと思う。もしかしたら三島は割腹自殺などせず、日本人を目覚めさせようとして、また別の活動を行う展開となったかも知れない。

三島の小説に『三熊野《みくまの》詣《もうで》』(一九六五)がある。大学の国文科の教授であり歌人でもある先生が、弟子の女性と熊野三山へ訪れる話である。亡き夫人に送った櫛を熊野三山に埋める話である。熊野那智大社、熊野速玉大社、熊野本宮大社へと巡礼していく。これは三島の民俗学への決別の書かも知れない小説で、修験道の本拠地であった神社へは行くが、そこまで深い神道的な考察はまだ描かれてはいない。

2　幽世からの英霊の叫び

三島由紀夫の短編に『英霊《えいれい》の聲《こえ》』（一九六六）という小説がある。幽世《かくりよ》からの青年将校や兵士の叫びの声である。昭和初期に起こったクーデター事件、二・二六事件で銃殺により処刑された青年将校と、神風特攻隊として死んでいった兵士の霊達が、今の世の中を幽世から呪詛する様が描かれる。

今では、二・二六事件といっても、興味を持って調べたことのある人以外は、詳しくは知らないであろう。軍部が政治に関与を強めて、戦争に突き進む大きな契機になった事件とされる。国を憂いての行動ではあるだろうが、軍人が武力で政治に介入しようとした事件である。

陸軍皇道派の青年将校らが、昭和一一年二月二六日、約一五〇〇人の兵を率いて、武力による政治改革を目指した事件である。首相官邸など襲撃し、高橋是清《これきよ》（一八五四～一九三六）蔵相、斎藤実《まこと》（一八五八～一九三六）内大臣、渡辺錠太郎《じょうたろう》（一八七四～一九三六）教育総監ら九人を殺害した。反乱軍部隊は、陸軍省、参謀本部、国会議事堂、警視庁などを占拠し、永田町周辺を封鎖した。部隊を指揮した野中四郎大尉ら青年将校たちは、昭和維新を掲げて、陸軍部内で国家の革新を目指した皇道派と呼ばれる派閥に属していた。武装蜂起によって、君側《くんそく》の奸《かん》を排し、天皇親政を実現するのが目的だった。しかし昭和天皇は信頼する側近を殺害されたことに怒り、反乱軍部隊の鎮圧を命じた。奉勅命令により、同月二九日に鎮圧され、二名が自決、将校、関係者として一九名が死刑になった。ほかにも反乱に加わった将校が処罰されている。

三島の『英霊の聲』は、二・二六事件で処刑された青年将校である磯部浅一《あさいち》元一等主計（一九〇五〜一九三七）の獄中の手記（一九五五）や、自決した河野壽《ひさし》大尉（一九〇七〜一九三六）の兄である河野司の『二・二六事件』（一九五七）から影響を受けて執筆した。

浅一は、陸軍の軍人で、国家社会主義者として知られる。北一輝（一八八三〜一九三七）の下に出入りし、皇道派青年将校グループの先駆者的存在であった。一輝も民間人ではあるが、背後関係者として処刑されている。浅一は、栗原安秀中尉（一九〇八〜一九三六）らとともに計画の指揮に当たり、翌年に銃殺刑となった。獄中で「行動記」「獄中日記」「獄中手記」を書き記し、昭和維新の正当性と自らを理解しない世間と軍部、さらには天皇陛下への罵詈雑言まで記した。「獄中日記」には、昭和天皇への叱責すらあるという。

浅一の手記には、自分自身を国賊ではなく、日本第一の忠義者であると述べ、このようなことが書かれている。

> 私は決して国賊ではありませんから、日本第一の忠義者ですから、――今の日本人は性根が腐りきっていますから、真実の忠義がわからないのです。私共のような忠義は今から

二十年も五十年もしないと、世間の人にはわかりません。〈以上、要旨〉

昭和天皇に対する叱責も含まれている。

陛下の側近は、国民を圧する奸漢で一杯である。これに気付かなければ、日本が大変になる。明治陛下も、皇大神宮も、どうして天皇陛下を御助けしないのか。日本の神々は、眠っているのか。日本の大事に働かないなら、日本の神ではない。〈以上、要旨〉

河野壽大尉も陸軍の軍人で、牧野伸顕《まきののぶあき》（前内大臣《ないだいじん》、一八六一〜一九四九）を襲撃したが負傷し、その後、自決した。

『英霊の聲』は、次のような内容の短編小説である。

「私」が、神道家である木村先生の主宰する「帰神（かみがかり、きしん）の会」に列席した様子を描いている。帰神とは、神がかり（神懸り、神憑り）のことで、この話の中では盲目の美青年川崎重男が神主《かむぬし》となる。ここでの神主とは依代《よりしろ》、霊媒師のことで、霊が憑依する人間のことである。

神がかりの儀式が行われ、そこで見聞したことを「能《あた》ふかぎり忠実に」記録していくという体裁をとっている。二・二六事件の蹶起《けっき》将校と、神風特攻隊の兵士たちの霊が次々と、青年に憑依し、呪詛するもようが語られる。

木村先生は、審神者《さにわ》と呼ばれる神の言葉を判断する審判者の役をこなし、この帰神の会を主宰している。審神者は石笛を取り出し、石笛を神韻縹渺《しんいんひょうびょう》と吹く。幽冥界にとどくかのようなその音色にしたがって、青年の表情が次第に変化し、入神状態となる。全く本人とは異なる声音《こわね》になり、死者の霊がかかってきて、言葉を語り始める。二・二六事件で処刑された死者や特攻隊での死者の霊は、天皇へ向けた恨みの言葉を次々に述べはじめる。

強い怨念の霊の力を受け止めてしまった青年は、帰神の会が終わると、息をひき取ってしまう。青年の死顔は、本来の青年の顔ではなく、何者かのあいまいな顔に変貌しているところで、この物語は終わる。〈以上、要旨〉

三島由紀夫の作品の中でも『英霊の聲』は、三島が神道を研究した形跡が色濃く、神がかりの情景を描写した。三島が、鎮魂帰神法の実際の場面を見たことがあるのかどうか、はっきりとしない。書物を参考にして、想像して書かれたものかも知れない。二・二六事件に関係するもう一つの小説として、『憂国』（一九六一）があるが、こちらは青年将校の大義に殉ずる者の至福と美意識を主題にしたもので、三島の美意識が色濃く表れている。

死者の霊を呼び出し、その思いを語らせる。死者の霊の言葉を聞く方法は、神道の神託を得る方法と似ている。神道には昔から、神々の神託《しんたく》、託宣《たくせん》を得る方法がある。江戸時代までの神社には、役職として巫女《みこ》というものが置かれている場合があった。また一般に自宅で行う巫女も普通に存在していた。巫女が霊媒として、神と人との仲介役(中取り持ち)を行っていた。時には「口寄せ」として、死者の霊を呼び出すこともあったはずである。

神託は、神の意志のことである。人間が神々とともに歩むために、神々の意志を受け取る必要がある。その方法として、古くからの神道では神がかりの方法というものが探求されてきた。しかしながら、今の世では神がかりなどというと、あいつは頭がおかしいのではないかといわれかねない。神道で探求されてきた神がかりの方法は、人間の意志で行うことができるものである。

3 岩笛の音

『英霊の聲』では、岩笛《いわぶえ》によって亡霊を呼び出している。三島由紀夫は執筆するにあたって、神道霊学を学び、鎮魂帰神法《ちんこんきしん》という神道霊学の身体技法を学んだことがある。霊学《れいがく》とは、神霊について取り扱う技法の体系であるが、主に神道系の霊的な修行体系を指して、霊学と呼ばれることが多い。

三島は『英霊の聲』の中で、岩笛について次のように述べている。

石笛は鎮魂玉と同様、神界から奇蹟的に授かるのが本来であるが、かりに相当のものを尋ね出して用いてもよい。ふつうは拳大、鶏卵大の自然石で、自然に穴の開いたものを用いるが、古代の遺物はおおむねその穴が抜け通っている。（中略）

石笛の音《ね》は、きいたことのないひとにはわかるまいと思ふが、心魂をゆるがすような神々しい響きを持つている。清澄そのものかと思ふと、その底に玉《ぎょく》のやうな温かい不透明な澱みがある。肺腑を貫ぬくやうであつて、同時に、春風駘蕩《しゅんぷうたいとう》たる風情に充ちている。

古代の湖の底をのぞいて、そこにいきずく魚族や藻草《もぐさ》のすがたを透かし見るやうな心地がする。又あるひは、千丈の井戸の奥底にきらめく清水に向つて、声を発して戻ってきた谺《こだま》をきくやうな心地がする。この笛の吹奏がはじまると、私はいつも、眠つていた自分の魂が呼びさまされるやうに感じるのである。

（出典『英霊の聲』）

鎮魂玉《ちんこんだま》とは、古神道での鎮魂法で使用する小さい丸い石のことで、この石を袋に修め鎮魂の修行を行うものである。厳密にいえば、鎮魂帰神の法とは、鎮魂法と帰神法とに分けて考えることができる。

4　音霊と言霊

三島由紀夫に影響を与えたのは、近代の神道家、友清歓真《ともきよよしさね》（一八八八〜一九五二）が挙げられる。歓真は一時、大本教に学んだが袂《たもと》を分かち、独立して神道天行居という古神道を教える団体を作った。歓真の代表的な著作には『霊学筌蹄《れいがくせんてい》』（一九二一）、『天行林《てんこうりん》』（一九二三）などがある。聞きなれない「筌蹄《せんてい》」という言葉は、今はほとんど使われない言葉であるが、「手引き」「案内となるもの」というような意味で付けたものである。

『霊学筌蹄』は、霊学の案内、手引きというほどの意味である。『霊学筌蹄』に記述されている「音霊法」の中でこう述べている。

あはれ、音霊《オトタマ》ほど世に奇しびなるものは無い。世の一切の活動が音霊によつて起り、世の一切の生命が音霊と偕に流れてゐる。久遠の過去より久遠の未来に流れてゐる。故に古の聖人は礼楽によつて世を治め、天岩戸も音霊によつて開かれた(これは余の創説)。一切心、一切物の根元が電子よりも更らに玄のまた玄なる極微霊子(一霊四魂)であり、それが直ちに生命であり、それが直ちに音霊、数霊《カズタマ》である。

(出典『霊学筌蹄』)

歓真によると、物の根元が「音」の霊子でもあり、また「数」の霊子でもあるという。音と数とは霊的根元の二つのすがたであるという。音霊《おとたま》、数霊《かずたま》ということになる。一つ一つの音や数が、それぞれに応じた働きをするという考え方である。さらに言葉が働くという考えから生じたものが、言霊《ことだま》である。言霊は真言宗などでの真言《しんごん》、マントラと意味合い的には関係が深い。

日本は万葉集にある「言霊の幸ふ国」のように言霊の国といわれている。言霊という言葉は霊力を持つ神の託宣として用いられ、万葉集には、その言葉が詠み込まれている。言葉による霊の力の存在が、日本語の言葉の中に込められている。言霊(音霊、数霊でも)では、言霊を司る存在といつもつながっているか、それを使用するその人自身にその能力があるかにより働くものである。誰でも同じように働くというわけではなく、いつも同じというわけでもないのは、そのような理由があるからである。

日本語は、母音と子音それぞれ一音ずつにあるエネルギーがあり、それを組み合わせることで働いている。ほかの言語でもそれなりの働きはあるだろう。言霊を司る存在が、使用するその人の言葉に、使用する自分自身の意図するエネルギーを正確に載せられるか否かで、言霊として働くかどうかが決まる。言葉を発すれば、それだけでよいということではなく、言葉に自分自身の意図するエネルギーを載せなければならない。使用する者の意図するエネルギーを、言葉に正確に載せられるなら、新しい言霊、真言を作ることも可能であろう。

日本語の構造(動作主や動詞、骨格など)から解説した『日本語は神である』(昌原《あけはら》容成著、トランスペース研究所)という本がある。ほかに類を見ない本で、全く新しい観点を示した。日本語は神を意識した言葉であるという。日本語の背後には、究極的な主語として見えない世界の「神」という概念が隠されている。いつも「神」を隠れた主語として、日本語の構文が意識されている。主語のない構文が存在するのは、隠れた「神」という主語が、意識せずとも存在するからである。

言霊についても、体感的、直感的な理解と理論的な理解の両方が必要で、その両方について解説している。著者は、英文技術文書の日本語への翻訳者で、日本語自体への造詣が深い。言語としての日本語を使うことで、自然に神と繋がる、繋がっていく。日本語に含まれる奥深さ、日本語の構造に隠された神意識、感覚を越えた眼には見えない世界に繋がる言葉で、隠された日本語の意義があるといえる。日本語の特徴は、言葉の中に「かむながらの道」が隠されているということである。

奈良県葛城山《かつらぎさん》(御所市)に、葛城一言主《かつらぎひとことぬし》神社という古い神社がある。ここに一言主《ひとことぬし》の神が祀られている。善《よ》きも悪《あ》しきも一言主と信仰された神社で、この神が善いといえば必ず善くなり、この神が悪《あ》しといえば必ず悪くなると伝えられたという。凶事も吉事も一言で言い放つ託宣の神とされ、現在も一言で願いを叶えてくれる神として信仰されている。地元では「いちごんさん」と呼ばれており、一言の願いであれば何でも願いを聞き届ける「無言まいり」の神とされている。『古事記』では「一言主」、『日本書紀』では「一事主」、『日本霊異記』では「一語主」とも表記される。『先代旧事本紀《せんだいくじほんぎ》』では、一言主神を素戔烏尊《すさのおのみこと》の子としている。

『古事記』には、雄略《ゆうりゃく》天皇が葛城山へ赴いた話が載っている。雄略天皇が葛城山へ鹿狩りをしに行ったとき、紅紐《べにひも》の付いた青摺《あおずり》の衣《ころも》を着た、天皇一行と全く同じ恰好の一行が向かいの尾根を歩いているのを見つけた。雄略天皇が名を問うと「吾は悪事も一言、善事も一言、言い離つ神。葛城の一言主の大神なり」と答えたという。

高名な神道家である日垣宮主《ひがきみやぬし》(一九二三~二〇一九)によれば、ヒトコトヌシは、「人言主」で、人間の言葉に神力の裏付けをなさる神である。ただしこの「人言」は、神が人の世に託宣する言葉であって、人が我欲によって願い事をする言葉ではないという。神界で神々が創造力を振る う時は、言霊《ことだま》の神力を使う。神の生命を宿す光は創造力である。その創造力が人間の世界に移ってきて「人言」となる。一言主の神は言葉の神で、この神の言葉で善も悪も生まれるということになる。歓真によると、天岩戸に隠れた天照大御神を呼び出したのも、高天原の神々の笑い声であったとし、これすなわち音霊のはたらきによるとした。歓真は『霊学筌蹄』の第六章「音霊法」でこう述べている。

宇宙が数霊で組織されてゐるから宇宙の現象が数霊の雄走《ヲバシリ》によつて予知さるゝ如く宇宙が音霊で経緯されてあるから宇宙の一切が音霊の雄走によつて動かさるゝのである。言霊《コトタマ》も音霊であるが、人間の口腔より出る音霊を言霊と云ひ、それ以外の一切の音声を音霊と狭義に解されてゐる(中略)。宇宙間には時として所として音声のない処はない。人間の地津魂《クニツタマ》の耳の聴き得ざる時にも、人間の天津魂《アマツタマ》の耳が聴き得る音声が存在する。宇宙そのものが音霊そのものである。科学は音覚(聴覚)の器官は耳であると教へる。解剖学では外耳中耳内耳の三つに分けて説明し、音波の振動が内耳の粘液を伝はつて聴神系を刺戟する道順に就ても可《か》なり複雑に教へて呉れるが、実は皮膚にも毛髪にも足の裏にも耳がある。耳といふものは額の両面と壁とにのみあるわけでは決してない。故に電車内に並んで座してゐる若い男女は初対面で又一切沈黙してゐても、実は盛んに会話を交へて居るものである。

（出典『霊学筌蹄』）

5　自動書記現象

三島由紀夫は、亡霊の影響を受けていた。自決に至る晩年の三島由紀夫の行動には、背後に亡霊が憑いていたと考えなければわからないような不可解な点がある。

美輪明宏《みわあきひろ》が不思議な話を語っている。三島由紀夫の背後に緑色の深い影が取り憑いているのを感じたという。美輪はその霊の正体は、軍人の将校の霊だと悟り、二・二六事件の首謀者の一人である、磯部浅一の名を挙げると消えたという。

浅一は、二・二六事件の首謀者の中でも、大きな恨みを残し、呪詛の言葉を書き綴って、処刑された。浅一の影響を三島が強く受けているならば、その亡霊の意識から逃れるすべはなかったのかも知れない。この亡霊の影響を強く受け、彼独特の極めて特徴的な美意識のもとで、三島由紀夫は『英霊の聲』や『憂国』を執筆したのであろう。さらには自決に至る原因の一端は、この影響にあったのであろう。『英霊の聲』や『憂国』では、自分であって自分でないような状態となり、自分の意志とは関係なく、はっきりとしない意識状態で、筆だけが勝手に、闊達に動いている状態となったという。

西洋心霊学（スピリチュアリズム）の世界では、自動書記（自動記述ともいう）として知られているものである。自分の意識とは無関係に、あたかも何か別の存在に憑依されて肉体を支配されているかのように文章を記述していく現象である。自分で文章の内容を意識することなく、忘我の状態で文章を記述していくもの、通常では考えられないような、内容を考える時間を置かない異様に速い口述筆記も含めて、広い意味での自動書記現象と考えられる。口述筆記の場合は、ほかの人が話された言葉を文章として記録していく。

心霊学の世界では、昔から自動書記現象は知られており、自動書記によって書かれたといわれる多くの文献が残っている。降霊による憑依によって、霊媒となった本人の意志と無関係に筆が動き、さまざまな神託や伝えるべき言葉を記していく現象である。多くの場合は忘我の状態で引き起こされるが、本人の意識はそのままで残っており、手だけが勝手に動く。

イギリスでは一九世紀末に心霊研究が盛んになり、数多くの交霊会が開催された。この交霊会において、自動書記を行う霊媒が数多く活動したという記録が残っている。いろいろな霊訓と呼ばれる、霊的な初心者への教育的な内容を含んだ文書群である。

日本でも、「お筆先」として知られた文献や考えられないほど速い口述筆記などの自動書記現象によるとされる文献が存在している。天理教の『おふでさき』(一八七二年〜)、大本教《おおもと》の出口なおの『御筆先』(一九一六)、出口王仁三郎の口述筆記による膨大な『霊界物語』(一九二一年〜)、岡本天明の『日月神示《ひふみ》』(一九四四〜一九五二)などがそれに挙げられる。

大本教と関係が深かった世界紅卍字会《せかいこうまんじかい》の「道院」でも、修道士による伝統的な扶乩《フーチ》という手法による神託を受けていた。扶乩《フーチ》とは、中国に古来より伝わる神示を仰ぐ方法で、これが道院の起源と伝えられる。道院の経典の形成は、扶乩《フーチ》という神託法に依っていた。

扶乩《フーチ》の方法は、三人の修道士で神託を降ろす儀式を行うもので、神託を降ろすために訓練した二人の修道士が、丁字形の筆（木製の棒の中央に木筆を丁字形に取付けた筆）の両端を持ち、その下に砂盤（砂を平らに盛った盤）を置く。二人の修道士は、無念無想になるように努力し、しばらくすると自然に二人が持つ丁字形の筆が動くようになり、砂盤の上に一文字ずつ文字を描いていく。砂の上に描かれた一文字ずつを繋げていくと、全体で一つの文章となっていく。こういう方法で得た神託が、道院の経典のもととなっている。

西洋においても、交霊会やスピリチュアリズムによる文献とは別に、秘教的伝統によるといわれる秘教文書が自動書記により著述されている。著述内容は、高度に哲学的で、体系的、論理的であり、とても自分で考えただけで、短期間に作れるような文書ではない。昨今のチャネリングなどによる本とは、内容的にレベルが違うように思われる。

神智学協会、神智学運動の創始者の一人であるブラヴァツキー夫人（ヘレナ・ペトロヴナ・ブラヴァツキー、一八三一〜一八九一。マダム・ブラヴァツキーとも）も、自動書記による極めて高度な神智学文書を記述している。

神智学は、ブラヴァツキー夫人に始まる思想運動であり、実践運動である。ヘンリー・スティール・オルコット（オルコット大佐、一八三二〜一九〇七）とブラヴァツキー夫人らが、一八七五年に組織した神智学協会によって広められた。神智学は、太古より特定の秘儀参入者によって伝えられた、宇宙と人間の秘密を開示することである。時代ごとにふさわしい形式でいろいろな宗教などが発生し、さらに諸宗教の対立を超えたところに、最も大切な秘教部分が隠されているという。神智学運動は、秘儀に参入しようとする人に、秘密の重要部分を公開することで、人類に古代の叡智をよびさまそうとする運動であった。

ブラヴァツキー夫人は『シークレット・ドクトリン 宇宙発生論（秘教教義）』（一八八八）、『ヴェールを脱いだイシス』（一八七七）など、哲学的にも高度な内容を含んだ大部の秘教書籍を残している。ブラヴァツキー夫人は、ホワイト・ブラザーフッド（聖白色同胞団。グレート・ホワイト・ブラザーフッドとも）の集団に属する聖者であるクートフーミ大師、モリヤ大師などの大師から教え受けたという。ホワイト・ブラザーフッドとは、人類の進化を手助けするために存在する超自然的聖者の集団とされる。

ブラヴァツキー夫人の後を受けて、アリス・A・ベイリー（一八八〇〜一九四九）が、神秘思想家、高度な霊界からの秘教伝達者として表れた。ベイリーは、ジュワル・クール大師による自動書記（口述筆記）により、大部の秘教書籍を残している。多数の書籍があるが、『グラマー――幻惑と錯覚の克服』（一九五〇）、『国家の運命』（一九四九）、『新しい時代の教育』（一九五四）、『知性から直観へ』（一九三二）、『秘教心理学』（一九三六、一九四二）、『テレパシーとエーテル体』（一九五〇）など多岐にわたる。書籍の内容は、極めて論理的で、かつ体系だっており、難解で高度な内容を含んでいる。神示などにある、感情的な、感覚的な文章とは全く異なった趣の文書である。世界の構造、人類の進化、意識や魂についてなど、書かれた内容を読んで理解することに、かなりの努力を要する。日本においても、ほとんどの文献が翻訳されているが、内容を読んで理解するのは大変である。

アリス・A・ベイリーも、ホワイト・ブラザーフッドから支援を受けて、霊的修業に役立つように書籍を自動書記した。

芸術運動として、超現実主義（シュルレアリスム）というものがある。超現実主義のはじまりは、フランスの詩人アンドレ・ブルトン（一八九六〜一九六六）の『シュルレアリスム宣言』（一九二四）に始まる。シュルレアリスムは、「書く」という行為そのものを問い直す文学的意図を伴っていた。ブルトンの代表作は、『シュルレアリスム宣言』『ナジャ』『魔術的芸術』などがある。

ブルトンは、文学作品として、無意識的に自動書記（自動記述）による実験的な文章を作成している。ブルトンの自動書記は、何も意識せずに、できるだけ速く自動的に文章を書き、造形することを目指している。あらゆる先入観を捨て、あらかじめ何を書くかをいっさい考えずに、できるだけ速く、自動的に、文章を書き進めてゆく。

シュルレアリスム運動の発足の前提となったのは、意識の支配を受けずに文章を書くという、実験的な文章作成方法である。道徳的な、美学的な、あらゆる先入観を捨てて、何を書くかをいっさい考えずに、できるだけ速く、自動的に文章を書き進めてゆく行為である。それを芸術にまで高めようとすることである。芸術運動のシュルレアリスムでは、現実世界とは全く異なる世界を、絵画や文学で表し、夢の中の世界のような、独特の非現実感を持たせるという芸術運動であった。この手法は、その作品を見る者に、混乱や不可思議さをもたらす。自動書記は、シュルレアリスムの方法論的原理の一つとなった。

精神病理学の診察法に自由連想法というものがある。自由連想法は、精神分析の創始者であるジークムント・フロイトによって、精神分析の技法の一つとして考案された。フロイトが定義している自由連想法は、心の中に浮かんだことを率直に語ってもらうことを要求している。思い浮かんだ発言は、すべてセラピストに伝えなければならない。そのため、どれだけ自分自身の心と向き合っているかという誠実さが求められる精神分析である。自由連想法は、カウンセリングによく用いられる精神分析の一つである。

自由連想法は、できる限りリラックスした状態になり、無意識にアクセスしやすくする。意識した言葉ではなく、直感的に感じたことを言語化してもらう。

例えば、「この部屋から外に出て、空を見ることを想像する。空を見ると雲が浮かんでいて……」と、さらに連想を進めていく。

クライエントは、カウンセラーに連想した言葉を語る。それをさらに連想でつないでいくことで、過去に抑圧された無意識を意識に上げていく。これが無意識の意識化であり、問題を解消する方法であるという。自由連想法は、無意識の意識化ということになる。人が考えを意識化するには、ある経路を通ると思われる。よく使われる経路ほど意識にのぼりやすい。普段から考えていることは、意識せずに考えてしまう。自由連想法では、頭に浮かんだことを言葉にしようとする際に、普段だったら意識に登らないような考えにも注意を向けることで、一度この経路を壊し、そして再び言葉にすることで、新しい経路を作っていく。それは言語を一度、言語以前の視覚的なイメージや夢のようなものにまで解体して、そこから再び言語に戻していく過程である。自由連想法は、潜在意識を顕在化することによって、心理的抑圧を解明しようとしている。

人の意識というのは言語に規定されている。言語以前のイメージに支配されることで漠然とした不安を抱くことがある。言語化にすることで、抱えている不安を消化していくことができる。しかし、言語はある一定の枠組みでもあるので、そこからはみ出したものは消化されないまま不安として残る。自由連想法は、この枠組みを広げていく試みだといえる。しかし実際には自由連想法がうまくいくことは少ない。言語の枠の外にあることを言葉にしようとしてもうまくいかないことが多いのである。自由連想を試してみることで、徐々に自由に連想できるようになる。ただ言語というものが枠組みであるため、完全に自由連想法がうまくいくことは難しいといえる。このフロイトの自由連想法は、シュルレアリスムにおける自動書記(自動記述)の方法に多大の影響を与えたといわれる。

芸術運動としての超現実主義での自動書記(自動記述)は、西洋心霊学(スピリュチュアリズム)でいうところの、神霊や人霊による自動書記とは異なるところがあり、必ずしも同じとは言えないかも知れない。しかしながら、その奥底に流れる方法論的には関係深いものがあると思う。

6 神々の声なき言葉

三島由紀夫の『英霊の聲』を取りあげたのは、イタコのように死者の霊を呼んで話を聞く事例としてではない。死者の霊を呼び出して、思いを語らせることではなく、神とともに歩むためである。

神々の意思、神意を伺い、神示を得る手段が古来より伝わる。神託を得る方法は外面から見れば、口寄せとして死者の霊を呼び出し、その思いを語らせる方法に似ている。今の時代、私たちは自らに内在する霊性(あるいは神性と言い換えることもできる)を蘇られせることが緊急に必要なのではないであろうか。そのために、霊媒や霊能者に頼らずに、神々と直接交流する方法が求められている。神意の表れを審神者《さにわ》して、人間が読み取り、正しい神託を得ることが必要である。

人は自らの持てる霊性、神性を蘇らせなければならない。人間は神々と呼ばれてきた存在たちが肉体の中に直接転生してきたものという見方もできるだろう。人間の持てる崇高な理念や博愛の思想、慈悲の観念はすべて、神々との交流を持つ偉人の感覚の中に捕らえられてきたものである。それは、今ほど全人類に必要とされているときはない。

時代が求めている日本とは、近代的な、西洋的な理念の延長線上にあるものではない。かつて日本では、あたりまえに存在していた神々との一体となった生き方こそがこれからの時代に求められるものである。白川神祇伯家に伝わった御道は、神々と一体となって舞い、神々の声なき言葉を聞く方法であった。神遊びの中で神々の意を受け取る方法なのである。御道では、神は人間のように言葉で何かを語ることはない。言葉なく、神の遊ばれる舞の中で、その意を示すのである。それが声なき神々の言葉である。

三島由紀夫が白川神祇伯家の御道に取り組む機会が持てたなら、彼の人生が変わっていたかもしれない。神々へ心を向けることを忘れ、目先の物質的な欲望におぼれる日本人の意識を目覚めさせようとして、自決などという手段を取ることはなかったかもしれない。自分の行動が、日本人を目覚めさせることができると彼は考えたのである。公《おおやけ》のために、世のために、私心なき行動に、価値と意義を見出すのが、かつての武士の時代の日本人である。自分だけが得をするような物質的、金銭的なものに価値をおくのではなく、公のために私心なく行動することに、自分の人生の意味と価値を見出す価値観である。今は失われつつある日本人の精神性と霊性の覚醒を、三島由紀夫は目指したのだ。

二・二六事件の亡霊の影響を乗り越えて、神への修行を深めていき、自らの霊性をもっともっと磨いていくことができたのではなかろうか。御道を深めていくことにより、霊的影響を見極め、その影響を祓い清めることができたかも知れない。本来の自分に立ち返り、霊的高みへと進んでいくことができたことであろう。三島由紀夫と御道との縁がつながらず、残念な思いに苛まれるのである。

2章　かむながらの道（伯家神道）

1節　神祇の道と古神道

1　かむながらの道と古神道

神道、かむながらの道とは、自然を持って経典とする道である。

神道という言葉は、「神の道」「神へ至る道」「神とともに歩む道」と解することができる。「かむながらの道」のことを神道と呼んでいる。「かむながら」とは、神々の意にそって、おのずからなる道のことである。古神道は、日本に、古《いにしえ》から伝わる神とともに歩み、神へと至る道と考えられた。「かむながら」には、「惟神」「随神」の漢字を当てている。どちらも「かむながら」と読むが、意味合いは少し異なっている。「かむながら」とは、神々の意にそって、おのずからなる道のことである。

古の神の道、古神道という言葉は、実は昔から使われていた言葉ではない。明治以降に現れ活躍した神道家や霊術家などが、ほかの神道（国家が管理す神道や教派神道など）と区別するために使い始めた言葉である。とはいえ、この言葉の意味に国家が管理する神道に対して、古からの神道を自分たちこそが具現化しているという自負が伺える。江戸時代に発達した国学において、復古神道という概念が生まれた。『古事記』『日本書紀』などの日本の古典に根拠を置き、儒教や仏教の要素を排除した、仏教伝来以前の純粋な神道をよみがえらせることを目指した。古神道という言葉には、宗教的、神秘主義的な傾向を持ち、ある一定の体系だった世界観による本来の神道という主張を含んでいる。

2 古神道の伝承者

神道には、重要な神社はあるが、どこかに本山があって修行者を訓練しているというわけではない。伊勢神宮は重要な神社ではあるが、本山というような意味合いではない。

日本にある仏教の宗派には、各派ごとに本山があり、そこで僧侶の修行なり訓練なりを行って、その宗派に属する寺院を統括している。そのなかで現れた優勝な人物が、新しい宗派を立てたり、中興の祖となったりしている。

神道では作法を学ぶところはあっても、仏教の本山のように全体を統括するような役割とは違っている。各神社は、古からの深い、いわれがあって存在しているのである。神道の歴史を振り返ってみると、その時代時代に応じて、神社の神職とは限らず、神道家や神仙、神人と呼ばれるような人が表れ、神々の世界を世の人々に知らせ、導く役割を担ってきたように思われる。神道の行法である鎮魂帰神法《ちんこんきしん》は、本田親徳《ほんだちかあつ》という古神道家が再興したものといわれている。『英霊の聲』では鎮魂帰神法を具現化し、これにより死者の霊の話を聞く。しかしながら神々の意志を承ることと、死者の霊が言葉を語ることとは、大きな差があるが、『英霊の聲』では死者の思いを語らせている。本来の帰神法は、死者を呼び出すものではない。

3 近世の代表的な神道家

近世の代表的な神道家とは、どのような人たちであろうか。古神道を調べた人以外は、あまり詳しいことは知らないかも知れない。伯家神道や鎮魂帰神法に関係した神道家について、概要を述べてから、詳しく説明したい。

(1) 井上正鐵《いのうえまさかね》（正鉄）（一七九〇～一八四九）

江戸時代の末期に、白川家で神拝作法を学び、独自に考案した行法を民衆に指導した。

(2) 本田親徳《ほんだちかあつ》（一八二二～一八八九）

本田流の鎮魂帰神法の創始者で源流ともいえ、鎮魂帰神法に関する著作を残した。

(3) 長澤雄楯《ながさわかつたて》(一八五八～一九四〇)

鎮魂帰神法の継承者であり、鎮魂帰神法を伝える人は、すべて弟子筋に当たる。

(4) 出口《でぐち》王《お》仁《に》三郎《さぶろう》(一八七一～一九四八)

長澤雄楯に鎮魂帰神法を学び、一時期、大本教の修行に取り入れた。

(5) 友清歓真《ともきよよしさね》(一八八八～一九五二)

長澤雄楯に鎮魂帰神法を学び、古神道の修養団体として神道天行居を設立した。

(6) 荒深道斉《あらぶかみちなり》(一八七一～一九五三)

鎮魂帰神法により、神道書を残し、古神道や古代文明の研究と指導を行った。

(7) 川面《かわつら》凡児《ぼんじ》(一八六二～一九二九)

禊の行法を体系化し、神社界や教派神道、各種の神道団体に禊作法を普及させた。

(8) 鬼倉足日公《おにくらたるひこ》(一八七九～一九六〇)

辛島並樹に伯家神道(御道とは異なる)を教授され、すめら教を設立した。

(9) 梅田伊和麿《うめだいわまろ》(一八七七～一九五五)

石上《いそのかみ》神宮で中村新子に伯家神道を学び、古神道の修行道場、梅田開拓筵を設立した。

(1) 井上正鐵(正鉄)

参考文献『井上正鐵門中・禊教の完了と展開』

井上正鐵は、寛政二年(一七九〇)に江戸で生まれた、江戸時代の末期に活躍した神道家である。父の感化を受け、求道者の世界へ足を踏み入れていく。神儒仏の奥義をもとめて一九歳のときから諸国を遍歴し、三〇年にわたり、さまざまな思想家や宗教家を訪ねた。

正鐵は、白川家において神拝作法や行法を学んでいる。天保五年(一八三四)に神夢をみて、神道に目覚めたという。天保七年に神祇伯《じんぎはく》白川王家に入門し、天保九年ごろ神拝式を伝授される(井上東圓、井上式部とも名のる)。

正鐵は、祓修行を中心とした独自の行法を確立し、吐菩加美《とほかみ》神道を創始した。天保一一年に、武蔵国足立郡梅田村(現在の東京都足立区)の梅田神明宮の祠官になり、吐菩加美神道の布教の拠点とした。三年間ではあったが、民衆から城主に至るまで、正鐵に帰依する者が続出したという。吐菩加美神道とは、伯家神道そのものではなく、中心にはすめらの道があるが、世直しの願望を込めて大衆化させたものであった。

祓《はらい》修行は、指導者の振る鈴の音に合わせて、祓詞《はらいことば》を声に出して、強く息を吐いていくという方法である。大きな声で、しかもできる限り長くのばしながら発声することが、息を長く吐き続けるという永世の伝となっている。祓詞を唱える祓修行(御祓行)を、初心者にも簡単に行える呼吸法と位置づけ、祓修行と永世伝は車の両輪の如くと述べた。神前で大きな声で一音一音唱えていく行法は、庶民の世直しの願望を駆り立てるものであった。

正鐵は、江戸幕府の寺社奉行より人々を惑わす新規異流の疑いをかけられ、天保一四年に三宅島に遠島(島流し)となった。島民に向けた教化活動を行い、三宅島にて、嘉永二年二月(一八四九年三月)に永眠する。正鐵の死後、明治になり有力な門人の一人が教派神道として創始したのが禊教《みそぎきょう》である。別の弟子らが梅田神明宮を中心にして、神道大成教の教会としても活動している。禊教、梅田神明宮以外にも、一九会《いちくかい》道場というところが、正鐵の禊修行を行っている。

(2) 本田親徳《ちかあつ》 …………………… 参考文献『本田親徳全集』

本田親徳は、文政五年(一八二二)一月に薩摩藩(現在の鹿児島県)で生まれ、鎮魂帰神法をまとめて世に広めた神道家である。現在広く知られている鎮魂帰神法の創始者である。

親徳は、幼いころから漢学と剣道を修業し、天保一〇年、一七歳のときに京都に出て、すぐに江戸に移った。皇学の志を立て、会沢正志斎《あいざわせいしさい》(一七八二〜一八六三)に入門し、水戸学を中心とした和漢の学を学ぶ。平田篤胤《あつたね》(一七七六〜一八四三)の家にも出入りしていたとされる。京都に滞在していた天保一四年、二一歳のとき、狐憑きの少女に会い、憑霊状態で和歌を詠むのに衝撃を受け、霊学研究に入ったという。親徳は、安政三年(一八五六)に、神がかりに三六法あることを悟っている。明治初めは鹿児島に帰っており、明治六年(一八七三)に東京へ上京し、副島種臣《そえじまたねおみ》（明治政府の政治家）らを門人として指導する。明治一六年に静岡県に移り住む。静岡県の神神社《みわ》を拠点に、鎮魂帰神法の講義や指導を行った。静岡時代の門人に長澤雄楯（本田流鎮魂帰神法の継承者）がいる。明治二二年、川越の門人を訪問し、六七歳で永眠した。亡くなる前年に、自己の御霊《みたま》は、静岡県の神神社に鎮まることを言い残した。

親徳は、神祇伯白川家の最後の学頭だった高濱清七郎と友人として交流があった。

親徳の思想は、近代の古神道霊学の源流の一つとして位置づけられ、数百人の門人がいたという。本田流の鎮魂帰神法で、門人の中でも法術の允可《いんか》を受けたのは、長澤雄楯、副島種臣、三輪武、鈴木広道（著作物を継承）らに継承された。

(3) 長澤雄楯《かつたて》 ……………………………………… 参考文献『惟神』

長澤雄楯は、安政五年（一八五八）に駿河国不二見村（現在の静岡県静岡市清水区）に生まれた。雄楯《おたて》と読まれることもある。稲荷講の活動をしていた時代の明治一七年（一八八四）、二七歳の時に本田親徳と出会い、門人となった。鎮魂帰神法を現在に伝える人は、ほとんど彼の弟子筋に連なる。

雄楯は、静岡の浅間《せんげん》神社に設けられた中教院で国学と神道を修学した後、県社御穂《みほ》神社の社掌（神職）に任ぜられた。雄楯は、不二見村の月見里《やまなし》神社（現在の正式名称は、月見里笠森稲荷神社）も主管（宮司）をしていたため、同神社を本田霊学に基づく鎮魂帰神術の道場にしようと考えた。静岡県の許可を得て、同神社を総本部とする月見里神社付属講社を設立した。雄楯の門人は、多いときには、千数百名をかかえたといわれる。鎮魂帰神法を伝えた弟子には、大本教の出口王仁三郎、神道天行居の友清歓真、三五教《あなないきょう》の中野与之助《よのすけ》（一八八七〜一九七四）らがいる。本田流鎮魂帰神法の正統な継承者となった雄楯の弟子に、稲葉大美津《いなばおおみつ》がおり、さらに佐藤卿彦《あきひこ》へと継承されている。

雄楯は著書を残していないが、「大審院委嘱鑑定書草案起草霊学に関する材料の一部分」が『惟神』として残されている。神がかりについて、古今東西の文献から例を挙げている。

⑷ 出口王仁三郎《おにざぶろう》……………………………参考文献『霊界物語』

出口王仁三郎は、大本教の聖師として有名な人である。王仁三郎は、明治四年（一八七一）に、京都の亀岡に生まれ、大本教の開祖である出口なおの娘、出口すみと結婚し、大本教で聖師と呼ばれた。王仁三郎は、膨大な口述筆記による著作を残しているが、神道家というより、大本教の教祖の一人といった方が妥当かも知れない。

王仁三郎は、雄楯から鎮魂帰神法と審神者《さにわ》学を学んだ。学んだ本田霊学の帰神法を、誰でもが簡単に行えるように改良を加えて、その効率を高めた。本田流の鎮魂帰神法の正統というには、いささか疑問が残る行法である。

大本教では、浅野和三郎《わさぶろう》（一八七四〜一九三七）などが論客として活躍した時代があり、鎮魂帰神法を行った。鎮魂帰神法は隆盛を極めたというが、修行法に至らないところがあったためか、異常になる人が現れて、王仁三郎により鎮魂帰神法が禁止されたという。

現在は鎮魂帰神法を伝える人はいないもようである。また一説には、大本教でも伯家神道の御道の一部を取り入れ、鎮魂帰神法として行ったという話も残っている。

(5) 友清歓真《よしさね》……参考文献『友清歓真全集』

友清歓真は本名を友清九吾といい、古神道の修行団体である神道天行居を設立した神道家である。大本教にいて、のちに袂を分かち、長澤雄楯から鎮魂帰神法を学んだ。

歓真は、明治二一年（一八八八）に山口県佐波郡佐山で、次男として生れた。霊的な方面に興味を抱き、密教、神道などを修行したという。大正七年（一九一八）に隆盛を極めていた大本に入信し、毎号の『綾部新聞』に記事を書き、大本の機関誌の主筆となり、『神霊界』の編集にも携わった。大正八年、大本の教義に失望して脱退し、長澤雄楯から本田親徳の霊学と鎮魂帰神法を学ぶ。佐曽利清《さそりあかし》などの親徳の弟子にも接触したという。大正九年に静岡県で霊学の実践団体として格神会を結成した。霊媒の本田亀次にも会い、浄身鎮魂法を授かったともいう。

大正一〇年、山口県防府町に移住し、格神会を神道天行居《しんどうてんこうきょ》に改称している。神道天行居は、古神道を教える修養団体として知られ、堀天龍斎（師は沖楠五郎）の太古神法、宮地水位《みやちすいい》（一八五二〜一九〇四）の神仙道（幽冥界に往来したという）、河野至道（一八三六〜一八八七。師は吉野山から登仙《とうせん》した山中照道寿真《やまなかしょうどう》）の法なども伝える。代表的な著書に、神道霊学の名著とされる『霊学筌蹄《れいがくせんてい》』『天行林《てんこうりん》』がある。

(6) 荒深道斉《みちなり》……………………………参考文献：道ひらき出版による荒深道斉関連図書

荒深道斉は、本名を荒深道太郎といい、明治四年（一八七一）、岐阜県に生まれている。

鎮魂帰神法により、神武天皇に付き従った道臣命《みちのおみのみこと》の記録を筆記する。神霊界と現象界の研究をこころざし、古神道や古代文明を研究するための「道ひらき」を創始した。会社員をしていたが、大正一三年（一九二四）に霧島山に滞在中に、鎮魂帰神法による神憑式《かみがかりしき》を行ったときに、「イワイヌシ」という霊名《れいめい》を声に出したという。

道斉は、道臣命や道ひらきに係わる神々による自動書記を受け、『古事記』の解釈や人として踏み行うべき道についてなど、数々の神道書を残した。昭和三年（一九二八）に、純正真道研究会を設立し、のちに「道ひらき」を創始する。昭和三年以降は、神霊科学の研究に入り、日本各地の巨石文化の遺跡を探索していく。純正なかむながらの道として、生命発生の根元から、人類発生に至る神霊界と現象界の推移と変遷を、独特な『古事記』の解釈により、日本精神の重要な哲学として説いた。古神道として現幽両界の原理や人としての生き方を解き明かしていくことを目指した。著書に『神之道初学《かみのみちういまなび》』『霊素発輝《たまたねおこし》』（一九三〇）をはじめとして、自動書記によって書かれた『神武太平記 道之臣在世記《みちのおみざいせいき》』などが残されている。

(7) 川面凡児《ぼんじ》……………参考文献『川面凡児先生伝』『宇宙の大道を歩む―川面凡児とその時代』『宇宙の大道へ 驚異の神人川面凡児、霊的覚醒の秘法』『川面凡兒：日本人の霊性に多大な影響を与えた神人』

川面凡児は、文久二年（一八六二）、明治維新より七年前に大分県宇佐郡小坂村（現在の大分県宇佐市院内町）に、川面仁左衛門の次男として生まれた。幼名を隆司と呼び、後に恒次と改め、さらに凡児と改称する。川面仁左衛門は古神道の書籍を集めて研究していた。

凡児は、古伝とされる禊《みそぎ》の行法を明治になって世に広めた古神道家で、神社界や神道諸派で行われている禊行法を確立した孤高の神道家として知られる。著作内容は哲学的であり、『日本古典真義』『大日本神典』『天照大神宮』『憲法宮』などがある。

氷川雅彦の『川面凡兒』（二〇一四）によると、川面凡児は、不思議な経緯で神道の研究と修行に入ったという。

平田篤胤が京都の古書店である古写本を見つけ、ぜひ入手したいと思ったが、手持ちの金銭が足りなかったので、宿へ帰って金銭を工面した。再度、古書店に行くと、すでに筑紫の人が買ったという。篤胤は、古書を入手できず嘆いたという話を『玉だすき』に記している。この古書を求めた筑紫の人というのが、凡児の祖父である。この古書は、『フミ』（天地開闢より応神天皇の御世に至るまでを記した歴史書）、『真魂』（古代日本文明が中国文化の根源となった次第が明らかにされているという）である。凡児は、これらの古書と川面家所蔵の古文献を、一五歳までにすべて読破したという。

　凡児は、失われた古伝を自らの身体に受肉させたいという念を起こし、深遠な神道教学を樹立せんとの志を立て、宇佐神宮の御神体山である馬城山《まきのやま》（馬城峰、御許山）に一人で籠もった。川面凡児は、幾日も断食し、不眠不休で振魂の行を続ける。

　三週間目に、馬城山八幡の祠の前で、姿の見えない存在に呼びとめられる。老杉の間から一人の白い猪にまたがった仙人が顕れた。名前は、蓮池貞澄《はすいけさだすみ》と名乗り、仙名は童仙とのことである。蓮池貞澄仙人は、六九七歳の神仙であった。

　山の中で、「山中で修行のありさまを見ておったが、なかなか感心な小僧じゃと思うてな、いささか教えたいことがあってきたのじゃ」と声が響いた途端、稲妻の如く現れた白猪《しろいのしし》が、瞬時にして少年の川面凡児を山並の彼方へと連れ去った。以後三年のあいだ、仙童の

許で、厳しい修行に耐え、禊《みそぎ》を中心とする禊流古神道の古法をすべて伝授されたという。〈以上、要旨〉

明治三九年（一九〇六）、東京谷中の草庵にて、大日本世界教、稜威《みいず》会を設立した。今でこそ禊の行法は、神道固有の秘儀として広く知られているが、凡児が教えるまでは神道界には、その行法を知る者はなかった。凡児は、古神道の行法に知悉《ちしつ》していたとされる。

白川資長《すけなが》子爵（一八七一〜一九五九）が、大正三年（一九一四、大正天皇の大嘗祭の前年）に凡児と面談した際、「川面は実におかしなことに、宮中以外に知られぬことまで知っておる」と驚嘆して、知人に語ったという話が残っている。（参考文献『川面凡児先生伝』）

(8) 鬼倉足日公《たるひこ》……………………参考文献『生命の甕』

鬼倉足日公は、明治一二年（一八七九）に福岡で生まれ、本名を重治郎といった。足日公は、辛島並樹から伯家神道を伝授されて、「すめら教」を設立している。

足日公は、高名な国学者であった並樹のもとで国学を学ぶ。並樹からの伯家の伝授をきっかけに、道名として足日公の名を与えられた。坪内隆彦氏によると、以前、禊教の関連サイト（現在は閉鎖）に、頭山満《とうやまみつる》（一八五五〜一九四四）が足日公について「頭脳明晰、識見卓抜、而かも熱列火のごとき実行力を持つ快男児だ。幼にして福岡の碩学《せきがく》、正木昌陽《まさきしょうよう》、辛島並樹、瀧田紫城《たきたしじょう》諸先生の門に遊び、特に皇学に造詣深い人物である」と評した話が掲載されていた。

足日公が明治三五年に、並樹から伯家神道を伝授されたという『生命の甕《もたい》』は、第二九代の白川家当主である雅寿王《まさひさおう》（一八〇七〜一八三四）から青柳種信《あおやぎたねのぶ》（一七六六〜一八三六）、さらに並樹へと伝授された。足日公は、大正五年（一九一六）の大隈重信の爆殺未遂事件に連座して投獄された。足日公の助命嘆願を行ったのが、川面凡児である。出獄後、伊勢神宮の創設者の斎王である倭姫命《やまとひめのみこと》を祀る神社として、倭姫宮の創建に尽力した。大正一二年、鎮座を機に、伯家神道の公開研修の場を作るために奔走した。昭和一一年（一九三六）、白川資長《すけなが》子爵を会長に迎え、足日公を理事長として、皇道斎修会が設立され、後に「すめら教」となる。足日公の伝えた鎮魂行は、四魂に対応させた行で、祝之神事ではないようである。このような鎮魂修行もあったのかもしれない。

青柳種信と辛島並樹は、共に国学者で、思想家、教育者として知られている。

青柳種信は、明和三年（一七六六）、福岡藩の足軽、青柳勝種の次男として生まれた。初名は種麿または種満と言い、通称は勝次で、号は柳園と称した。本居宣長門下の国学者で、藩命により『筑前国風土記附録』や『筑前国続風土記拾遺』の編纂に携わった。筑前国（現在の福岡県）での国学の大学者として、名声を博した人物である。神道の普及や地域研究に力を注ぎ、『後漢金印考』など、考古学分野の著作も多く残して居る。天保六年(一八三六)一二月一七日、病を得て、七〇歳の天命を全うした。白川家の雅寿王と、上洛のおり縁ができ、伯家の伝の隠滅《いんめつ》をおそれた雅寿王より、有名な国学者である種信に相伝したという。

辛島並樹は、やはり筑前の福岡に生まれ、世々、黒田氏に仕えた家系の出である。父は辛島勝昌、母は杉原氏で、成長して喜太夫と称したが、後に並樹と改める。諱《いみな》は勝敏である。並樹は国学を学び、安政元年(一八五五)、学館の教師補に充てられ、翌年、目付役となり、文久二年(一八六二)、軍事用掛となる。勤王佐幕《きんのうさばく》の論が巷に起り、各派が争っても清流を保ち、辞職を請うたが許されなかったという。明治元年(一八六八)になると、福岡藩の藩校である修猷館《しゅうゆうかん》の副訓導となり、翌年、訓導(教授のようなもの)となった。並樹は、もっぱら皇典(古事記、日本書紀)を専門とし講義を行った。明治七年、筥崎八幡宮《はこざきはちまんぐう》(筥崎宮、官幣大社《かんぺいたいしゃ》)祀官《ぎかん》に任ぜられ、明治一一年、病気になり退職する。その後、旭櫻《きょくおう》(桜)学舎を築き、後進の育成にあたったが、その徳を慕う門人が多く集まったという。明治三〇年七月九日、七四歳で亡くなった。

その間に著書として『日本上古略史』(一八八二)をまとめる。国学を学ぶために、郷里で名声を博していた種信の門下に入り、伯家の相伝を受けたものと思われる。

(9) 梅田伊和麿《いわまろ》 ……………………… 参考文献『神伝古事記真解』『古事記謹解総論』『斯の道』など

梅田伊和麿は、本名は寛一といい、明治一〇年（一八七七）に福山市で生まれた。筑波山麓に古神道の修行道場として、梅田開拓筵《うめだかいたくえん》（梅田学莚、梅田莚）を開き、古神道の指導を青年に行った。わずかの門人に指導をしたので、埋もれた神道家といえる。

伊和麿は、石上神宮で行われた講習会に参加し、石上神宮の鎮魂法と伯家神道の行法の清祓を合わせて学び、独自の古神道行法を考案し指導を行った。古神道行法には、伯家神道の行法の影響が色濃くうかがえる。伊和麿は、昭和三年（一九二八）の昭和天皇の大嘗祭に参列して感激し、天皇の祭祀の研究や修行に取り組み、昭和一七年に、東京麻布に祭政一致の教学道場を開設する。昭和二〇年に筑波山中腹の開拓農場を拓き、古神道の修行道場とし、青年の指導を行った。昭和三〇年一一月に、筑波山にて永眠する。

伊和麿は、広島の方で代議士として政治活動をしていたが、日本の行く末を憂い、政治の道に限界を感じ、政治活動から身を引いた。この時代に妻である美保と結婚した。

伊和麿は、大本教でも学び、石上神宮での参篭修業や、川面凡児の禊行法など、さまざま行法を学んでいる。伊和麿は、随神《かむながら》の道に目覚め、精神的修養と鍛錬を目指し、神道的な啓蒙活動を行いたいと考えた。東京の青山に移り、伊和麿と改名し、鎮魂修養道場を開いて活動した。戦前の政治家にも会い、日本人の精神的鍛錬の必要性を説き、賛同を得たが実を結ばなかった。

戦後は、引揚者の開墾地として用意された筑波山麓に移り、土地の開墾をしながら、「とほ

かみ社 梅田学莚」を主宰し、鎮魂修養を指導した。「とほかみ社」という名前を付けたところから も、伯家神道との関連性を伺わせるものがある。日本の精神的な堕落を憂いて、毎日、自修鎮魂を行い、自己の修養に努めた。自分の死期がわかり、ある日、今日中に自分は身罷《みまか》ると言って知人たちを集め、その日の夕刻に亡くなった。昭和三〇年のこと、年齢は八〇歳であった。

伊和磨亡き後は、妻の梅田美保が莚主《えんしゅ》として後を継ぎ、弟子の指導を行った。美保は霊能にも優れており、指導は厳しかったといわれる。梅田開拓莚では、凡児流の禊、自修鎮魂、他修鎮魂などの鎮魂行法、振魂行法を行っていた。

著書に『神伝古事記真解』(一九四三)、『古事記謹解総論—皇国の本義』(一九四二)など多くの著作が残されている。ちなみに、『神伝古事記真解』の目次は、次のようなものである。

第一一節　神籬と磐坂第　　第一二節　天神諸命以ての意義
第一三節　神人一体の意義　　第一四節　大御宝と青人草
第一五節　独神隠身と妹神　　第一六節　稲穂と稲荷大神
第一七節　大日本国成立の意義　　第一八節　左旋、右旋、三倍輪力

梅田開拓筵で行っている行法は明らかに伯家の影響を受けている。伊和麿が伯家の行法を学んだ形跡が伺えることが、伯家の行法を知る者から見ると明らかである。また用いられている八足《はっそく》が普通の神社で用いられる八足と少し違って、伯家で用いられている八足である。伯家神道で使われる八足には、独特の特徴がある。石上神宮の講習会で学んだものか、京都の和学教授所まで訪れて学んだものかは、今となっては判然としない。

4　本田親徳の鎮魂帰神法

神々の意志を読み解き、神示を得るためには、神と人とが交わり、自らが神人合一を目指す必要がある。その一つの方法が鎮魂帰神法といわれるものである。本田親徳の鎮魂帰神法は、

審神者《さにわ》（審神）と神主《かんぬし》とが、一対一の対面形式で向き合い行うものである。どのような方法なのかは、次のようなものである。

審神者と神主とが向き合って、神主が鎮魂印（神主の印）を結んで目を瞑り、心は天照大御神の元へと行くと念じる。審神者が岩笛を吹き、次に審神者も鎮魂印（審神者の印）を結ぶ。この方法では、審神者が岩笛を吹き、神主は岩笛の音に耳を澄ませ、その響きに意識を集中し、わが心は天照大御神様のところへ行くと念じる。

審神者は、自分自身に神霊を降神させ、指先から神主に向かって、鎮魂力により神霊を移して転霊するよう霊力を込める。審神者の鎮魂力により、神主に神霊が降りてきて降神が行われる。神主に神霊が降神したら、審神者が神主に問いかけ、掛かってきた神霊が、どなたなのかを見極めていく。神主に掛かった霊が、本物の神霊なのか、偽物の霊なのか、古典に基づくいろいろな問いかけを行い、問答を通して、答えを聞き出し、正邪と真偽を判断するのである。

審神者は、神主が神霊の意志にしたがって話ができるように、口聞きの訓練を行う。口聞きとは、神主が神霊の意志にしたがって話をすることである。審神者は、神主に降りてきた神霊と問答し、神霊が果たして何者であるのかを見極める。降神した神霊を見極めることを、審神者（審神、砂庭）と呼ぶ。審神者が神霊を誘導し、神主の意識は天照大御神の所へ行くような気持ちを心がける。問答が終わり、神霊が元の御蔵《みくら》に戻られるときにも同じく、昇神が行われる。古代の『古事記』や『日本書紀』では、琴師の弾く琴の音色に耳を澄ませるという話が出てくる。この方法では、琴師の弾く琴の音色の代わりに、審神者が吹く岩笛の音色に意識を向けるのである。

親徳の方法では、熟練した審神者が必要である。修行者は、まず神主として、審神者と二人で訓練に取り組む。神主の修行が熟練してできるようになってから、審神者の訓練へと進んでいく。そのための基礎として、一人で鎮魂修行を行う。

鎮魂帰神法と一口にいわれるが、鎮魂法と帰神法とに分けられる。修行者は、自身の鎮魂を深め、鎮魂力を高めることが必要である。鎮魂力を高めるために、鎮魂石と呼ばれる小さい丸石を袋につめて、それを目の前の台に置き、凝視する鎮魂の修行法がある。この鎮魂法は一人で行う行法である。

親徳の鎮魂帰神法は、審神者と神主の二人で行う方法である。最初は神主の修行から始め、審神者は鎮魂力が高まり、帰神の修行ができるようになってから行う。神を降ろす段階、口聞きを行わせる段階、自ら審神する段階がある。鎮魂力が高くなると、審神者になる修行に取り組むことができる。しかしながら神主も、よほどの純粋な意識を保たなければ、正統な神はなかなか降りてくることはない。

良い神主になるためには、信頼できる審神者(師)とともに、心を純粋にして、鎮魂の修行法を深め、神主としての帰神法を何度も行う。審神者になるためには、自身の鎮魂力を高めたうえで、帰神法で審神者の役割を何度も行う。

鎮魂帰神法は、信頼できる熟達した指導者（審神者）のもとでないと、非常な危険が伴うので、みだりに行ってはいけない。信頼できる人物でない場合、霊的な障害を受ける可能性がある。指導者が信頼できるかどうかを見抜くことが大切で、指導者が信頼できると思えないならば、鎮魂帰神法は決して安易に行ってはならない。

鎮魂帰神法について、体系的に記述したものは、親徳が初めてである。代表的なものに、『道之大原』（一九二二）などがある。

本田親徳の鎮魂帰神法は、審神者と神主の二名での対面形式で行われる。そのため、別名として「輪外《わはず》れの鎮魂」とも呼ばれる。伯家の御修行は二人で行うものではなく、御行を受ける者の周りを、複数人（正式には八人）の柱人《はしらびと》が囲んで行うものである。伯家の御行に対して、親徳の帰神法が二人だけで行う方法であるために、このように呼んだのである。

2節　古神道と伯家神道

1　伯家神道

古神道の行法に影響を与えたものに、伯家神道《はっけしんとう》（白川神道）というものがある。奈良時代に定められた律令制のなかに神祇官《じんぎかん》という役所がある。神祇官の長官のことを神祇伯《じんぎはく》と呼び、室町時代ごろから代々白川家が世襲するようになったので白川神道とも呼ばれるようになった。白川家は花山《かざん》天皇の末裔で、花山源氏の家系である。神祇官は、神祇に関する諸々の業務を司り、宮中での祭祀は白川家が一手に引き受けてきた。本来は伯家神道というような呼び方はなかったのであるが、ほかのいろいろな神道が出てきたので、区別するために伯家神道、白川神道と呼ばれるようになった。

白川家は、宮中にある神殿の一つである内侍所《ないしどころ》の管理を任されていた。内侍所に供えられた御洗米などを霊験あらたかなものとして、訪れた人々に下付していた。白川家は伏見稲荷も管轄しており、稲荷大明神の勧請にも携わった。稲荷大明神は、各地の社や小祠に分霊として勧請された。稲荷信仰が近世末期に急激に広がっており，白川家もかかわっていた。

白川家は、単に神職資格を与えていただけではなく、門下にいくつかの呪術的な修法（例：比岐女伝《ひきめでん》）を伝授し、祈祷も行っている。狐憑き、大木の祟り、病気、出産、病虫害など多岐に及び、庶民だけでなく、公家、大名からも依頼があった。

2　神祇官と白川家

伯家神道と呼ばれる神道はどのような神道なのか、ここで歴史的な概略をみてみることにしよう。伯家神道とは、天照大神以来といわれる皇室に伝わった宮中祭祀にかかわる神道のことである。天照大神以来といっても、天照大神自体が神話の時代であるので、実際のところ、伯家神道の淵源《えんげん》をどこまでさかのぼれるものかは、判然としない。

奈良時代にわが国の最初の官僚機構である太政官制度が確立され、神祇《じんぎ》への祭祀を担当する神祇官も制定された。少なくともこのころから、宮中祭祀にかかわる伝統が存在するものと思われる。奈良時代から、約千年前の平安時代中期までは、神祇伯に大中臣《おおなかとみ》、忌部《いむべ》、橘などの諸氏が任じられてきた。

平安時代の後期に、後一条天皇の勅命により白川家が創設された。第六五代の花山天皇（九六八～一〇〇八）の第一皇子である清仁《きよひと》親王の第一皇子である延信《のぶざね》王が、神祇官の長官である「神祇伯」に任命され、白川家の第一代となった。ちなみに神祇伯とは、神祇官の長官という意味である。行政にかかわる役職が太政官であるが、神祇官は神祇を祭る祭祀にかかわる役職として設けられたものである。

平安時代後期から明治維新まで約八百年にわたって、白川家が宮中祭祀を取り仕切ってきたのである。白川家は代々に渡り、神祇伯という役職を世襲してきた。そのため、伯家神道のことを別名、白川家神道ともいうようになった。白川家の当主が神祇伯という役職に就任すると、伯王《はくおう》を名乗ることが許されていた。このため白川家は、神祇伯王家、伯家《はっけ》、伯王家とも呼ばれていたのである。この白川伯王家に伝わった神道をほかの神道と区別するため、一般には伯家神道、白川神道と呼んでいるのである。

伯家すなわち白川家は代々、神祇官の長官として神祇関連の業務を主催し、宮中における恒例の祭祀、あるいは臨時の祭祀に奉仕していたのが常である。同時に、宮中において平常は、側近における神事に奉仕する職にあったので、自然に皇室の神祇祭祀の宗家となったものである。神祇祭祀にかかわるものをまとめて、これを称して伯家神道ということが多い。この意味では、伯家神道は一つの学説をなすものではない。

真言宗の神道である両部神道や、江戸時代に盛んになった儒家神道などとは異なっている。両部神道や儒家神道は一定の教理を説として立てて、もしくは教義を標榜して、信仰を説くものである。それに両部神道は、真言宗の神祇への密教儀式や作法が加わる。

これに対して伯家神道は、古来、朝廷を本位として行われた神祇祭祀の道、及びこれに伴う種々の行事の一切を指すということで、すなわち伯家における誰かが教説を立てて創始したのではなく、皇室に伝来したのを、伯家において保存し、実行し、世襲して来たものにほかならない。伯家は神祇官の長官として、宮中内侍所や神祇官八神殿の奉仕や、天子や皇太子、摂関家等に神祇への御拝作法の伝授、また日本国内の諸国の神主や神職（祝詞部）を総支配する家柄ということもできる。

3　吉田神道の台頭

室町時代以降の中世になると、神祇官の副長官の役職である神祇大副《じんぎだいふ》（大副《だいふく》）であった吉田家に、吉田兼倶《かねとも》（一四三五～一五一一）が現われて、吉田神道の学理的な神道説を立てて、神祇長上《ちょうじょう》、神道管領《かんれい》と称するようになった。これにより吉田神道は隆盛となり、伯家の方はその勢いに押され気味となってしまった。これにより白川伯王家は、一般神社への影響力は衰微していくことになった。しかしながら、宮中における祭祀は、あくまで白川伯王家が司ることには変わらなかった。

吉田家が神道説を整理して、「吉田神道」の教義を確立していったが、白川家は基本的に神道の教義によって、「白川神道」の信仰を説こうとはしなかった。白川家は、古くから朝廷に伝わる祭祀の作法を口伝により受け継いでいくことが役目であったからである。

律令官制では神祇伯の白川家が優位ではあるが、中世以降は吉田家が圧倒的に優位になっている。吉田家の立場は、寛文五年(一六六五)に発布された江戸幕府の諸社禰宜神主法度では、無位の社人が白張以外の装束を着用する際には、吉田家の裁許状を要する旨が規定されることになった。これにより、江戸時代に入ると、吉田家の影響下に入る神職が激増している。

一方、白川伯家においても、吉田家と対抗するため、一般人に対しても望むものには神号を授たり、神拝許状《しんぱいきょじょう》(神職免許に相当)などを出すようにしたのである。さらに文書として残せるものは残す必要性を感じて、資料として朝廷の神事祭祀の内容をまとめて、伯家部類を編纂したのである。このような活動を通して、伯家の地位を高揚させようと勤めたが、終始吉田家には押され気味であった。

一八世紀の前半期、白川家の内実をまとめていったのが、臼井《うすい》雅胤《まさたね》である。著書『神祇破偽顕正問答』(一八四三)は、問答形式の吉田家批判書であり、白川家を宣揚している。

白川家は神祇伯制度が衰退してきた江戸時代には、神拝式許状、烏帽子着用許状、浄衣着用許状、風折狩衣《かざおりかりぎぬ》着用許状などの各種許状の発行や、各種の神社等への神号授与などを行っており、これを収入の糧としていた。

4 白川伯家の記録類の編纂

神祇官白川家の記録および伝承を後代に伝えて、伯家神道として独自の神道説を形成する上で重要な役割を果たしたのが、寛永二〇年(一六四三)に第二二代神祇伯に就いた雅喬《まさたか》王(一六二二~一六八八)である。彼は延宝七年(一六七九)に神祇伯を退き、翌年に伯家の記録を『家説略記《かせつりゃっき》』としてまとめた。雅喬王は、白川家が皇室や摂関家に、祭祀の作法を伝授してきたことを主張して、吉田家との違いを鮮明にすることに努めた。

後を受けた第二三代雅光《まさみつ》王(一六六一~一七〇六)の時代に、臼井雅胤が学頭に迎えられ、伯家神道の教義の確立に努めた。次世代の第二五代雅富《まさとみ》王(一七〇二~一七五九)は、宝暦四年(一七五四)に、『家説略記』を改訂して、『伯家部類』を著している。宝暦一二年には、森昌胤《まさたね》が学頭に就任し、「神道通国弁義」を著している。

神祇官の頭領である神祇伯王たる白川家では、時代の趨勢に促され、伯家神道としてまとめた。学頭らが著した「神道通国弁義」には、次のような記述がある。

神道は天地の神気循環して、万仏生々化々するの名にして、和漢竺は勿論、四夷八蛮、万国一般の大道なり、天地広しといへども、万仏多といへども、一つも其化に洩ること なく、尺地も其循《めぐり》によらざる所なし、知者も神道裏の人、知らぬ者も神道裏の人、鳥獣虫魚の有情、草木砂石の非情、皆其化に出入し、人々其神の分賦を受て、これを心の臓に容《いれ》て魂と爲ながら神の所為たることを知らざる、実に神道の大いなる所なり。

（出典『神道叢説』）

江戸時代も末期になると、国学者の平田篤胤の協力を得て、文化一三年（一八一六）に「神祇伯家学則」を編纂し、その中で神道はいずれの国においても大道であり、いつの時代にも変わることのない綱紀であると主張している。篤胤は、天保一一年（一八四〇）に、白川家の学頭に迎えられている。「神祇伯家学則」には、次のように述べられている。

神道は古今を通じて変わらない根本原則であって、いずれの国においても通用する大道でもあり、さらには神道と武道は一つである。おのれの身を修めて、家を整え、国を治めるという要領も、古事記、日本書紀、古語拾遺等の皇典を研鑽するうちに自ずからわかるものである。

（出典『神道叢説』）

神道とは日本だけのものに留まらず、いずれの国においても通用する、自分自身を修める根本であるというのである。さらには家庭から、国家まで治めることに通じるというのである。

矢野玄道《はるみち》は、文政六年（一八二三）、伊予国喜多郡に生まれた（父は大洲藩士矢野道正）。幕末から維新期の国学者であり、明治二〇年（一八八七）に没した。江戸で篤胤の没後門人となる。玄道は、文久三年（一八六三）に神祇伯白川家学師となっている。慶応三年（一八六七）には、吉田家の学頭ともなっている。白川家、吉田家の両方の神道に詳しい。玄道が伯家学師（学士）となった文久三年から、翌年にかけて述したのが、『伯家問答上下巻』である。

『伯家問答』の書き出しは次の通りである。

或人問ふ、伯家とは天下の神祇の御事を總掌り給ふ長官たる御職にやと思へば、又別に神祇長上といふも有て、世には此を神祇官の揔掌の如く心得をる習なるが、

孰か非なる、其分を委く聞む、

以下、本来は神祇官の長官たる白川家と次官たる吉田家とでは、白川家が上位であることを述べ、神祇官の歴史とその祭典の根本とが記されている。

（出典『矢野玄道と伯家神道』）

われわれに日本人にとっては、昔からの鎮守の神社は、馴染みのものである。その神社に関係した神道も、単に日本人の民族信仰という位置づけだけではないのである。本来、神道とは、日本の民族信仰という枠組みをも超えた普遍的な価値を持つものなのである。

5 神伝相承の不言惟神の大道

白川伯家に伝わった神道は、神伝相承《しんでんそうしょう》不言惟神の大道、審神者古伝の神事と呼ばれる。神が伝え賜う、言葉によらない、言葉で伝えることができない「かむながら」の道なのである。神々の声なき言葉を聞く道である。神道の祓《はらえ》の実践のより、自分にかかわる禍事《まがごと》を祓ってゆくことにより、祓をどんどん進めてゆくと最後には純粋なものしか残らない。最後に純粋なものが残った状態において、初めて神々の意志が現れるのである。
白川伯家に伝わった神道の伝承の中で、長らく秘密の行とされ、秘かに伝えられてきた御道《おみち》がある。それが祝之《はふり》神事、十種神宝御法、あるいは単に御道、御行《おぎょう》、御修行《ごしゅぎょう》と呼ばれるものである。高濱清七郎は、白川伯家の御道のことを、神伝相承不言惟神の大道（略して、不言惟神の大道）、審神者古伝の神事と呼んだ。「神伝相承」とは、修飾語としての表面上の美辞麗句ではない。深い意味を持つ言葉なのである。言葉どおりに「神伝えに伝えたまい、相承《あいうけたまわ》る御道」である。神の働きにより自ずと伝えられ、自分で受け賜わるもので、言葉によらない神への道である。これがほかの行法にはない御道の特徴ともいえるものである。

不言惟神の大道（御道）は、霊能に頼る世界ではない。霊能といわれるものは、あまりにも不完全な世界である。御道は、本来、個人的な悩みごとを見極める場所ではない。高い霊的世界に繋がることをこそ目指すべきである。高い霊的世界は、人間の悩みの世界とは関係のない世界である。峻厳たる神律の世界にある高い神霊は、人間の個人的なことにはかかわらない世界に存在する。低い霊的世界の映像が見えても、高い霊的世界は見ることはできない。憑いている霊物が見えるとか、何かの姿が見えるという世界には、御道ではあまりかかわるべきではないだろう。個人的な悩みごとの原因となるような問題は、概して低い霊的世界に関係する。人間に関係する霊的世界にかかわっても、高い霊的世界にはかかわれない。

霊能は、危うい両刃《もろは》の剣《つるぎ》である。常に自己を省みて、自分を高める正しい道に励めば、人の役に立つようになれるかも知れない。際立った能力があり、自分を省みる正しい心構えで、謙虚に正しい努力を怠らなければ、個人的な悩みごとを良い方へ導く優れた霊能者になれるかも知れない。霊能があっても、人の相談に乗り、解決へと導けるような本当の霊能者になれるのは、ごく一部の者だけである。使命ある者は必然的にそういう道を歩まされるだろうし、普通人より厳しい人生への取り組みが要求されるだろう。神試しといえる誘惑や試練を乗り越え、なおかつ慢心しないようにするのは、普通の人よりずっと大変である。神試しを乗り越えられなくても気付かず、正しい道を歩んでいると思ったままである。道を誤ったことに気が付くことは、自分ではできない。

途中で道を誤る者が多く、本物の霊能者と呼べる人は、ごくわずかしかいないのが実情である。すべてのことがわかるような、完璧な霊能者などは存在しえない。道を誤れば、慢心により魔に付け込まれ、霊格を下げ、霊的成長は望めなくなる。霊視では自分を客観的に視ることはできないし、霊能では自分のこともわからない。高貴な神霊に装った霊的存在は、偽りの映像を見せ、誑《たぶら》かしを語ることが多い。偽りの言葉を見抜き、誑かしの映像に惑わされないように、見抜かなければならない。自分の霊能に溺れると、気付かずに慢心が生じる。霊能に振り回され、正当な道からは、概して外れていく。目を閉じていても見える映像に囚われて、それ以上の進歩は望めない。映像が見えると、自分に見えた映像が絶対的な真実と信じ込む。どんな存在が、何を、どのような意図で見せているのか、自分の見ているものを疑ってかかるべきである。物理的実体がないものを形象化して、映像として見ていても、その虚実の判断は難しい。映像にとらわれると、本人の知らぬ間に魔に取って代わられることなどは、よく起きることである。視《み》えない世界との関わりは、慎重のうえにも慎重を期して、慢心に陥らないように、いつもおのれを省みることが必要である。霊能は縁があり、波長の合う霊的存在が関与していることが多い。自分を省みることがなければ、低き霊との縁しかできないことを忘れないことである。

霊能は自己を高める修行や内面を見つめる修行を深めた結果ではなく、霊との関係が容易にできやすい体質なのである。天狗などが憑いていると、見えた映像に幻惑され、特別な存在だと高慢になりやすい。周りの人間への敬いがなくなる。独断的な振る舞いが増してくる。驕りや侮りは、微かであろうと態度や行動に表れるもので、相手は気付いてしまう。謙虚な心がなければ、自分は特別な存在だという慢心に結びつきやすいのである。

自分の内側を見つめる内省、すなわち内面への鎮魂や瞑想がなされていないのである。霊能に頼る者は、なによりも内省が必要である。内省とは、自分の内面、心の状態を見て、自分のエゴイズムに満ちた思考、言葉、行動に気付き、謙虚に自己の心を正していくことである。内面を見つめて、自分に巣くう優越感や高慢な心に気付き、利己心やうぬぼれを乗り越えることが必要なのである。

虚飾に満ちた外面に幻惑されることなく、自己の奥深くの本当の神性に気づくことが望まれる。人が兼ね備える徳と知恵は、崇高なものである。他の者と違って自分は特別であるという傲慢な態度を生み出す意識が生じてくるならば、幾ばくかの徳や知恵が含まれようとも、より巧妙で精妙な形に仕組まれた幻惑であると言わざるを得ない。

賢者への道は狭く、輪廻の輪を越えるのは難しい。愚者の道は、慢心による偽りの伽藍を築く凋落への道である。何の映像が見えようと、霊格はさして向上しないまま、人間的にも霊的にも成長は難しい。誠の人、義の人、真心の人とは、ほど遠い。陥りやすい大きな落とし穴であり、高慢と偏見に捕らわれてしまう。

霊能のあるなしにかかわらず、人は自分を深く省みて、慢心に陥らず、良心に従った行動を取らなければならない。自分の至らなさに気付き、我《が》を抑え、自己に厳しく、驕《おご》りやうぬぼれを払拭しなければならない。魂の中にある良心にしたがって、真心の人となるべきである。でなければ、いずれ道を誤り、魔に付け入られるだろう。人はみな、霊能ではなく、霊格や人格を高めるべく努力し、誠の人、義の人、真心の人になるべきなのである。

霊能と、霊格の高さや人格の高潔さとは、相関しないし、無関係といえる。霊能者は、覚者(霊覚者)や聖者ではない。自己の内面を見つめて、悟りに到達し、真理に目覚めた霊覚者や聖者ではない。峻厳《しゅんげん》なる神律《しんりつ》に従う世界に臨む神人でもなく、神仙界に通じる謂れある神仙でもない。神の道を教える神道家ですらないので、ことのほか道を誤らないように気を付けなければならないだろう。霊能のある人で、大成した人は少ない。

すめらの道(御道)は、霊能者への道ではないし、霊能に頼るべきものでもない。御道の修行者は、霊能者にはなってはならないといわれる。霊能者を目指してはいけないのである。霊能者になることが御道の目的ではない。霊能者だからといって、必ずしも御道の修行ができないわけではないが、御道の修行により、今までの霊能がなくなってしまうかも知れない。霊能などに頼る必要のない人が行うべきである。霊的な成長とは、霊能者になることではない。霊的道を歩む者は、道を誤ってはいけない。神伝相承の御道は霊能に頼るのではなく、神意を伺うための道であり、神と一体となって舞う神遊びの道である。神の意を知るには、神々の声なき声、声なき言葉を聞くことである。

神伝相承の御道は、神伝えに伝えられた、言葉を用いない(言語不要の)、神々の声なき言葉を聞く、神遊びの古《いにしえ》の道なのである。神遊びの古の道が、白川家に伝えられた秘密の御道であり、神意を伺うための御行であり、神々の舞でもある。

3節　伯家神道の継承者

1　高濱清七郎

現在に伯家神道の行法を伝えたといわれるのは、伯家最後の学頭として知られる高濱清七郎《たかはませいしちろう》の道統《どうとう》からである。清七郎は、備前国都窪《つくぼ》郡（現在の岡山県総社市）の農家に文化八年（一八一一）に生まれた。高濱は旧字体なので、「高浜」をつかうこともある。

清七郎は長男ではなく、京都に出て呉服屋に奉公し、やがて自分の店を構えるようになる。商売は順調に発展し、白川家出入りの呉服商人となる。天保年間（一八三〇～一八四四）に白川家に入門し、「七種修行」終了門人免許を受け、正式に白川家門人として許可された。

安政四年（一八五七）三月に比岐目鳴弦の御法、およそ入門から二〇年間が経過した文久二年（一八六二）八月に、十種神宝御伝《とくさのかんだからのおつたえ》の相伝を受け、内侍所並に神祇官御免状、内侍御印書を拝受し、斯道最高の栄誉を得たという。十種神宝御伝の伝授を受け、白川伯王家最後の学頭となっている。

清七郎が、白川家で活動した時代は、ほぼ白川家三〇代の資敬《すけたか》王（一八二二～一八五一）の時代から、次の資訓《すけのり》王（一八四一〜一九〇六）の時代に移ったころに当たる。清七郎は、幕末に際しては白川伯王家の学頭として、伯王に代わって、多数の門人や学徒を指導したという。ときの天皇は孝明天皇であり、幕末の激動の時代である。万延元年（一八六〇）に親王宣下を受けた睦仁《むつひと》殿下（後の明治天皇。一八五二〜一九一二）にも御道の指導を行ったとされる。（3章1・2節参照）

2　宮内忠政

宮内忠政は、幕末の嘉永年間（一八五〇年代）に宇和島藩（現在の愛媛県宇和島市周辺）の藩士の家に生まれている。正確な出生年は不明であるが、一八五〇年ごろに生まれたと推定される。高濱清七郎は知り合いを頼って、愛媛県の松山に隠棲《いんせい》していたことがあり、その時代に風早署の署長をしていた忠政が門人になったものと思われる。忠政は、清七郎の娘タケエ（タケ、多計子）と結婚している。

明治二五年（一八九二）に宇和島に、清七郎により、忠政を初代の教授長として和学教授所が設立された。その後、和学教授所を京都に移転させ、門人への指導を行った。（3章2節参照）

3 中西盾雄と片山源栄

中西盾雄《たてお》は、宮内忠政の門人で、和学教授所の教授所長となり、京都で和学教授所を継承した。盾雄は、弁護士として京都に住み、京都弁護士会の会長を務めていた。明治三六年（一九〇三）に忠政が帰幽した後を受けて、盾雄は和学教授所を預かって教授所長となり、京都で和学教授所を継承している。

片山源栄（源榮）は、忠政の松山時代からの門人で、愛媛県の松山に住んでいた。和学教授所を主宰していた盾雄が亡くなった後、跡を継いで和学教授所を預かり主宰された。和学教授所の本部を四国の愛媛県松山市に移し、教授長となり主宰された。（3章3節参照）

4 中村新子

中村新子《しんこ》は、宮内忠政の娘として、明治二〇年（一八八七）くらいの生まれと推定される。宮内姓であったが、画家の中村大観と結婚後、中村姓となった。以降、中村新子と呼ぶことにする。（3章4節参照）

父である忠政より道統を継ぐべく、幼児より厳格なる薫育を受けたという。父の帰幽時には、新子は、一六歳の少女であり、教授所を継承し、門人を指導するには、まだ幼すぎたので、門人である中西盾雄が和学教授所の教授長となり、次に片山源栄が後を継いで和学教授所を主宰した。源栄は、和学教授所の本部を愛媛県松山市に移し、道統を継承していたが、昭和六年(一九三一)に帰幽された。源栄が亡くなった後、新子が昭和七年に京都に和学教授所を再興することとなった。新子は、多くの門人に教えたといわれ、門弟の中には、政治、経済、文化の有力者の方も多くおられ、秘かに行を受けられたと伝えられている。

3章　伯家神道の系譜

1節　数奇な運命をたどった高濱清七郎

1　吉備国に生まれる

現在に伝わる神祇伯家の秘密の行法は、伯家神道の最後の学頭となった高濱清七郎から伝えられている。清七郎がどのような人生を歩んだのか、幕末の激動の時代から明治時代まで生きた人生を振り返ってみよう。

清七郎は、吉備国（現在の岡山県と広島県）にあたる、備前国都窪《つくぼ》（岡山県総社市）の農家に、文化八年（一八一一）に生まれている。幼いころは高濱清七と名乗り、姓として家系は源氏の血筋に連なるということだろうか、「源政一」とも称している。（参考文献『白川家門人帳』『和学教授所の起源と歴史』）

清七郎は長男ではないが、兄弟が何人いたかなどの家族関係の詳細は不明である。「清七」という名前から、七男の可能性がある（江戸時代から明治時代までは子供の数が多い）。高濱は旧字体なので、高浜と書かれることも多い。由利渓の「蘇る源の道」（雑誌「日本及日本人」通巻第

1636～1638号)では、浅野家藩士出身となっている。ただ「蘇る源の道」の記述にあるというだけでは、清七郎が浅野家藩士から出た家系なのかは確証できない。中村新子から由利渓が聞いた話かも知れない。清七郎は、江戸時代は農家の出身ではあったらしい。藩士から百姓になった家系かもしれないが、清七郎は跡取りではなく、自分で生計を立てる必要があった。

清七郎(清七)が生まれたのは、江戸時代末期のことであり、学校制度は整備されていない時代であった。清七郎は、藩士の出身ではなかったが、基礎的な教育を受けていなかったとは思われない。儒学や漢学の基礎知識、漢文の読み書きや算盤《そろばん》などの算術を身に付けていたと推し量れる。儒学(漢学)の基礎、漢文の読み書きや算盤や算術を郷里で学んでいたものだろう。

備前国は、現在の岡山県に当たる。岡山県は教育熱心な県として知られているが、何も明治時代以降に始まったことではなく、江戸時代からの伝統である。備前国岡山藩は藩全体として教育に熱心で、江戸時代から手習所《てならいじょ》も多かった。手習所は庶民のための教育機関で、寺子屋と同じである。

備前国岡山藩の藩校は、寛文九年(一六六九)、岡山藩主池田光政《みつまさ》によって開設されている。江戸幕府が開いた湯島聖堂よりも二一年も早い。

寛永一八年(一六四一)に、江戸時代初期の儒学者(陽明学)である熊沢蕃山《ばんざん》(一六一九～一六九一)により、岡山藩の花畠教場が開かれた。寛文六年に、花畠教場に代わり仮学館(藩校の前身）が設置された。寛文九年に、本格的な岡山藩の藩校となり、岡山学校と呼ばれた。授業では、朱子学を中心に、論語や小学、四書《ししょ》（『論語』『大学』『中庸』『孟子』）や五経（『易経』『書経』『詩経』『礼記』『春秋』）などの講義と武術の修練が行われた。

岡山藩では、藩校とは別に領民教化の一環として、民間子弟の教育のための学校を設立している。寛文六年に池田光政は民間子弟の学校として手習所設立を計画し、寛文八年に、領内に一二三か所の手習所を設置した。寛文一〇年、光政は津田永忠《ながただ》に、和気郡伊里村閑谷（現在の備前市）の地に学校の建設を命じ、閑谷《しずたに》学校が創立される。延宝三年（一六七五）に光政は、各地にあった一二三か所の手習所を閑谷学校に統合した。岡山藩が設立した閑谷学校は、庶民教育のための日本最古の藩立の学校である。

閑谷学校の建物と敷地は、三〇年以上かけて建築、整備された。閑谷学校は、他には例をみない手間隙をかけており、江戸時代二〇〇年余りの歴史を持つ。学舎や学寮もあり、学生はそこで勉学や生活をしていた。現在、閑谷学校の跡地は、特別史跡に指定され、残されている講堂は国宝にもなっている。閑谷学校は、岡山藩の地方指導者として、武士だけでなく庶民の子弟も教育した。それだけでなく他藩の子弟にも、広く門戸を開いている。就学年齢は、八歳ごろから二〇歳ごろまでとされた。教育内容は習字から始め、儒学（論語、孟子、孝経、小学、四書や五経）を中心とし、中国の史書（史記、漢書）などを学んでいた。

藩全体が子供の教育には力を入れており、清七郎の両親も、総領《そうりょう》(跡継ぎ)でない子供も含めて、将来のために、漢文などの読み書きと算盤の算術を学ばせたであろう。家を出て独立しなければならない子供には、特に漢文などの読み書きや算盤は、重要な知識である。学んだ場所はわからないが、備前で有名だった閑谷学校で学んだのかもしれない。手習所や私塾の可能性もあるが、藩立の手習所は閑谷学校に統合されている。おそらくは兄弟とともに、習字、儒学(漢学)の基礎、漢文の読み書きと算盤などを学んだものであろう。

清七郎は、呉服商になって生計を立てたが、儒学や漢学の基礎、漢文の読み書きや算術を身に付けていた。儒学や漢学の基礎、漢文の読み書きや算術は、丁稚奉公の商売のかたわらで、片手間には学べないであろう。学校のようなところで、ある期間、師から体系的な知識を身に付ける必要がある。漢学の基盤があったため、清七郎は、白川神祇伯家の学師となり、神祇道(神道)だけでなく、尊王思想や兵学まで広範にわたって、幕末の志士(多くは藩士の出身)たちにも講義や解説することができたと考えられる。

清七郎は成人すると、京都に出て、呉服屋に丁稚奉公している。江戸時代の農村では元服の年齢(一五歳)より遅く、一八、一九歳くらいで成人とされていた。郷里を離れた年齢はわからないが、一五歳から一九歳くらいで京都に出たものであろう。清七郎は商いの才能があった。清七郎の呉服商としての商売は、順調に発展し、やがては自分の店を構えるまでになった。呉服商として独立したのは、商売を始めて一〇年ほどが過ぎた、二〇歳代の後半のことである。清七郎の扱う衣地や仕立てがよかったからか、京都の御所近くにある神祇伯白川家にも出入りを許される呉服商人となるまでになった。祭祀や神事に必要な衣裳全般の御用立《ごようだて》を引き受けて、神祇伯白川家に出入りを許されていた。自分の店を構えてから、呉服商として「菊屋」という屋号を使用するようになる。『白川家門人帳』(白川家の「諸国御門人帳」と古帳之写「諸国門人帳」などの翻刻)によれば、清七郎は屋号を用いて、菊屋清七とも名乗っている。

2 白川家への入門

清七郎(高濱清七)は、呉服商として神祇伯白川家に出入りするうちに、白川家に伝わる神道ついて、漏れ伝わる話を聞くことができた。白川家の話を聞くうちに、白川家の神道作法を深く学びたいと思うようになった。元来、神祇への崇敬の心が篤く、神拝作法を学んでみたいと思いたったのである。神拝作法だけでなく、神祇官白川家、さらには皇室に伝わる神祇について、もっと深くまで学びたかったのである。白川家にお伺いを立てると、推挙する者(推薦者)がいなければ、入門は認められないといわれた。神社の神主の出ではなく、農家の出身であり、神拝作法を学ぶことで、推挙してくれる人物は見当たらなかった。

3章「伯家神道の系譜」では、伯家神道における伝承を元として、創作説話として挿入した。かなり昔のことであり、元となる話や詳しい経緯を記した記録は残っていないが、話が残っているものも一部ある。

❶ 清七郎入門

京都の白川家の屋敷の門を入った玄関前の庭に、一人たたずむ者がいた。それはある年の晩春のこと、藤の花咲く、すでに初夏の日差しが垣間見える春遅くのことだった。屋敷の古い塀の上には、庭にある大木が枝を大きな手を広げるようにさし伸ばし、その枝からはおおい被さるように緑の葉を茂らせ、緑のしずくをしたたらせていた。初夏の日差しも強くなってきたころで、もえいずる緑の葉が輝くように、きらめくように眩しくうつった。大木に絡みついた藤からは、紫の花房が塀の上まで垂れ下がってきていた。白川家の門前に座り込む人影を、白川家を訪れた者らは、怪訝なおもむきで眺めるのであった。そこに人目もはばからず座り込む人物を、興味深げに、あるいは怪訝な趣《おもむき》で、眺めながら、どうしたものかと思案げにも思われる面持ちで、出入りしたのである。このところよく出入りしている二〇歳代の若者である菊屋清七の姿であった。同じく版元として商人をしている鱗形屋伊兵衛《うろこがたやいへい》、内田隼人《はやと》が、そんな清七を見つけて声をかけた。

「菊屋殿。毎日、ご苦労なことでございますが、今日はもうあきらめて帰ってくださされませ」

「わかりました。今日は帰らせていただきますが、何としても入門が許されるまで、毎日でも通わせていただきたく思っています」

午前中は座ったままであったが、前庭の座を立って帰ることにした。

「お許し願えるまで、何日でも通わせていただきます」

そう言い残して、菊屋は自分の家へと帰っていった。

あくる日は、曇り空から雨へと変わった。天から降りしきる雨の中、清七は玄関先に昨日と同じように座り込んでいた。着ている着物が濡れるのも構わなかった。

ほかの門人たちが、こうささやきながら玄関を出入りした。

「見てみなされ。あの人は、今日も来てはります」

「雨の中、大変でしょう。なかなか熱心なことでございます」

数日前、清七が商いのために白川家を訪れたとき、かねてからの知り合いである鱗形屋、内田隼人に声をかけた。鱗形屋は、古くからの白川家の門人であった。

菊屋は鱗形屋に声を掛けた。

「鱗形屋はん、御所殿はおいでですやろか」

「菊屋はん、今日はどないな用で来たのじゃ。格別、用事はないはずじゃが」

「はあ、鱗形屋さん。用事といいましても、新しい衣地が手に入りましたので、白川殿にいかがとお持ちいたしました。ご覧になるだけでもかまいません。一度、ご覧になられてはいかがでございますか」

「そないなことか、そないなら、御所殿にお聞きいたしてみましょう」

古びた時代を感じさせる屋敷の木造のこげ茶色の玄関先で、そんな話をした。白川家の当主であり、第三〇代の神祇伯を継いでいた資敬《すけたか》王に、古川は取り次いだ。

家の奥の方から、白衣に袴をはいた白川家の当主、資敬が出てきて、新しい衣地をみることになった。屋敷の中の広い座敷に上がらせてもらい、畳の上に色とりどりの衣地を広げてみせた。

ひととおり衣地をみてから、白川家の当主はこう答えた。

「今着けておる着物もたいぶ擦り切れて。新しい袴が、欲しいと思っていたところじゃ。どれ、この紫の生地で袴を拵《こしら》えてくれんかの」

「はあ、かしこまりました。さっそく店に帰って仕立てることにいたします」

清七は、資敬王の方を向いて膝をのりだし、あらたまったおもむきで話しかけた。

「ところで白川殿、ここで少しお聞きいたしてもよろしゅうございましょうか」

「どうしたのじゃ、急にあらたまって。何なりと申せ」

「こちらさまでは、尊い神伝相承の御道というものがあるそうに聞き及びました。そのようなものが本当に、あるのでございましょうか」

「どこで、そないな話を聞いてきたのじゃ」

「いえ、こちらによく出入りしておられます門人の方々が話していますのを耳にしただけでございます」

「もしあったとしたら、どうするつもりじゃ」

「昔から神祇道、神様に深い信仰心を持っています。そのような尊いものがあらしゃいましたら、どうか門人に加えていただくことはできませんやろか」

「急に言われてもの。昔からどなたかの紹介がなければ、そないな話もせぬものなのじゃ」

「そこのところを、お願いできませんですやろか」

「急には無理やな。そのようなものがあるかないかについても、昔から一切口外できないものなのじゃ。すまんが今日のところは帰ってくれんかの」

この日は、ここまでの話にして、清七は白川家の玄関を後にした。

奥の数寄屋造りの小部屋で、古めかしい文机に向かいながら、書き物をする手を休め、白川家の当主である資敬は、側にいた鱗形屋にこう問いかけた。

「菊屋は、今日も来ているのかいな。今日は雨ですのに」

江戸時代も終わりに近づいた時代であったが、まだ騒乱の気配はなかった。とはいえ何か変化を感じさせるような、不穏な雰囲気が京の都にも漂い始めてきていた時期である。そんなおり、自分の屋敷の中にいた神祇伯（資敬王）は、傍らにいる控えの古川に問いかけたのである。

「今日も、菊屋は来ているのかいな」

「はあ。そうでございますな。今日も朝から、菊屋殿は入門させてくれといって、玄関前に座り込んでおります」

「以前は追い返そうともしましたが、ここのところ毎日ともなると、こちらも不憫にも思えまして、追い返せませぬ。今日は何も言わずに、そのままに放っております」

「毎朝、座り込みを始めてから、何日ほど経つかの」

「もうかれこれ、一〇日ほどになりましょうか」

「雨の日も来ておるのかいな。なかなか暑い日もあったが、あの日も来ておったか」

「ええ毎日、午前中は玄関先で座り込んでいます」

「それほど入門を願っているのか。それなら、ひょっと、御道の世界で、あやつ、ものになるやも知れぬの」

当事の白川家は、神祇官の神祇伯を名乗っていた。清七はそこでは具体的な内容はよく分らないが、何か尊い御道というものが行われていることを人伝えに聞き及んだ。清七は呉服商として、京都で商いを営む傍ら、神祇伯、白川家において、帝《みかど》のために尊い神伝相承の御道が行われていると聞きおよび、入門して、御修行を学びたいと志《こころざし》を立てた。

白川家に入門願いをすれども、江戸時代のことでもあり、身分も違う誰ともわからぬ者では、入門させることはできぬと、最初は断られてしまったのである。

入門を許可してもらおうと、今日も白川家の玄関前に座り込んでいたのである。

以前より、神仏に信仰心の厚かった清七は、せっかく京都に住み商いをして身をたてているからには、尊い神伝相承の御道というものがあるならば、どんなものか是非にでも学んでみたいと秘かに心に決意した。

白川家を商いで訪れた際に入門を願い出たのであるが、神主として神社で奉仕するでもなく、公家として神様事を学ばねばならない理由もなく、何ら神拝作法を身に付けなければならない理由はなかった。神様事と縁のない呉服商人では、入門させることはできぬと断られてしまった。江戸時代も末期となると、身分制度も厳しくはなくなっていたが、理由もなく門人にするというわけにはいなかった。

だがこんなことであきらめる清七ではなかった。清七は出入りする門人にいろいろ聞いてみたが、御道の内容についてはどなたも口が堅く、何一つ聞き出すことはできなかった。門人になる条件については何とか聞き出すことができた。門人には、必ずしも公家や神社関係の神職でなくとも、入門を許されたものが何人かいたことが分った。白川家は必ずしも身分には関係なく、神様の道を求める者には入門を認めていることにも聞き及んだ。そこで、何としても、白川家で行われているという御修行の門人にしてもらうために、毎朝、白川家の古びた木の玄関前に座り込むことにしたという。

清七の熱心さに根負けした白川家の当主から、ほどなくして入門を許すという伝えが菊屋の元に門人からもたらされた。初めて屋敷の奥へと案内され、白川家の当主と面会することができた。そして入門にあたってのいろいろな心構えを伝えられた。

その日、菊屋は入門が許された喜びを胸に秘め、屋敷の庭を後にした。御所の周りに塀には、藤の花が垂れ下がり、緑の葉の中に紫の花房を輝かせていた。

尊い御道といわれる御簾内《みすうち》の御行は、格式が高く、すぐには入れてもらえなかった。まずはひととおりの白川神道での神拝作法を学ぶことから、門人としての修行が始まったのである。江戸時代には正式な神職となるための神職免許は、当事京都にあった吉田家、あるいは白川家が免許の交付を行っていた。全国の神職は、どちらかの家から許状を得て、初めて正式の神職となることができた。

高濱清七郎は、白川家の門前に、入門のために一〇日ほど座り込んだという話が伝えられている。清七郎は、天保一二年(一八四二)の初夏に、まず白川家の神主として修行するために、神拝作法《しんぱいさほう》を学ぶための講習への入門を許可された。初夏の日差しが強くなって、昼時になると中天に太陽が輝くようにのぼっていた。清七郎はこのとき、数えで三二歳(満三〇歳)であった。

神拝作法を学び、神主としての作法を身につけなければ、その後の奥伝《おくでん》の修行には進むことは許されない。白川家の屋敷の大広間で、先輩である講師陣から、清七郎は今までしたことのない、なれない神拝作法を学び始めた。それだけでなく、白川家において開催される講習会にも参加し、国学などの勉学にも打ち込んだ。

時代は、天保《てんぽう》の改革が行われた時期に重なる。江戸時代の天保年間(一八三〇〜一八四四)に行われた、逼迫した幕府財政の再興を目的とした改革の総称である。天保の改革が行われた時期には、すでに幕府の権威が低下してきており、財政面の問題だけでなく、行政面などの問題も多く、改革が煩雑となり、社会を混乱に招き失敗とされた。これ以降、幕府は多くの問題を抱えることとなっていく。

3 奥伝への道

高濱清七郎は、白川家の屋敷の大広間で、先輩である講師陣から、神祇への神拝作法を学んでいた。祭祀に参加するには、最初に神拝作法を学ばねばならないのである。白川家において毎月開催される講習会に参加し、神祇の道の作法を学び、国学などの勉学にも打ち込んでいたのである。神拝式を学んでいる講習の合間にも、屋敷の奥の間へ行く、なにやら格式の高そうな面々が通り過ぎることがあった。清七郎は白川家の奥にある祝部殿《はふりでん》に入ることは、まだ許されていなかった。その方々が通るときには、一般の門人は頭を垂れて礼をし、道を譲らなければならない。奥伝の修行者は、一段と格式の高い、位の高いものとして扱われていた。

❷御道への参加

暑さも和らいだ秋も中ごろ、庭の緑の木々が茂る中、金木犀《きんもくせい》の橙黄色の花が咲きはじめ、甘い香りが漂っていた。

入門したてのころは、まず神拝作法を学ぶために、誰もがまず白袴《しろばかま》を身に着けて、講習に臨んでいた。神社の神主となるための資格をいただくために神拝作法や祝詞を学んでいる者は、白袴のまま神拝作法を学ぶ。許し状がもらえると、浅葱《あさぎ》（水色、うすい藍色）の袴を付けることが許されるようになる。

白川家の祝部殿に出入りする方々は、浅葱の袴を身に着けており、それだけで入門者より、一段と格式が高いことがうかがわれた。中には紫の袴を着けている者もいた。そのうえ、神拝作法を学ぶ普通の門人とは違って、彼らにはどことなく風格のある、言葉ではいえないおもむきがあった。

どんな方々なのかを高濱清七郎は、神拝作法を学んで地元の今宮神社の神主を継ごうとしている先輩の三〇歳代の門人である長谷川右衛門《はせがわうえもん》に聞いてみた。

「あれが御簾内《みすうち》の御行《おぎょう》に参加しておられる方々でございます」

「御簾内の御行とかいうものは、どのような御修行なのですか」

「菊屋さん、そのようなことは聞いてはいけないことになっているのですよ。御道というのはですね。聞いてはならず、見てはならず、話してはならずと申しましてな。昔から、一切、外部には口外無用とされているものなのです。奥伝の御道に参加を許された者しか、内容は知ることができません。わたしは神拝作法を学びに来ただけなので、中に入れませんから、内容は知りませんのです」

「そうですか、御簾内の御行とは、そのような厳しいものなのですか」

「そうです。それにな。聞くところによると、御道は学ぶのに大変時間がかかるものといわれています。神拝作法のように、ただ学んだだけで、できるものではないようです」

「そのようなことなのですか。部外者には、おおよそどないなものかすらも、よく分らないものなのですね」

「奥伝の御修行には、誰でもが参加させてもらえるわけではないということですよ。神拝式を学んでいる門人には、御修行には参加させてもらえません。御簾内の御行に参加が認められた方々は、普通の門人より、格式が一段上の者として扱われています」

「そういう尊い御修行でしたら、どうしたら参加させてもらえるのですか」

「それはな。ここで学んでいるうちに、これはと先輩方のお目にかなった人にだけ、参加が許されるようになるようなのです」

ふと庭を一陣の風が吹き、風に散った星のような金木犀の花の香りが、清七郎の鼻先を流れるようにかすめた。

御簾内の御行の厳しさを聞いて、清七郎は深く御簾内の御行に興味を持った。いつか御行というものに参加させてもらいたいと、熱心に白川家に通いつめたのである。彼はこの御行に何とか参加させてもらえることを願ったのである。

清七郎は、月に何度も白川家に通いつめた。努力の甲斐あって、一年ほどで神拝式の許状《ゆるし》を得て、神職として必要なひととおりの神拝作法を学ぶことができた。

ときおり御簾内の御行に参加する面々が通り過ぎるときによく見てみると、彼らは門人のなかでも特別で、一段と格式が上の者として扱われていることが分かった。御簾内の御行に参加できる者は、白川家で学ぶ門人たちのなかでも特別であった。御簾内の御行に参加が許された時点で、最初から浅葱の袴を身に着けることが許されていた。神伝相承の御道の内容については、外部からはまったく伺い知れない神秘的なものがあった。

秋も深まり、御所の銀杏の木も黄色く色づき始めたころ、神主としての清七郎の修行ぶりを見ていた白川家の三〇代目の当主である資敬王《すけたかおう》は、傍らにいた御道に参加を許されている門人へと話しかけた。今宮神社の佐々木近江守《おうみのかみ》と一條家(今は一条家)の諸大夫(家臣)である保田加賀守《やすだかがのかみ》であった。

佐々木は、かれこれ二〇年ほども御修行に参加している、神主出身の六〇歳代の古参の門人である。保田は摂関家である一条家の諸大夫として参加していた。摂関家《せっかんけ》とは、公家の家格の頂点に立った五家(近衛家、九条家、二条家、一条家、鷹司家)のことである。

摂関家の家格は、摂政、関白、太政大臣に昇任できた。

佐々木は、白川家の広間で熱心に神拝作法を学んでいる清七郎の姿を見かけた。佐々木は、側にいた御簾内の御行に参加を許されている保田に話しかけた。

「高濱殿はなかなか熱心に修行に参加しているようであるな。神主としての作法も身に着けたようであるな。この辺で御簾内の御行に参加させてはどうかと思うのだが、どうだろう。高濱殿のあの様子なら大丈部ではないかな」

「そうでございますね。私も高濱殿なら、御道への参加を許してもよかろうかと思います」

佐々木は、御道において神事長を勤める六〇歳代であった裏辻和泉《うらつじいずみ》の意見を聞いてみた。和泉も、佐々木と同じ意見であった。和泉は堂上家《とうしょうけ》【1】の娘であり、御道の中心のお役をまかされているほどの古参の門人であった。

「そうですね。高濱殿なら、参加してもらっても問題ないでしょう。新しい御道の指導者が必要ですからね。堂上家の出やないですが、かまいまへんやろ。御道は才能のある者が必要ですから」

秋も深まり、もうすぐ黄色く色づいた銀杏の葉も地面の上に散り敷くだろう。毎年、銀杏の落ち葉が風に舞う姿は美しい。年ごとに移り変わっていく四季のように、御道もいつも世代交代していくことが必要なのだ。神伝相承の御道のことを深く理解できるものが現れることを裏辻も願うのであった。

高濱清七郎は、白川家に入門してから、一年あまりが過ぎた天保一三年(一八四二)に七種の拍手を賜り、はじめて門人として神伝相承の御道(すめらの道)に正式に参加することが許された。御道の修行に参加することが許されると、浅葱の袴をつけることも許された。浅葱の袴とは、水色の袴のことである。御道の修行者は、普通の神拝作法だけを学ぶ修行者より、一段と格式が高い修行者とみなされていた。奥伝に入門が許された時点で、浅葱の袴の着用が許されたのである。奥伝の御道の修行者は、一般の作法を学ぶ入門者より、一段高い扱いを受けたという伝承が残されている。

今までは入ることの許されなかった白川家の奥の間、祝之間《はふりのま》(祝部殿)に通じる前の間に、清七郎は入ることが許されたのである。清七郎は、外からはうかがい知ることのできない、極秘の修行である「御簾内の御行」に取り組みはじめたのである。数えで齢三三になろうというときであった。神伝相承の御道は、あくまで秘密の行であり、参加していることすら、口外することは許されていなかった。秘かに伝えられた「御簾内の御行」に、参加を許された門人の名前は残されてはいない。

補足

【1】堂上家《とうしょうけ》

堂上家とは公家の家格の一つで、御所の清涼殿南廂にある殿上間に昇殿する資格を世襲した家柄のことである。公家一般のことと、ほとんど同義である。公家とは広い意味では、昇殿が許された家である堂上家と、許されていない地下家《じげけ》の二つに分けられる。しかし一般的に公家と言えば、堂上家を指している。昇殿が許された堂上家および殿上人を公家と呼ぶ慣わしは、江戸時代まで継続している。

4 白川家の当主

京都で高濱清七郎が活動した時代は、白川家の神祇伯は、ほぼ資敬王の時代に当たる。資敬王が亡くなった後、嫡子資訓《すけのり》王が神祇伯となって跡を継いだ。白川家三〇代の資敬王は、天保六年(一八三五)に伯王に就任している。資敬王は、冷泉《れいぜい》為起の次男で、白川家二九代の雅寿王《まさひさおう》の養子となった。文政五年(一八二二)六月に生まれ、嘉永四年(一八五一)九月に亡くなる。

資敬王の後を継いだのが、嫡子である白川家三一代の資訓王で、嘉永四年に伯王に就任している。資訓王は幕末から明治にかけての、最後の神祇伯（正三位権右将）となった公卿である。天保一二年（一八四一）一一月に生まれ、明治三九年（一九〇六）一二月に六六歳で亡くなる。嘉永四年に伯王に就任し、明治二年六月に神祇伯の制度が廃止となり、白川家当主の資訓は王号を返上し、白川家は子爵に叙せられた。

資敬王の時代には、国学者の山口志道《しどう》（一七六五〜一八四二）が、白川家に出入りするようになり、資敬王に神代学を指導した。志道は言霊学で知られている。志道は安房国（現在の千葉県鴨川市寺門）に生まれ、江戸で荷田春満《かだのあずままろ》（一六六九〜一七三六）の流れを汲む荷田訓之《のりゆき》に学び、「稲荷古伝」を伝授される。晩年の六五歳ごろ、京都に上京し、国書を公卿に講じている。天皇の侍講なども務め、禁階紅梅の一枝を賜わったという。晩年には『水穂伝』『百首正解』を出版し、京都において七八歳で亡くなった。

神代学は『古事記』神代之巻の解で、神代とは「火水与」と解釈した。天地がいまだひらかれないとき、一つの凝りをなし、その凝りより水火が別れ出て、水と火がくんで天地をなし、万物を生成して、声音をなすありさまを記したのが、神代之巻であると考えた。

清七郎が志道の国学や言霊学を、どの程度学んだかは、はっきりとしていない。とはいえ、勉強熱心な清七郎は、神代学の知識は得ていたと思われる。

5 高濱清七郎の修行

高濱清七郎は、天保年間(一八三〇年〜一八四四)の終わりごろに、「七種修行」終了門人免許とあり、正式に白川家門人として許可されている。

「諸国門人帳」(近藤喜博編『白川家門人帳』)には、

安政四年(一八五七)三月に比岐目鳴弦《ひきめめいげん》の御法を受けた。

安政六年、「菊屋清七」「源政一」、依願開講沙汰文をもらう、

とある。

「菊屋清七」「源政一」は、高濱清七郎の別名である。比岐目鳴弦の法は、今でも伝えている神社がある。比岐目鳴弦の儀は、弓を使用した日本の儀礼のひとつである。弦打《つるうち》の儀とも呼ばれる。弓に矢をつがえずに、弦を引き、音を鳴らす事により、気を祓う魔除けの儀礼であった。魔気・邪気を祓う事を目的とする。後に、高い音の出る鏑矢《かぶらや》を用いて射る儀礼に発展した。鏑矢を用いた比岐目の儀は、蟇目《ひきめ》の儀と呼ばれることもある。「蟇目」とは、音を発する鏑矢のことで、空いている穴がガマガエル(蟇。ヒキガエル)の目に似ていることから名付けられたという。鳴弦の儀が始まったのは、平安時代と言われる。誕生儀礼として始まり、主の病気祓い、不吉な出来事が起こった際などの厄払いとして、行われるようになった。

入門から二〇年間が経過した文久二年（一八六二）八月に、清七郎は、十種神宝御伝の相伝を受け、内侍所《ないしどころ》ならびに神祇官御免状、内侍御印書を拝受し、この道の最高の栄誉を得たという。およそ五一歳のことである。

『白川家門人帳』では、「文久二年、清七郎、源政一、十種神宝御法口授の免状を拝受する」となっている。

萬事正路之心得を以、可令修行

読み下し文

万事、正路《しょうろ》の心得を以って、修行せしむべし

清七郎が十種神宝御伝の学頭に就任し、白川伯王家最後の学頭となった。学頭とは、神祇白川家に伝わる神道の首席教師のことである。白川家二三代の当主である雅光王《まさみつ》が、江戸時代中期に、伯家神道の首席教師である学頭《がくとう》という位を創設している。

神伝相承の御道は、「すめらの道」であり、天皇陛下がなさる御修行として、往古より伝えられてきた。御道にかかわることは、一切が秘密とされたため、いつから伝えられてきたものか、記録をさかのぼることはできない。名称の付けられていなかった御道に、十種神宝御伝という

名称で呼んだのは、清七郎が学んでいたころであるかも知れない。御簾内の御行で使われる拍手（はくしゅ、かしわで）を『先代旧事本紀《せんだいくじほんぎ》』（旧事紀）にある十種神宝《とくさのかんだから》に当てはめて呼んだものかも知れない。『先代旧事本紀』は、日本の史書で、全一〇巻からなり、天地開闢から推古天皇までの歴史が記述されている。江戸時代までは、『古事記』『日本書紀』とともに重視されていた。

十種神宝は、『先代旧事本紀（巻三）』の天神本紀に登場する天璽瑞宝十種《あまつしるしみずたからとくさ》を指している。饒速日命《にぎはやひのみこと》が天降りするときに、天神御祖《あまつかみみおや》から授けられたとする次の十種の神宝を指している。

嬴都鏡《おきつかがみ》（沖津鏡）　邊都鏡《へつかがみ》（辺津鏡）
八握劍《やつかのつるぎ》（八握剣）　生玉《いくたま》
死返玉《まかるかへしのたま》　足玉《たるたま》
道反玉《ちかへしのたま》（道返玉）　蛇比禮《へびのひれ》
蜂比禮《はちのひれ》　品物比禮《くさぐさのもののひれ》（種々物比礼）

（参考文献『先代旧事本紀』）

神伝相承の御道で使われる拍手を、十種神宝に当てはめ、十種神宝御伝という名称を付したのかも知れない。しかしながら十種神宝御伝という呼び方であろうとなかろうと、御道自体は、古くから伝わった「すめらの道」としての、古くからの行法であることに変わりはないのである。

6 朝廷の祭祀への参加

白川家は、朝廷に関係する祭祀を主体となって行う場合、門人の中で特に優れた高弟を必要な所役として参加させている。

高濱清七郎も門人として、朝廷の鎮魂祭などの祭祀に参加することができた。清七郎は、そこで朝廷に属する高い身分の方々の中に息づく、神々（神祇）への深い崇敬の念に触れ、心の奥深くに今も生きている神々への篤き思いに感動を覚えた。

秋も押し迫った晩秋の日に執り行われる鎮魂祭には、白川家の門人も祭祀に奉仕するために参加している。新嘗祭の前に行われることになっている鎮魂祭は、白川家の主幹である。天皇に対して行う場合は、「みたましずめ」「みたまふり」という。清七郎も、門人として白川家が主宰する祭祀には参加したであろう。

江戸時代には、鎮魂祭は旧暦一一月の二度目の寅の日に行われていた。この日はほぼ冬至に当たる時期であり、一年の内、太陽の活力が最も弱くなる日である。天照大御神の子孫であるとされる天皇の魂の活力を高めるために行われた儀式と考えられる。新嘗祭（代替わりのときには大嘗祭）という、祭事の中でも最も重要な祭祀に臨むまえに、天皇の霊を強化する祭祀とも位置付けられる。鎮魂祭では、白川家の神祇伯（伯王）が、祭主となり、白川家の門人や雑掌など関係者が祭祀に奉仕している。門人らは、物忌《ものいみ》・祝《はふり》・神部《かんべ》・忌部《いんべ》・巫女《みこ》といった祭祀に必要な所役について奉仕していた。公家を中心とした朝廷全体に、まことに純然たる神祇崇敬の思いが満ちていることが感じられた。主上《おかみ》(天皇)や、摂家、伯家、ほかの公家の家々、朝廷にかかわる全体にわたって、神々(神祇)への崇敬と尊崇の思いは息づいていた。

祭祀の場で初めて、主上、すなわち孝明天皇の御姿を見ることができた。天皇は率先して祭祀に携わっており、神々への尊崇の念が深いことが感じることができた。御姿を垣間見るだけで、古の古き宮中の伝統が、今も生き生きと息づいていることを知り、有り難さに感極まる思いがするのであった。神々への朝廷の儀式(朝儀)への強い熱情が、今に至るまで絶えることなく、連続して継承されていることを知り、ますます主上への崇敬の念を強くしたのである。

摂家とは、鎌倉時代以後に、摂政や関白に任じられる五つの家柄のことで、藤原氏の嫡流で公家(公卿)の家格の頂点に立っていた。すべて藤原北家の流れで、近衛《このえ》、九条《くじょう》、二条、一条、鷹司《たかつかさ》の五家のことを指している。摂関家《せっかんけ》、五摂家、執柄家《しっぺいけ》ともいっている。大納言、右大臣、左大臣を経て、摂政や関白になることができ、太政大臣にも昇任できる。

江戸時代の関白職は、江戸幕府の禁中並公家諸法度によると、幕府の推薦によることが義務付けられ、公家の最高位である関白も、実質的に幕府の支配下にあったといえる。しかし、朝廷で開かれる会議は、関白の主宰で行われるようになった。改元や任官などの重要事項も、関白が主宰した会議で決定したことを幕府に相談するという手続きが確立された。関白は、朝廷内において、大きな権力を有するようになった。公家の中で関白にのみ、御所への日参が義務付けられている。太政大臣の任官は、徳川将軍と摂政・関白経験者のみに限定されるなど、宮中では別格で待遇された。

関白という職制は、江戸時代においては、あまり表に出てくることはないが、朝廷においては重要な役割を担っていた。摂家においても、ほかの公家においても、神祇への尊崇の念が連綿々と継承されていたのである。

7 平田篤胤の影響

江戸時代に入ると真言宗の僧侶であった契沖《けいちゅう》、伏見稲荷神社の社家である荷田春満《かだのあずままろ》、賀茂真淵《かものまぶち》、本居宣長《もとおりのりなが》などの国学者による国学の研究が盛んとなり、復古神道の流れが顕著となってきた。白川家は平田篤胤《あつたね》を神道の教授として迎え、白川家の門人の神主達に神祇道の講釈を行っている。篤胤は、文化五年（一八〇八）、白川家から諸国の神職への古学の教授を委嘱される。

篤胤は、文政六年（一八二三）に京都を訪れ、朝廷に著作を献上している。京都に滞在のおり、神職へも神道についての講義を行っている。

　天保一〇年（一八三九）には、江戸に白川家学寮を設置して、天保一一年には篤胤、斎藤義彦をその学師に補任している。しかし篤胤は『天朝《てんちょう》無《む》窮暦《きゅうれき》』の出版ついて、幕府の司天台と論争したため、翌年には著述の中止を命ぜられた。さらに故郷の秋田へ帰還させられた。そのため学師としての実質的な活動はなかった。篤胤が秋田に帰ってからも、白川家の江戸役所と繋がりがあり、白川家の学問の根本を示す学則「神祇伯家学則」を篤胤が作成する。白川家の学師に、平田篤胤の門人が任命されることで、白川家の神祇についての学問を担当する集まりと位置づけられた。高濱清七郎が入門するより少し前のことで、直接の講義は聞けなくとも、篤胤の著作には接することはでき、国学思想の影響も受けたはずである。清七郎が特に影響を受けたのは江戸中期の思想家、山県大弐《やまがただいに》【2】や竹内式部《たけのうちしきぶ》【3】の思想で、皇室への尊王攘夷の志《こころざし》を強く持つようになった。

　篤胤が、江戸幕府により江戸追放となり、秋田へ帰らざるを得なくなり、著作も禁じられた。この事件は、篤胤に期待するところ大なるものがあっただけに、白川家の落胆も大きかった。秋田に帰った篤胤は、六八歳で亡くなり、神霊能真柱大人《かむたまのみはしらのうし》の名を白川家より贈られている。

補足

【2】山県大弐（一七二五年〜一七六七）

山県大弐は、江戸時代中期の尊王論者の思想家で儒学者である。江戸に出て、医学・兵学の塾を開く。『柳子新論』を著わし、「天に二日なく、民に二主なし」と尊王論で幕政を批判した。明和事件によりて、幕府に処刑される。士農工商は、階級ではなく職務上の分担として、人間尊重を唱え、尊王攘夷を主張した。幕府の腐敗や堕落を嘆き、次のように述べた。

「哀しいかな、衰世の政をなす者、文なく武なく、礼刑並び廃し、ただにその利を興すに心なきのみならず、またその害を除くに心なきなり。」

「それ聖人の道は、権衡なり、縄墨なり、規矩なり。これを懸けて以て軽重を正し、これを陳ねて以て曲直を正し、これを設けて以て方円を正す。何の利か興らざらん、何の害か除かざらん。」

【3】竹内式部（一七一二年〜一七六三）

竹内敬持《たかもち》は通称、竹内式部といい、江戸時代中期の神道家であり、尊王論者である。上京して、山崎闇斎《あんさい》（一六一九〜一六八二）門下の松岡仲良《ちゅうりょう》（一七〇一〜一七八三）、玉木正英《まさひで》（一六七一？〜一七三六）に師事して、儒学と垂加神道を学び、家塾を開いて垂加《すいか》神道を教授した。竹内式部は、闇斎の垂加神道の学説を奉じ、神道と朱子学を集合し、天皇への忠誠を中心とする道徳を根本思想としている。垂加神道では、理気一体の大極にして、天地開闢神であるクニノトコタチノカミが、人体神である天皇と唯一無二であるとする天神唯一の理を唱える。

8　井上正鐵とその門人

井上正鐵（正鉄）は、天保七年（一八三六）に白川家に入門し、神職の作法を学びはじめる。天保九年に、神拝式許状を白川家から取得している。正鐵が白川家で学んだ時期は、高濱清七郎が入門する少し前のことで、直接の面識はなかったと思われる。

正鐵は、天保一一年に武蔵国の梅田村（現在の東京都足立区梅田）の神明宮（梅田神明宮）の神主となり、吐菩加美《とほかみ》神道として、民衆への祓修行を中心とした指導を行うようになる。吐菩加美神道は、白川家の神道を大衆化させたものともいえ、御道そのものの修行ではなく、正鐵により一般向けに工夫された、祓修行を要《かなめ》とする神道である。正鐵は、江戸での布教で、多くの熱心な民衆が集まってきた。民衆を新義異説で扇動するとして幕府から危険視され、天保一四年に三宅島に遠島（島流し）となり、嘉永二年（一八四九）に永眠する。

正鐵は修行熱心であり、真摯に神拝作法の勉学に取り組んでいることが認められ、御簾内の御行への参加も許されたものと思われる。御道の修行に取り組んだのは、かなり短い期間にすぎないので、御簾内の御行は習熟に時間のかかる修行であり、短い期間では深いところまでは学べなかったであろう。御道の柱人となれる段階くらいまで、ではなかろうかと思われる。民衆の苦難を知る正鐵には、御道の修行に多大な時間をかけられるような、時間的な余裕はなかった。御道を学んで白川家の門人を指導することが目的ではなく、正鐵の目的は民衆を救済することにあった。

天子の御道は尊く、ありがたいものでも、民衆の救済のために用意されたものではない。神祇伯家への恩義を忘れ、白川家を差し置いて、天子の御道を民衆に教えるようなことは、畏れ多くて、とうていできることではない。

正鐵が民衆に指導し、教えたのは、自身の考案した祓修行《はらい》である。天照大神への御誓いを奉じて、汚れを祓う祓修行を行ずるならば、神祇への信心を確立して、民衆を救済できると正鐵は考えたのである。御簾内の御行そのものではなく、祓修行により、自分自身に救済の核心を把握させることにあった。祓修行は、祓詞《はらいことば》を神前で、大きな声で一音一音唱えていくことを基本にしたものである。正鐵の教えには、江戸時代末期の世相を反映して、世直しと民衆の救済の願望が躍動していたといえる。

正鐵が永眠してから八年ほどが経った安政四年(一八五七)に、正鐵の門人である備前国の神主三人が、白川家に入門してきた。清七郎は神伝相承の御道に参加が許されて、学師として認められはじめたころである。玉井宮の生月典膳《いけづきてんぜん》(佐々木左兵衛)、春日大明神の矢部弾正《やべだんじょう》(矢部孫之進)、天王社の大中山民部《おおなかやまみんぶ》(中山縫殿之介)である。国学者である伊藤要人《ようじん》(伊藤祐像)の教えを受けた三人は、国学に精通し、白川家流の神道作法を広めたいというので、大いに注目された。三人は、吉田家の免許状も受けていたというが、あえて白川家にも入門したものである。三人には、神道を講釈することに際しての下知状《げじじょう》(推薦文のようなもの)を渡されている。

神祇道解講《じんぎどうかいこう》のことは、政《まつり》の枢要《すうよう》なり、門人非門人の輩《やから》といえども、執心する者においては、正路の徴《しるし》をさぐり、専ら教諭せしむるべきの旨、伯殿の命ぜらるるところなり。

(出典『白川家門人帳』)

三人の師である伊藤要人も、安政五年(一八五八)に白川家に入門し、神拝式のほかに、同様の下知状をもらっている。

❸正鐵を支える

座敷から見える庭に植えられたくちなしの花の香りが漂い、与謝蕪村の俳句「口なしの花さくかたや日にうとき」が思い出される夏の日であった。高濱清七郎は、同郷のよしみもあり、座敷に生月典膳、矢部弾正、大中山民部の三人を呼んだ。

「生月殿、矢部殿、大中山殿のお三方は、身共の郷里の近く備前の生まれで、神主だそうですね。また三人とも、井上正鐵殿の門人だということで、お話をお伺いしたいと思いました」

御茶の湯のみを持ちながら、清七郎は生月の方に膝を乗り出しながら問うた。

「高濱学師、玉井宮の生月です。井上先生の話を聞き、感激しました。国学の伊藤先生に学び、白川家にも入門いたすことにしたのです」

「春日大明神の矢部です。私も同じく、井上先生の話に引き付けられるものを感じました」

「天王社の大中山であります。私も同じです。人々を救いたいという井上先生はすばらしいお方だと思います」

清七郎は、三人を見渡しながら、正鐵のことを思い出して話しはじめた。

「井上殿は、島流しになりましたそうで、大変な苦労をされましたな。私も御道に取り組むようになったはじめのころ、少しだけ会って話をいたす機会がありました。井上殿は、なかなかしっかりした人で、今の世の中を憂えておいででした」

生月は、正鐵の指導を思いかえした。

「何とか、民衆を救いたいという情熱にあふれているように、お見受けしました」

清七郎も、その答えに賛同して、幕府への思いも口に出した。

「あのような立派なお方を島流しにいたすようでは、幕府もどうなるかわからないと思います。みなさんは、どうぞ神拝作法を学び、井上殿をこれからも支えてあげてください」

三人から見えるくちなしの花の匂いが、午後の日差しの中で、雨上がりのかすみのように漂っていた。

白川神祇伯家は、ほぼ資敬王の時代に当たる。資敬王が亡くなった後、嫡子資訓王が神祇伯となった。

9 本田親徳との交流

本田親徳《ちかあつ》は、文政五年一月(一八二二)、鹿児島藩の武士として生まれた。性格は俊敏で、藩校では漢学を修めた。天保一〇年(一八三九)、一七歳ころ京に上り、さらに江戸から水戸へ遊学した。水戸学派の儒者(儒学者)で思想家として有名であった会沢正志斎《あいざわせいしさい》の門下に入り、尊王攘夷論をはじめとした水戸学や漢学、古典を修めた。古典の真義を理解するには、自らが神霊に対して、神の教えに接するより他にないとの確信を持つようになった。平田篤胤の私塾である気吹舎《いぶきしゃ》にも出入りし、晩年の学説を傍聴したという。
親徳は、天保一四年に京都の薩摩藩邸に滞在している。白川家には出入りはせず、修業途中の高濱清七郎とは、まだ面識はなかったようである。

❹親徳と憑霊の少女

天保一四年、二一歳のころ、水戸から京都へ戻り、京都藩邸に滞在した。京都藩邸では、京都伏見で狐憑きの七歳の子供が歌をよく詠むとの噂を耳にした。少女は七歳の子供で、歌をよく詠むとの噂である。本田親徳は話に興味を惹かれ、子供に本当にそんなことができるのか確かめたくて、狐憑きの少女に会うために、伏見稲荷まで少女を訪ねていった。

秋たけなわのもみじが紅葉し、京の伏見に連なる東山の木々の彩《いろどり》も美しい秋の日のことであった。その日はあいにくと朝から篠《しの》突く冷たい雨が降っていた。秋の肌寒い日であった。親徳は住んでいた伏見稲荷の長屋の家主に紹介された少女に会うと、さっそく声をかけた。

「お嬢ちゃん。お嬢ちゃんは、何か憑いていて、巧い歌を詠むそうだが、ほんとうなのかい。お嬢ちゃんは、どんな歌でもすぐに詠むことができるのかい」

「どんな歌でも詠むことができるよ。よかったら、何か歌の題を与えてよ」

何を出そうかと考えているうちに、おりからの冷たい雨に紅葉《もみじ》が、庭に散り敷いて、雨に濡れているさまに気が付いた。少女が歌にこの風情を詠めるかだろうかという思いがふと浮かんだ。そうだ、これを題材にしようと考え、少女に話しかけた。

「そうだね。今見えている庭の景色を詠んでみてくれないか」

「おじちゃん。わかったよ。今すぐ書くよ」

親徳が少女を見ていると、すぐに縁側に置いてあった硯から筆を取って書き出した。

《庭もせに 散るさへ惜しき もみぢ葉を 朽ちも果てよと ふる時雨かな》

詠み終わると、子供なので雨の中でも、外に遊びに出てしまった。秋の篠突く雨に、赤く染まった落ち葉が流れていった。

親徳は、この現象を見て、あまりにびっくりし、憑霊現象の研究に入ることになる。秋も深まる雨の日に、親徳は人生を変える出来事に出会ったのである。親徳は、神霊と感合する道を求めて、命懸けの修行を行ったという。親徳は岩窟に入り、古社に参篭し、神霊に感合する道を求めていくこととなった。安政三年（一八五六）ごろに、ついに三五歳にして、神がかりに三六法あることを覚悟ったという。親徳の『難古事記《なんこじき》』には、次のように記述されている。

此の神懸のこと、本居、平田を始め名だたる先生達も明らめ得られざりし故に、古事記伝、古史伝ともにその説々皆誤れり。親徳、拾八歳皇史を拝読し、此の神法の今時に廃絶したるを慨嘆し、岩窟に求め、草庵に尋ね、終に三拾五歳にして、神懸三六法あることを覚悟り、夫れより幽冥に正し、現事に徴し、古事記、日本紀の真奥を知り、古先達の説々、悉く皆謬解たるを知り弁へたりき。

（出典『本田親徳全集』）

安政三年に神がかりに、三六法あることを覚り、慶応三年（一八六七）ごろには『古事記』『日本書紀』などの古典に基づく帰神《きしん》（神がかり、神懸り、神憑り）の神法を確立したという。この霊学（鎮魂法、帰神術、太占）を本田霊学と呼んでいる。

清七郎が、初めて親徳と会った時期は、安政四年ごろで、年齢は四六歳ほどである。親徳の鎮魂帰神法の探求がかなり進み、神がかりに三六法あることを悟ったころである。親徳は京都に赴き、薩摩藩邸に滞在していた。

清七郎も、御簾内の御行に取り組み、かなり修業が進んできていたころである。三〇年の交流が続いたと親徳は述べている。清七郎と親徳の年齢差は、清七郎の方が一一歳ほど年上である。

安政三年から四年にかけて、親徳は神がかりの方法が、ある程度見えてきたので、京都に戻ってきたのであろう。薩摩藩邸に滞在しているおり、皇室には秘かに伝えられている「すめらの道」

というものがあるということを耳にした。白川家で神拝作法を学んで、神職の許状を得るつもりはなかったが、白川家で開講されていた神道の講義に参加させてもらい、白川家の神職たちの神祇道(神道)の解説を聞きたいと思った。神祇道の講義では、尊王思想が説かれていたが、講師の一人として、白川家の学師であった清七郎が講義を行っていた。親徳は、講義が終わった後、清七郎に話しかけ、それ以降、三〇年の交流が続いた。

❺清七郎と親徳

安政四年の厳しい冬も終わりごろ、高濱清七郎のもとを、本田親徳が訪ねてきた。桃色の梅の花が終わり、もうしばらくすれば桜の花が咲くころのことであった。

「本田さん、おひさしぶりですね。どうなされておられましたか」

「高濱さん、先だっての講義では、いろいろな質問にお答え下さり、ありがとうございました。今日は、わたしの探求したことをじっくりは話そうと思いまして、訪ねてきました」

「そうですか。それはありがとうございます。本田さんの成果をお聞きいたしましょう」

「わたしは、京の地を離れ、修験者などの修行者のいる霊山を訪ねていました。そこで神がかりの方法を探求しました」

「高濱さん。わしは伏見稲荷の近くに住んでいる、狐憑きといわれる少女に会って驚いたのですよ。狐憑きの少女が、和歌を読んで驚いたのです」

「あまりに驚いたので、どうしたら神霊の神がかりを起こすことができるのか、自分の努力で可能な方法があるのか、どうしても探求せずにはおられなかったのです」

親徳は、伏見稲荷の近くで会った少女の話を清七郎に詳しく話した。

「高濱さん。わしは驚いたのですよ。わずか七歳の子供が、和歌を即興で読むことができるのですよ。大人でも、良い歌を詠むのは大変なのに、普通の子供には、まずできることではないでしょう」

「そんなことがあったのですか。確かに、普通の少女には無理なことでしょう。少女に和歌の心得などあるはずもないですね」

「あまりに驚いたので、いてもたってもおられなくなって、どうしたら神霊の神がかりを起こすことができるのか、自分の努力で可能な方法があるのか、どうしても探求せずにはおられなくなったのです」

「神霊による神がかりで、神の教を聞けるようになるのかどうか、私もよくは知りません。そのような方法があるのでしたら、ぜひ探求してください」

「水戸では会沢先生のもとで、水戸学や古典を学びました。古典を深めていくと、どうも宇宙の森羅万象は、霊的作用によっているのではないかと思わざるをえないのです。

古典の本当の真義を理解するには、自分が実際に神霊を呼び出して、直接に神の教えを聞くより他にないとの確信を持つようになりました」

清七郎は、御道の秘密の部分はさておいて、親徳と、お互いの意見を交わした。御簾内の御行（審神者神事）は、門人となって取り組まなければ、誰にも教えることができない秘密の御行とされていた。あまりに立ち入った深い話までするわけにはいかなかったが、一般的なことについては話をすることができた。

親徳は、清七郎の方へ身を乗り出し、自分が探求の末、突き止めたことについて、目を輝かせるようにし、それでも静かに話しを続けた。

「私は神がかりに、三六法あることを突き止めたのです。私の考案した行法を実地に行ってみて、熱心な修行者が努力して修行すれば、神がかりができるようになると確信しました」

「高濱さん、あなたのなさっておられる皇室に伝わるというすめらの道は、門人以外には話せないのはわかっています。伯家学頭としての、あなたの感想だけでも聞きたいと思って訪ねました」

「実に興味深いですね。本田さん、あなたの神がかりの方法とは、どんな方法なのですか。よかったら詳しくお聞かせ願えませんか」

親徳は、我が意を得たりと思って、熱を込めて話しを続けた。

「二人で行う方法です。一人が審神者《さにわ》となり、もう一方が神主《かんぬし》となり、向き合って二人で行います」

「審神者が鎮魂修行した鎮魂力で、まず神霊を自分にかからせ、それを神主へと移します。神主の修行が進み、かかってきた霊が口を利けるようになると、霊と問答して、何の霊なのか審神を行います。審神者が問答によって、かかってきた霊の正邪、真贋を判断します」

清七郎も興味をひかれて、親徳の顔をのぞき込んだ。

「二人だけで神がかりができる方法ですか。よく研究されましたね。今まで一部の人しか、できなかったことを、神がかりを望む修行者に訓練すれば、できるようにされたのですからね。素晴らしいですね。修行者ではなく、霊能者では何が憑いているか、見極められませんからね」

清七郎も、そんな方法が可能なのかと、長年の探求の末、見つけ出した親徳の努力に感心した。

「高濱さん、私の考案した方法でも、一人ではできません。審神者と神主の二人が必要です。優秀な神主、神籬《ひもろぎ》役が必要になるのです。ある程度できるようになった神主に、何度も神がかりの方法を行ってみました。それで、この方法でよいと考えるようになったのです」

清七郎も、御道の詳しい内容には立ち入らない範囲で、自分の感想を正直に述べることにした。

「御道の詳しい内容は、神祇伯家の門人以外には話せないのです。ですが、大まかな感想だけなら、かまわないでしょう。審神者神事は、二人だけではなく、本来は八人が必要なのです。そこは本田さんの方法とは違いますね」

「本田さんのように、二人だけで行う方法ではありませんし、審神者の鎮魂力によって、神霊をかからせる方法ということでもありません。みなが力を合わせて、祓い清めを行う行法です」

清七郎は、親徳の考案した鎮魂帰神の方法を、自分ならこう呼ぶと思い、感想を話した。

「二人だけで行う鎮魂行法は、わたしからみるに、輪外れの鎮魂と呼ぶべきものですね。本田さんは輪外れの鎮魂の方法を、ご自分で工夫なされて開拓なされたということでしょう。これからもぜひ頑張られて、新しい鎮魂の行法に取り組んでください」

もうすぐ春の花が咲き始める初春の日のことであった。京都を再び訪れた親徳と清七郎は、久しぶりに時を忘れて、互いの遭遇した出来事を語り合うのであった。生涯の友となった親徳のことを、晩年になっても清七郎は感慨深く思い出すのであった。幕末の争乱が激しくなる少し前のことである。

親徳は、明治三年(一八七〇)に鹿児島にいた記述が見えるので、幕末から明治維新ごろは、郷里の鹿児島にも帰っていたようである。その後、備中(現在の広島県福山市)にある沼名前《ぬなくま》神社の神職になったともいうが、意見が合わずに、すぐにやめている。

明治六年ごろ、親徳は東京へ上京し、政治家であり、後に伯爵となった副島種臣《そえじまたねおみ》(一八二八〜一九〇五)と親交を持ち、門人とした。親徳の『真道問対』は、種臣の質問に、親徳が幽祭《ゆうさい》で回答したものである。親徳が東京に滞在しているおり、清七郎とも会ったと思われる。

明治一六年、元鹿児島藩士の奈良原繁《ならはらしげる》(一八三四〜一九一八)が静岡県令(知事)になり、親徳を招いた。親徳は、静岡県三輪村(現在の藤枝市)の神神社《みわ》を拠点に、数多くの鎮魂帰神の講義や指導を行った。静岡にいた時代に長澤雄楯に鎮魂帰神法を指導している。明治二二年四月、川越の門人を訪問し、そこで亡くなる。

親徳によれば、清七郎は備中(現在の岡山市)の吉備津神社に伝わる釜鳴の法も修することができたという。釜鳴の法とは鳴釜神事《なるかましんじ》ともいい、釜の上に蒸篭《せいろ》を置いて、米を入れ、蓋を乗せた状態で、釜を焚いたときに鳴る、音の強弱や長短などで吉凶を占う方法である。鳴釜神事は、現在でも吉備津神社で行われている。鳴釜神事は、釜の上に蒸篭《せいろ》を置いて、蒸篭の中にお米を入れ、蓋を乗せた状態で、釜を焚いた時に、鳴る音の強弱・長短などで吉凶を占う神事である。吉備津の釜、御釜祓い、釜占いなどともいう。元々吉備国で発生したと考えられる。古くは鋳物師の村である阿曽郷（現在の総社市阿曽地域）から、阿曽女《あそめ》（阿曽女《あぞめ》、伝承では阿曽の祝《ほふり》の娘とされ、阿曽地域の神職の巫女）を呼んで、神職と共に神事を執り行った。現在でも、一部の神社の祭典や、修験道の行者、伏見稲荷の稲荷講社の行者などが、鳴釜神事を行っている。上田秋成の『雨月物語』にも、鳴釜神事を題材にした「吉備津の釜」が収められている。

10　天子の御道、すめらの道

神伝相承の御道は、畏れ多くもすめらの道であり、天子の御道である。天子が神人融合して、私心なく神の御業《みわざ》にしたがう御道である。

高濱清七郎は、文久二年八月（一八六二）に、十種神宝御伝の相伝を受けたころ、神祇伯である資訓《すけのり》王とともに、御道に携わる門人たちと、御所へ赴く機会があった。畏れ多いことではあるが、主上《おかみ》、孝明《こうめい》天皇【4】のために祓い清めの御修行を行うためである。天子の御修行に携わることができるのは、白川家の門人の中でも、御道に携わることが許され、修行の段階がかなり進んだ高弟たちだけである。白川家の門人といえども、御道への参加が許されていない者は、携わることはできない。御所では御修行を行う部屋を用意し、祓い清めのための準備を行う。御道は天子が神籬《ひもろぎ》となるための御修行である。天皇の御蔵である天皇霊と一体となり、御働きになられるのである。

孝明天皇は、幕末の激動の時代を生きた天皇である。清七郎は、このときに初めて言葉を交わすことができ、主上の伝統を重んじ、民の安全を気遣う、聡明な神々しい姿を見て、心から崇敬の念を抱いたのであった。

江戸時代までは、天皇という呼び方は一般的ではなく、白川家では、主上《しゅじょう》という呼び方を使うことが多かった。ほかにも、御門《みかど》、帝《みかど》、禁裏《きんり》、内裏《だいり》、禁中《きんちゅう》、御所などとも呼ばれている。

神伝相承の御道は、主上へ向けられた多くの人の思いの念のような、寄ってくる穢れを、御修行によって祓い清めるためでもある。主上は、通常は、一日に八度も祓い清めを受けたという。とはいえ、祓い清めを実際に受けるのは大変なので、代わりとして御霊代に向かい祓い清めがなされたという。

平安時代の末期から貴族社会において、家格が固定化してきており、鎌倉時代の前期までに宮廷としての公家社会が形成されている。白川家よりも家格が上の公家たちが多かった。公家には家業があるが、朝廷が行う祭祀にも参加を許されていた。朝廷の祭祀に参加するには、神職免許を取る必要はないが、祭祀の作法や手順は学ぶ必要がある。朝廷の祭祀に参加するために、祭祀の作法を学ぶのである。

神伝相承の御道への参加は、誰でも許されるものではない。親王や公家の子息たちが多かった。時代を下ると、公家でなくとも見込みのある者には、特別に参加を許されるようになった。祭祀を学ぶ者の中で、見込みのありそうな者には、御道への参加が許された。御道に参加が許されると、御道への参加が許されたことは親にも子供にも妻にも言わなかったという。御道に参加していることは、公《おおやけ》にしてはならないことだったのである。皇族方も全員ではないが、神遊びに興味を持たれた方が、御道への参加を希望された。神祇伯や御道に携わることを許された高弟たちは、そのような皇族の御簾内の御修行に携わる機会があったであろう。皇族方は、柱人としての御修行を執り行う側にはならなくとも、祭祀を行うために、自分自身が神籬となる御修行を行う。

有栖川宮熾仁《ありすがわのみやたかひと》親王【5】のお姿もお見かけすることがあった。有栖川宮親王は、御修行の段階が上位まで進まれており、すばらしい神遊びの御修行をなされるのであった。有栖川宮親王は、尊王攘夷の考えを主張しておられた。

ちなみに、「宮《みや》さん宮さん」（一八六八年ごろ作）と呼ばれる軍歌・行進曲がある。幕末から明治初年かけて作成された。「トコトンヤレ節」「トンヤレ節」とも呼ばれる。歌詞は次のようなものである。

宮さん 宮さん お馬の前に ひらひらするのは何じゃいな トコトンヤレ トンヤレナ
あれは 朝敵 征伐せよとの 錦の御旗じゃ知らないか トコトンヤレトンヤレナ

官軍が錦の御旗を立てて、進軍する様子を歌ったものだという。歌詞の中の「宮さん」とは、有栖川宮親王の第一王子であり東征大総監であった有栖川宮熾仁《たるひと》親王（一八三五～一八九五）のことと伝えられている。

睦仁《むつひと》親王【6】が、万延元年（一八六〇）七月に、緒君《ちょくん》（世継ぎの皇子）となられた。睦仁親王は一〇歳代のお若いころである。親王の御修行のために、神祇伯と御道に携わる高弟たちは、御所へ赴くこと、たびたびであった。白川家邸内にある御行の部屋まで、出向いてこられ、御修行を行うこともあった。睦仁親王は、お若いけれど世継ぎの皇子である。世継ぎの皇子（皇太子）は、御簾内の御行を受けていただくことが必要であったのである。神拝作法を学び、将来、神籬となられるために、何度も御修行を受けていただいた。睦仁親王の神祇への思いに篤く、聡明で利発な御様子を見て、神祇伯とともに、御修行に携わることのできた高弟たちは、心の奥で嬉しく思ったのである。

補足

【4】孝明《こうめい》天皇（一八三一〜一八六七）

孝明天皇は、江戸時代最後の天皇（第一二一代）である。在位は、弘化三年二月（一八四六年三月）〜慶応二年一二月（一八六七年一月）で、諱《いみな》は統仁《おさひと》である。幼名は煕宮《ひろのみや》である。公家の学問所を創設し、学習院と名付けた。嘉永六年（一八五三）のペリー来航により、開国を迫られ、困難な選択を強いられ続ける。伝統を守るため、開国には反対し、攘夷（外国を退ける）を望んだ。幕府の力は、あなどれないほど強く、天皇は今までのように公武合体の維持を望んだ。幕府とともに、新しい体制を作ろうと考えたのである。公武合体に対して批判的な公家や薩摩藩などからは批判された。慶応二年一二月、にわかに天然痘の病にかかり、三六歳にて薨去される。あまりに急な死であったため、死因については異説がある。真相はわからないし、調べようもないが、当時は孝明天皇と意見が合わず、天皇に生きておられては、都合の悪い政治勢力も存在した。

【5】有栖川宮熾仁親王《ありすがわのみやたかひと》（一八三五〜一八九五）

有栖川宮熾仁親王は、幕末から明治期にかけての皇族である。文政五年一一月（一八二二年一二月）に、光格《こうかく》天皇の猶子《ゆうし》となり、文政六年九月、親王宣下し幟仁の名を受け、翌月元服する。王政復古の大号令の後、幟仁親王は政治から距離を置き、慶応四年一月（一八六八年二月）に神祇事務科総督に就任し神道の普及に努めた。その後も、神祇事務総督、神道教導職総裁、神道（後の神道大教）総裁、皇典講究所（後の國學院大学）総裁などを歴任した。急速な社会の欧米化には批判的で。伝統を重んじる立場で、生涯を通じて和装を通した。

【6】睦仁《むつひと》親王（一八五二〜一九一二）

睦仁親王は、後の明治天皇である。日本の第一二二代天皇。諱《いみな》は睦仁。孝明天皇の第二皇子で、生母は中山慶子（権大納言である中山忠能の娘）で、祐宮《さちのみや》という幼名を賜る。安政三年八月（一八五六年九月）に宮中に移るまで中山邸で育つ。万延元年七月（一八六〇年八月）に皇位継承の第一順位にある皇子（儲君《ちょくん》）と定められた。儲君の皇子になったのが、満八歳くらいである。睦仁親王は、まだ若く、元服していないので、立太子礼《りったいしのれい》をしていない。准后の九条夙子《あさこ》の実子とされた。万延元年三月に深曽《ふかそ》木《ぎ》の儀を行った。皇子は松と山橘の小枝を持って、碁盤の上に乗り、掛け声とともに飛び降りる儀式である。同年九月に、親王宣下を受け、睦仁という諱《いみな》を賜る。孝明天皇のあまりに急な薨去《こうきょ》にともない、慶応三年一月（一八六七年二月）、満一四歳で践祚《せんそ》の儀を行い、皇位に即《つ》く。慶応四年一月に元服し、同年八月に京都御所にて即位の礼を執り行う。大嘗祭は東京で執り行った。

11 尊王思想の興隆

高濱清七郎は、幕末に当り白川伯王家の学頭として、伯王に代わって、多数の門人や集まった学徒に対して、神伝相承の御道の指導のみならず、尊皇の志を薫陶したという。清七郎が学頭として活躍していた時代は、世情あわただしい江戸時代の末期である。

尊王攘夷《そんのうじょうい》と一括して呼ばれることが多いが、尊王と攘夷とは、別の思想である。ひとまとめにした場合は、王を尊び、外敵を斥けるというような意味を持つ思想である。江戸時代末期の水戸学や国学に影響を受け、昂揚した政治思想である。

「尊王」とは、天皇の古代的権威を復活させ、崇拝する思想である。幕府が天皇の勅許のないまま、外国と開国の条約を結んだことは、尊王派の志士たちを大いに刺激し、幕府への反発が強くなっていくもととなった。

「攘夷」とは、自国と夷狄《いてき》（外国）を区別する名分論であり、排外的な思想である。幕府がアメリカの脅しに屈して開国へと向かったとし、攘夷派からは強い不満が出てきて、幕府は非難された。「尊王」と「攘夷」は、幕府への批判的な思想として結合して、尊王攘夷という言葉が掲げられた。

安政《あんせい》の大獄《たいごく》という大事件が起こった。安政五年から六年（一八五八〜一八五九）にかけて、江戸幕府の大老である井伊直弼《いいなおすけ》（一八一五〜一八六〇）が主導し、幕府の政策に反対する者たちを弾圧した事件である。その結果、幕府側にとっても、多くの有為な人材を失わせることになった。弾圧されたのは、尊王攘夷派や一橋派の大名や公卿、志士たちである。勤王の志士たちに大きな影響を与えた思想家である吉田松陰（一八三〇〜一八五九）も、安政の大獄で処刑されている。井伊直弼は強権的な処断により、幕府の権威を強めようとしたのであろうが、かえって各藩の志士たちの幕府への反感を強めることになった。安政の大獄が原因となり、江戸で桜田門外の変が起こった。安政七年三月三日に、江戸城桜田門外で水戸藩からの脱藩者らが、彦根藩の行列を襲撃し、井伊直弼を暗殺した。

清七郎は、白川家における御道の学頭として、御修行の御取立《おとりたて》をなしていただけでなく、神祇道（神道）の解講をし、解説も行った。それだけでなく神学、兵学も講じていた。幕末の急変する時代の流れの中にあった清七郎は、当然のことであるが、神を敬い、天皇を尊ぶことを強く主張していた。白川家に学びに来る神職たちにも、神祇道（神道）の講義で、敬神尊皇がいかに大切であるかを説いていた。清七郎は、神職に対してだけでなく、勤王の志士たちにも、江戸時代中期の思想家である山県大弐や竹内式部などの尊王論をかなり激しく説いたと伝えられる。そのため刺客に狙われる恐れがあった。

清七郎は、御道に携わる門人への御取立をなすだけでなかった。神職だけでなく、尊王の志士たちへも、呼ばれれば神祇道（神道）の解講（講義）、解説を行った。神道学、兵学まで広範に講義したという。清七郎は、日本にとって神祇を敬い、天皇陛下を尊ぶことがいかに大事であり、大切なことであるかという、敬神尊皇の大義と大切さを強く主張し、唱導したのである。

12 幕末の動乱と暗殺

幕末動乱の時代の主な舞台は、江戸ではなく京都である。天皇陛下がいらっしゃる京都である。薩摩藩も長州藩も、天皇との繋ぎが欲しいうえ、脱藩した倒幕派の浪人達が京都に集まってきている。京都の世情は、江戸末期の動乱の時代であった。勤王佐幕の物情騒然たる時世であり、幕府は勤王の志士を弾圧していた時代であった。神祇伯白川家で学頭として、御道の指導を行っていた高濱清七郎も、動乱の時代の影響は受けざるを得なかった。

幕末の京都の変転は目まぐるしいので、年表にしてまとめておこう。

文久元年（一八六一）

一〇月―孝明天皇の妹、和宮内親王が、将軍徳川家茂に降嫁するため、京都を出発する。

文久二年（一八六二）

一月　坂下門外の変が起こり、公武合体派の幕府老中・安藤信正が負傷し、罷免される。

二月　和宮内親王が将軍徳川家茂と婚礼する。

四月　土佐藩家老の吉田東洋が暗殺される。

四月　薩摩藩主・島津久光が、藩兵千名を率いて、京都に上洛する。
寺田屋事件が勃発し、尊王攘夷の薩摩藩士及び関連者の粛清が行われる。

七月　天誅という名の暗殺が京都市中で横行しはじめる。
関白九条家の家臣で、幕府側として権勢と政治力を振るった島田左近が暗殺される。

一二月　会津藩主・松平容保が京都守護職に就任して、京都に入洛する。

文久三年（一八六三）

三月　壬生浪士（新選組の前身）が結成される。
第一四代将軍、徳川家茂が上洛する。

四月　徳川家茂が孝明天皇と会い、攘夷を約束する。

五月　長州藩が外国船打ち払いを断行する（下関戦争）。

七月　尊王攘夷派から開国派となった公卿・姉小路公知が暗殺される。
八月　薩英戦争が勃発する。
　　　天誅組の乱が起こる。中山忠光などの尊皇攘夷派浪士が大和国で決起する。
　　　尊王攘夷派の七卿が都落ちす。
一〇月　京都警備の新選組が誕生する。

元治元年（一八六四）

一月　将軍、徳川家茂が再度、上洛する。
三月　水戸で天狗党の乱が勃発する。武田耕雲斎らが横浜港の閉鎖を求め挙兵した。
六月　池田屋事件が勃発し、長州藩、土佐藩などの攘夷派多数が新選組に斬殺され、逮捕される。明治維新が数年は遅れたともいわれる。
七月　松代藩士で兵学者、朱子学者であった佐久間象山が暗殺される。
　　　蛤御門の変（禁門の変）が起こり、薩摩と会津藩、長州藩が御所の蛤御門の近くで戦う。長州藩は朝敵となり、敗北する。幕府が第一次長州征伐を行う。
八月　欧米四国の連合艦隊により、下関が攻撃され、長州藩は大敗する（馬関戦争）。

慶応元年（一八六五）

五月　土佐藩で土佐勤王党が弾圧され、武市半平太らが処刑される。

慶応二年（一八六六）

一月　西郷隆盛、小松帯刀と桂小五郎が会談し、薩長同盟が成立する。

六月　幕府が第二次長州征伐の役を起こす。

七月　一四代将軍、徳川家茂が第二次長州征伐の途中、大阪にて病没する。

京都は動乱の時代で、さまざまな事件が立て続けに起こっている。どのような時代であるかを知るために、京都でどのような事件が起こったのか説明しておこう。

文久二年四月（一八六二）に、薩摩藩の島津久光（一八一七〜一八八七）は藩兵を率いて京都に上洛する。久光は、保守的で秩序に厳しく、尊王攘夷には反対であり、討幕の意思はなく、幕府との協調路線を取る公武合体派であった。久光にとって、尊王攘夷派など邪魔な存在にすぎなかった。

同じく四月に、寺田屋事件が勃発し、薩摩藩や関連する尊皇攘夷派の人材が殺害される。薩摩藩士を中心とした尊王攘夷派を粛清した事件である。粛清された者のなかに、儒学者、漢学者であった人望も篤い田中河内介《こうちのすけ》（一八一五〜一八六二）がいる。河内介は、互いに対立していた諸国の志士たちに、明快な論理と持ち前の弁舌で、失政の続いた幕府の打倒を説いた。藩士、浪人の区別なく志士たちを倒幕という目標へ向けて団結させた人物である。

明治天皇が幼少のころ（四、五歳）、最も慕っていた養育係が河内介である。河内介ほか、数名は、薩摩へ護送するといわれ、まさか殺されるとは思いもよらず、無防備なまま、後ろ手に縛られ、足枷をはめられたまま惨殺された。理不尽にも船の中で、薩摩藩士により、息子とともに滅多斬りにされ、遺体は海に投げ捨てられた。薩摩藩では身を預かるという意味は、護送中に殺害するという意味であった。

勤王の志士たちの中でも、非業の死を遂げた河内介の怨恨は深く、怪談にまでなっている。明治維新後、明治天皇が「田中河内介は、いかがいたしたか」と問うた。明治政府の参与などになった小河一敏《おごうかずとし》（通称は弥右衛門。一八一三〜一八八六）が進み出て、「ある薩摩藩士の指示で、非業の死を遂げました」と答えた。政治的影響が大きくなることを慮《おもんぱか》り、天皇は二度とその話をしなかったという。後に、寺田屋事件で亡くなった志士達は、全員が賞されている。

文久二年一二月、幕府は、会津藩主の松平容保《やすかた》（一八三六〜一八九三）を京都守護職に就任している。

文久三年五月に、姉小路公知《きんとも》（右近衛少将、国事参政、一八四〇〜一八六三）が暗殺され、朔《さく》平門外《べいもんがい》の変と呼ばれる。尊王攘夷を唱える公家として知られた公知が、禁裏《きんり》朔平門外の猿《さる》ヶ辻《つじ》で暗殺された。公知は優秀な人物で、生きていれば明治政府でも活躍したであろう。暗殺事件は、一公家(殿上人)の暗殺に留まらず、幕末の政局にも大きな影響を与えた。

同年五月、尊王運動で活躍した家里松嶹《いえさとしょうとう》(家里新太郎。一八二七〜一八六三)が暗殺された。伊勢の松坂の儒者、家里悠然の養子で、斎藤拙堂《せつどう》(一七九七〜一八六五)らに儒学をまなび、尊王運動に奔走する。廣瀬旭荘《きょくそう》(一八〇七〜一八六三)とも交わり、名声を得、門弟もそれなりの人数がいた。尊王運動で活躍したが、幕府に内通しているという誤解を受けて暗殺された。

同年七月に、国学者である藤井高雅《たかつね》(一八一九〜一八六三)が暗殺された。備中《びっちゅう》(現在の岡山県)の吉備津神社の社家頭(宮司に当たる)をつぐ。国学をおしえ、後松屋《のちのまつのや》、晩年には大藤幽叟《おおふじゆうそう》とも名乗った。尊王攘夷を唱えていた。

同年八月、京都の治安維持のために新撰組を新たに結成し、活動させた。新撰組は取り締まりとして、京都にいる過激的な尊王攘夷論者や不逞《ふてい》浪士を容赦なく殺害していった。

元治元年六月(一八六四年七月)、長州藩士が新撰組に大勢殺される池田屋事件が起きた。尊王攘夷派は、吉田稔麿《としまろ》(松陰門下の三秀の一人。一八四一〜一八六四)、北添佶摩《きたぞえきつま》(一八三五〜一八六四)、宮部鼎蔵《みやべていぞう》(一八三五〜一八六四)、大高又次郎《おおたかまたじろう》(一八二二〜一八六四)、石川潤次郎《じゅんじろう》(一八三六〜一八六四)、杉山松助《まつすけ》(一八三八〜一八六四)、松田重助《じゅうすけ》(一八三〇〜一八六四)らの優秀な逸材が殺害された。吉田稔麿は、謹直重厚な人物であり、秀才ぶりは松下村塾でも有数のものであった。新政府により俗に殉難七士と呼ばれるようになる。明治まで生き残っていれば、政府内で大きな役割を負うことができたであろう人々であった。

同年七月に、松代藩士であり、兵学者、朱子学者として知られた佐久間象山《しょうざん》（一八一一～一八六四）が、河上彦斎《かわかみげんさい》（幕末の四大人斬りの一人。一八三四～一八七二）などの手にかかり暗殺される。象山は、一橋慶喜（徳川慶喜）に招かれて上洛し、公武合体論と開国論を説いた。数々の業績を残した洋学の第一人者だった。門弟には、吉田松陰をはじめ、小林虎三郎《こばやしとらさぶろう》（一八二八～一八七七）、勝海舟《かつかいしゅう》（一八二三～一八九九）、河井継之助《かわいつぎのすけ》（一八二七～一八六八）、橋本左内《はしもとさない》（一八三四～一八五九）、岡見清熙《おかみきよひろ》（一八一九～一八六二）、加藤弘之（一八三六～一九一六）、坂本龍馬（一八三六～一八六七）など、後の日本を担う人材を輩出し、多大な影響を与えた。

同年八月、関白九条家の家臣で幕府側の島田左近、薩摩や土佐に倒幕を説いた志士である本間精一郎（一八三四～一八六二）が暗殺されている。幕府寄りの佐幕派の人間だけでなく、儒学者などの学者、思想家、尊王攘夷の志士も殺されている。

京都では、尊王派浪士による天誅という名のもとに、佐幕派人物の暗殺が多発していた。幕末の時代、実に多くの優秀な人材が殺されている。生きていれば、明治の政府で大いに活躍したであろうといわれる。幕府に与《くみ》する佐幕派の人材だけでなく、尊王や攘夷の思想家、長州や薩摩の人々も暗殺されている。表だって注目を集めるような人や、独自の見解を持つ優秀な人は、いつ殺されてもおかしくない時代だったのである。公家やその家臣である諸大夫、国学者などの学者も暗殺の対象となり、京都では何らかの理由で注目を浴びるような人物は、常に天誅として暗殺される危険性があった。

幕末の京都を震え上がらせたのは、幕末の四大人斬りと呼ばれている暗殺活動を行ったという四人がいる。田中新兵衛《しんべえ》（一八三二〜一八六三）、河上彦斎《げんさい》、岡田以蔵《いぞう》（一八三八〜一八六五）、中村半次郎《はんじろう》（桐野利秋。一八三九〜一八七七）である。毎日、京都のどこかの道端に、注目を集めた人の死体が転がっていたことになる。当然、下手人などは不明のことが多い。

幕末の文久年間（一八六一〜一八六四）に入ると、京都で暗殺される件数が増えている。目立った数人の暗殺ではない。数十人から、数百人は殺されている。意見が違うというだけで、次世代を担えたであろう、有意な優秀な人々を大量に殺している。

明治維新は、生き残った二番手が行ったものである。寺田屋事件などで、これほど多くの若者が殺されなければ、明治維新も、もっと違っていたのではないだろうか。幕末の一〇年ほどの間に殺された人は、一説には二万人にも及んだといわれる。京都では少しでも言論が目立つ者は暗殺される恐れがあった。高濱清七郎は尊王思想を声高に唱えていたために、近辺ではかなり目立っており、身を隠さなければならなかったのは当然のことである。

元治元年七月に、蛤御門の変という大事件が起きた。禁門の変とも呼ばれる。御所の京都蛤御門付近で、長州藩兵と会津、桑名藩兵とが衝突する事件が起き、薩摩藩も加わった戦いである。京都を追放されていた長州藩勢力が、会津藩主である京都守護職松平容保らの排除を目指して挙兵し、京都市中において市街戦を繰り広げた。大砲も投入された激しい戦闘で、市中も戦火に合い、約三万戸が焼失した大事件であった。

慶応二年(一八六六)の六月には幕府が第二次長州征伐を起こし、七月には長州征伐の途上で一四代将軍の徳川家茂が大阪城で病死し、一五代将軍に徳川慶喜が就任した。

13 京を離れての潜伏

幕末の京都では、文久二年(一八六二)に設けられた京都守護職、その配下となった新選組、以前よりあった京都所司代、京都奉行所などが治安を担当していた。京都には尊王をかかげる志士たちが集まってきていたので、幕府も尊王思想を説く人間には、特に目を光らせていた。

高濱清七郎も、白川家に学びに来た人たちに、いささか過激とも思える敬神尊王を強く主張しており、いろいろな方面から注目された。清七郎は、幕府の暴権と、神祇を軽んじ、皇室をないがしろにすることを慨嘆《がいたん》していた。時世を慷慨《こうがい》し、幕府を攻撃することも、多々あった。そのため尊王攘夷を説いた清七郎も、幕府から次第に危険視されるようになってきていた。

清七郎も、幕府からの注目を集めてしまい、文久年間（一八六一〜一八六四）の終りごろには、身辺の危険を感ずるにようになった。慶応二年（一八六六）になると、白川神祇伯である資訓王《すけのりおう》は、清七郎の身を案じ、一時、難を避けて、身を隠すことを勧めたのである。清七郎は、白川家の学師になって五年ほど経っており、五五歳になっていた。

❻清七郎身を隠す

白川邸へ顔を出し、玄関を入り障子を開け、庭を覗くと、春早い紅梅《こうばい》の花が咲きはじめていた。高濱清七郎学頭が来たことを資訓王に知らせると、清七郎は奥の座敷へ来るように呼ばれた。

「蛤御門の変では、御所にも攻撃が加えられ、前代未聞の大事件が起こりました。京の都も大火災で、焼け出された人も多くいます。大変な状況になってしまいました。これから京がどうなるか、誰にもわかりまへん」

「高濱学師、今の京の都は、かなり不穏な空気に包まれております。京の都のあちこちに、近ごろ人目を引いたと申すだけで、名のある人物の死体が路地裏などでみつかっています。そのなかには高名な学者や公卿までいます」

「高濱殿もご存じの姉小路殿が、弑《しい》されました。本当に惜しい御方を亡くしたものです。公家の間では皆から期待されていた優秀な御方でありました。勤王の志士たちからも、盟主として仰がれ、最近は政局の中心として、今後の活躍が期待されていました」

「高名なあの佐久間象山殿をはじめ学者まで、目立つと殺されてしまいます。幼少の睦仁親王様の養育係で、尊王攘夷の考えを志士たちに鼓舞していた田中河内介殿も、殺されたのではないかという噂が立っています」

「いつも尊王攘夷を志士たちに説いている高濱学師殿も、いつ誰から狙われるかわかりませんぞ」

「このまま、京で暮らしていると、高濱殿の身にも、何が起こるかわかりまへん。しばらく郷里へなどへ参られて、身を隠した方がよいのやないやろか」

「姉小路殿のことは、本当に大変なことでございました。あんな優秀な方がこんなことになるなどと思いもしませんでした。あんなに有名でした佐久間殿も、殺され申しました」

「ところで白川殿はいかがなされるおつもりでしょうか。ほかの門人も、危ういのではないでしょうか」

「わしらは主上《おかみ》の近くにいて、主上がなさる祭祀に仕えなければなりません。京を離れることはできまへん。公家出身の門人は、主上の近くにおらざるを得ません。それに、我らにはほかにいくところもありません」

「しかし高濱殿には、生まれた郷里がありますから、兄弟などの縁者のところでかくまってもらった方がよいと思います」

「しばらく隠れて、また京の治安がよくなってから、戻ってこられてはどないですか。京の治安が良くなって帰ってこられても大丈夫なようになりましたら、こちらから招聘の使いの者を出します。郷里へ身を隠されて、白川家からの使者をお待ちください」

「わかりました。商売をたたんで、兄のいる郷里の備前へ、しばらく帰ることにします。備前へ行く前に、主上（孝明天皇）に、しばらくの暇乞いと、ご挨拶をいたしたく思います」

座敷を後にし、縁側から庭を眺めると、梅の枝には花のつぼみが連なり、わずかに咲いている花からは、さわやかな香りが漂いはじめていた。早春の厳しい霜をまとう寒さから、晩春の水もぬるむ暖かさへと、もうすぐ変わっていくだろう。


孝明天皇も、蛤御門の変で、長州藩の軍隊による皇居襲撃に大きな衝撃を受けていた。幕府と朝廷の関係が、今後どうなるかは、誰にも予想がつかなかった。国や社会の時局も、風雲急を告げて来たために、皇位継承の秘事が断絶することを大いに懸念されていたのである。天皇は高濱清七郎を招き、万一の事態にそなえ、皇位継承の秘事についての勅命書を与えた。その上で、しばらくは郷里に避難し、身を隠すよう直接申し渡されたのである。

清七郎は、比岐目鳴弦の御法、十種神宝御法の御奏伝、内侍所《ないしどころ》ならびに神祇官御免状、内侍御印書を拝受したともいい、それらを携えて、郷里である備前(現在の岡山県)に、妻子を連れて身を寄せ、隠遁し、時代の転換を待ったのである。後の明治天皇である睦仁親王はまだ幼く、この時、満一〇歳あまりくらいである。内侍所とは、宮中において天照大神の御霊代として神鏡をまつってあるところのことで、代々女官《にょかん》の内侍が奉仕しているので、内侍所と呼ばれた。

神祇官白川家の学頭であった清七郎は、孝明天皇、白川神祇伯による勧めにより、幕末の混乱期に京都にいれば、自分の身にも危険が及ぶ恐れがあるため、郷里である備前岡山の地へ避難した。再び京に平安が訪れ、主上のために、皇位継承の秘儀である神伝相承の御道が再興できるように心から願った。京へ戻ってくるように伝える白川家からの使者を、清七郎は、ひたすら兄らが住む郷里で待ったのである。

一方、御道に携わっていた公家出身の門人の多くは、本来の住居が京都であり、隠れるすべはなかった。御道に携わった門人たちの多くは、京都の由緒ある家柄の者が多く、逃げ隠れすることができず、多くの者は暗殺などで殺されたという。明治になると、清七郎以外の御道に携わっていた門人たちは、ほとんどすべて殺されるか、亡くなっていたことになる。

14　幕末から明治へ――激動の時代――

慶応二年(一八六六)、高濱清七郎は郷里、備前岡山に隠棲し、いずれは神祇制度も復興するものと信じて、時代が変わるのを待っていた。清七郎は、宮中の祭祀や神祇に関することも、神武天皇以来の御創業に戻すことができると信じ、祭政一致の昔ながらの天皇による御政道に復源できるものと思っていた。日本の神祇道(神道)も表に出ることができ、神祇制度も復興するものと考えたのである。

幕末から明治初めまでも、激動の時代が続く。年表で何が起こったのか、主な出来事を追ってみよう。

慶応二年(一八六六)

一月	西郷隆盛・小松帯刀と桂小五郎が会談し、薩長同盟が成立する。
六月	幕府が第二次長州征伐の役を起こす。
七月	一四代将軍、徳川家茂が第二次長州征伐の途中、大阪にて病没する。
一二月	一五代将軍に徳川慶喜が就任する。
一二月	攘夷佐幕派(公武合体派)であった孝明天皇が、急な病にて崩御する。徳川慶喜が将軍になってから、わずか二〇日後のことである。

慶応三年（一八六七）

一月	睦仁親王が満一四歳で践祚《せんそ》の儀を行い、皇位に即き明治天皇となる。
四月	坂本龍馬の亀山社中が海援隊と改称する。
六月	坂本龍馬が後藤象二郎に大政奉還を含む船中八策を提示する。
七月	中岡慎太郎が陸援隊を結成する。
八月	兵学者・政治思想家であった赤松小三郎が薩摩藩により暗殺される。
一〇月	徳川幕府が朝廷に大政奉還を奏上する。討幕の密勅が下される。
一一月	坂本龍馬と中岡慎太郎が暗殺される。
一二月	朝廷から王政復古の大号令が発せられる。
	徳川慶喜の将軍職辞職を勅許し、江戸幕府が廃止となる。徳川慶喜は二条城を退去し、大坂城に移る。

慶応四年・明治元年（一八六八）

一月	明治天皇が元服される。
	鳥羽・伏見の戦いが勃発し、官軍と幕府軍が戦う。これが戊辰戦争の始まりとなる。

	徳川慶喜が大阪城を出て江戸に戻る。徳川慶喜から信頼され信任篤い幕臣、高橋泥舟《でいしゅう》は、朝廷への恭順を説く。徳川慶喜は幕府内の主戦派を解任し、朝廷に恭順の意志を表明する。
二月	徳川慶喜は、江戸城を出て上野・寛永寺に謹慎する。
三月	勝海舟《かつかいしゅう》が陸軍総裁（軍事総裁）に任命され、幕府全権として新政府軍との講和を目指す。
	山岡鉄舟《てっしゅう》が幕府側の使者として、静岡（駿府）で官軍側の西郷隆盛と会見する。
	官軍側の西郷隆盛と幕府側の勝海舟の会見により、江戸城が無血開城される。
五月	奥羽越列藩同盟が結成される。上野で彰義隊と戦闘となる。
七月	江戸を東京と改称する。
八月	明治天皇が一連の儀式を経て、京都御所にて即位の礼を執り行い、即位したことを宣下する。
	官軍と会津藩との戦いが始まる（会津戦争）。
九月	（明治元年九月）年号を慶応から明治へと改元する。
	会津藩降伏、庄内藩降伏、奥羽越列藩同盟は瓦解する。本州での戦いは終了する。

一〇月　明治天皇が東京へ行幸し、江戸城を東京城と改める。
一二月　明治天皇が京都へ還幸される（戻られる）。

明治二年（一八六九）

一月　薩長土肥の四藩主が版籍奉還を上奏する。
　熊本藩士で、儒学者であった横井小楠《しょうなん》が暗殺される。維新の十傑の一人に数えられる。
三月　明治天皇が東京へ行幸し、そのまま、なし崩し的に東京遷都となる。
五月　函館五稜郭で戦っていた、榎本武揚ら旧幕府軍が明治政府に降伏する。
九月　明治政府の高官となった大村益次郎《ますじろう》が暗殺される。長州藩の医師、西洋学者、兵学者であり、維新の十傑の一人に数えられる。

明治四年（一八七一）

一月　明治政府の参議の広沢真臣《ひろさわさねおみ》が暗殺される。長州藩士で維新の十傑の一人に数えられる。
三月　五箇条の御誓文が発布される。明治政府の基本方針である。
七月　廃藩置県が断行される。

一一月　明治天皇は、東京で大嘗祭を執り行い、天皇即位の儀式がすべて終了した。
岩倉使節団が欧米へ出発する。

幕末から明治の初めは動乱の時代である。さまざまな事件が立て続けに起こっている。京都を中心に、どのような事件が起こったのか説明しておこう。

慶応二年(一八六六)、清七郎が郷里に隠棲して間もないころ、一四代将軍の徳川家茂が大阪城で病死し、次の一五代将軍に徳川慶喜が就任した。一二月には、高濱清七郎に郷里へ隠れるようにとお諭しなされた孝明天皇は、お若いにもかかわらず、急なご病気になり、崩御なされた。徳川慶喜が将軍に就任して、わずか二〇日後のことである。

慶応三年一月には、お若いころ(一〇歳代初め)に神伝相承の御道(すめらの道)を奉った睦仁親王が、明治天皇として、一四歳で皇位を継がれた。世の中の変動はすさまじく、同年一〇月、徳川幕府が朝廷に大政奉還、討幕の密勅、ついには朝廷から王政復古の大号令が発せられた。徳川慶喜は、将軍職を辞職し、大坂城に移った。

慶応四年(明治元年)には、鳥羽・伏見の戦いが勃発した。これが戊辰戦争の始まりとなった。徳川慶喜は大阪城を出て江戸に戻り、江戸城を出て上野・寛永寺に謹慎する。

三月、官軍側の西郷隆盛と幕府側の勝海舟により、江戸城は無血開城した。

三月、明治天皇が天地神明に誓約する形式で、公卿や諸侯などに示した明治政府の基本方針である五箇条の御誓文が出される。

七月、江戸を東京と改称する。

八月、明治天皇が京都御所にて即位の礼を執り行い、即位したことを宣下する。

九月、年号が慶応から明治へと改元され、明治元年九月となる。

一〇月、明治天皇が東京へ行幸し、江戸城を東京城と改め、京都へ戻られる。

明治二年(一八六九)には、明治天皇が東京へ行幸し、そのまま、なし崩し的に東京遷都となる。実質的に東京が首都となり、首都機能も東京へと次第に移転し、政治的な舞台は東京へと移っていく。

幕末の京都では、まだ暗殺は続いていた。慶応三年八月に、兵学者・政治思想家であった赤松小三郎【7】が暗殺された。

同年一一月に京都で、坂本龍馬と中岡慎太郎が何者かに暗殺されたことはよく知られているが、もっと優秀な人物もたくさん暗殺されている。明治になってからは、舞台を東京に移して、要人の暗殺は続き、世の中はなかなか平穏にはならなかった。

明治二年一月、明治政府の参与となった横井小楠《しょうなん》が暗殺される。熊本藩士で、儒学者であり、維新の十傑の一人に数えられる。九月、明治政府の兵学者、大村益次郎《ますじろう》(一八二四~一八六九)が、京都で暗殺される。長州藩士で、医師、西洋学者、兵学者であり、兵部省における初代の大輔（次官）を務め、事実上の日本陸軍の創始者とみなされる。維新の十傑の一人に数えられる。明治四年一月、明治政府の参議の広沢真臣《さねおみ》（一八三四〜一八七一）が暗殺された。やはり長州藩士で、維新の十傑の一人に数えられる。

補足

【7】赤松小三郎（一八三一〜一八六七）

赤松小三郎は、公武合体を主張し、新しい政治体制を取り入れるべきだと幕府に申し立てをした。上田藩出身で、江戸に出て、勝海舟、内田弥太郎（和算学者）、下曽根信敦《しもそねのぶあつ》（洋式調練、砲術調練、洋式歩兵）に師事した。数学、測量、天文、蘭学、洋式砲術などを学んだ。

小三郎は長崎海軍伝習所に赴き、オランダ人より語学、航海、測量などを学ぶ。横浜に赴き、イギリス騎兵士官より騎兵術、英語を学んだ。『英国歩兵練法』（一八六五）を和訳し、日本の兵制の基礎確立に貢献した。小三郎は京都で、英式兵学塾を開き、英国式兵学を教える。薩摩藩から講師として招かれ、洋式兵学を教える。後の帝国海軍司令官・東郷平八郎らにも教えた。幕府の政治総裁職であった松平春嶽《しゅんがく》に建白書を提出した。坂本竜馬の「船中八策」に先立ち、極めて先進的な内容であった。建白書では、国会に当たる二院制の議会、議員内閣制による内閣総理大臣、教育のために主要都市に大学を設置することを提言している。

小三郎は上田藩より召還命令を受け、慶応三年九月に呼び戻されることになる。帰国の直前、薩摩藩に招かれて教授したにもかかわらず、あらぬ疑いをかけられて、門下生であった中村半次郎（一八三九～一八七七年、桐野利秋とも）らに暗殺された。薩摩の軍事機密を知りすぎているため、薩摩にとって邪魔な存在になったこと、薩摩の武力討幕路線に反対の立場で、議会政治の導入により、幕府と朝廷や薩摩との対立を融和させようと動いたことが原因といわれる。幕府のもとにある藩士の立場としては、まだまだ力を持っていた幕府との公武合体路線は当然の考え方である。薩摩も少し前までは、公武合体派で幕府の打倒などは考えもしなかったが、すでに藩論は大きく変化していた。恩義があろうと、邪魔になるか、その可能性のある者は殺すという考えが大きく影を投げかけていた。

15　神祇官復興と高濱清七郎

尊皇倒幕運動により、江戸幕府は瓦解し、王政復古となり明治維新となった。明治時代はじめの神祇行政の変転は、あまりにめまぐるしく、前後関係がつかみにくい。明治二年（一八六九）から明治五年までで、神祇行政のおおよその方向性が定まる。

神祇行政は、誰がどのような意図を持って指示し、実行したのか、その関係性はわかりづらい。

明治元年（慶応四年）に、神祇官再興の太政官布告がなされた。一月に、神祇事務科が設置され、二月神祇事務局が設置された。

明治二年六月には、まったく新しい体制として、神祇官は太政官から独立して、行政機関の筆頭に置かれた。神祇官の再興といっても、政府中枢の意向を反映して、近世までの白川家と吉田家による神社や神職の支配を廃するという措置が取られた。宮中の祭祀に深くかかわってきた、白川家と吉田家の人々は、神祇官再興当初は、官員に任じられていない。新しい設置された神祇官には、神祇伯であった資訓《すけのり》王は、当初、かかわることはできなかった。白川家と吉田家の両家とも、明治の神祇行政においては、主導的な役割を果たすことはできなかった。

岩倉具視《ともみ》（一八二五〜一八八三）と神祇官事務局総督であった鷹司輔煕《たかつかさすけひろ》（一八〇七〜一八七八）との間で、従来の白川家など神祇に関係していた人々は採用しないと確認されていた。神祇行政の中心となったのは、石見国（現在の島根県）津和野藩の亀井茲監《これみ》（一八二五〜一八八五）、福《ふく》羽美静《ばびせい》（一八三一〜一九〇七）などの津和野藩士たちである。

明治四年八月に至り、神祇官は廃止となり、代わって神祇省が設立される。神祇省では、宮中祭祀は行わず、宣教のみを行うことになる。

明治五年三月には、神祇省が廃止され、宣教は教部省となり、祭祀は太政官の式部寮へ移される。同年に神祇省が廃止されるまで、福羽美静が主導的な立場に立っている。明治の神祇に関する行政は、津和野藩の福羽美静が主導したのである。明治初めの政策は、岩倉具視などの政府首脳の考えを反映している。

さかのぼって明治二年二月、天皇は東京へ行幸されたままとなられた。これにより、なし崩し的に東京が首都となった。太政官も東京へと移転となり、行政の中心も移っていった。

白川家の資訓王も、同年の三月二六日に東京へ到着した。

同年七月に、東京の神祇官に八神殿《はっしんでん》【8】が創建されることになり、白川家に祀られていた八神殿を奉還《ほうかん》(お返し)するということになった。新しい神祇官からは、白川家に一二月ごろまでに、八神殿の奉還と有職故実《ゆうそくこじつ》の返還をするように申し渡された。資訓王も、この時には、八神殿の移転のために、いったんは京都へ戻る必要があったと思われる。

京都に残っていた門人には、皇位継承の詳しい秘儀について知る者はいなかった。資訓王は、皇位継承の秘儀をどうすべきか、秘儀を行っていた祝部殿《はふりでん》(祝殿)はどうしたらよいか、八神殿の奉還に際して、秘儀に詳しい高濱清七郎学師の意見を聞こうとしたのである。

清七郎が、神祇官の復興に参与できなかったのは、白川家に奉公していた雑掌《ざっしょう》【9】と、関係の深い寺院(泉涌寺のことであろう)の僧侶との間に巧まれた策謀があったという。雑掌と僧侶の名前は、ここでは仮名として、中田、良仁としておこう。学頭である清七郎が戻ると、中田は、幕府時代に学師の許可なく、勝手な行動をしたことが露顕して、立場を失うことをおそれた。僧の良仁は、神道の宮中での影響力が増し、仏教が衰微して、自分の役割がなくなることをおそれ、神道の勃興により、寺院が廃止され、壊されてしまうことをおそれた。中田と良仁は、二人で口うらを合わせ、学頭であった清七郎を呼ばないように、白川家の当主に仕向けたというのである。二人の策謀によって、清七郎は白川家に帰る機会を永遠に失ったのである。（参考文献『和学教授所の起源と歴史』）

❼清七郎知らせを受けられず

明治二年の秋めく風が吹くころ、白川家の庭には、なでしこの桃色の花が咲いていた。白川家の資訓王は、高濱清七郎に八神殿の奉還について意見を聞きたかった。または祝部殿の取扱いについても、どうすべきか意見を聞きたかった。白川家の資訓王は、中田に清七郎のゆくえを尋ねた。

「高濱清七郎学師は、今、どうしているのか。八神殿のお返しをどうしたらよいか、学師の意見を聞きたい」

「ゆくえはわからぬのか。連絡はつかぬのか。郷里に隠棲して生きているなら、誰か使いの者を送れないのか」

中田は、資訓王の顔色をうかがうようにしながら、伏し目がちに答えた。

「高濱学師は、幕末の動乱、おそらくは鳥羽伏見の戦《いくさ》で、京都を出奔してから、いまだにゆくえ不明のままです。幕末の志士として、義兵として加はり、戦死したと言われております」

「ひょっとすると、御黒戸の良仁殿なら、もっと知っているかもしれません」

「そうであったか。学師は幕末の動乱で戦死したのか。田舎に隠れているように言ったのだが、義兵として参加したのか。まことに残念なことだ」

「皇位継承の秘儀とお祝部殿をどうしたらよいのか、相談したかったのだが。そうだな、良仁殿にも聞いてみよう。高濱学師のゆくえを知っているかもしれない」

資訓王の前には、庭に咲くなでしこの花が、おりしも風に静かにそよいでいた。資訓王は、京都御所に出向き、御黒戸での法要を担当している僧の良仁に、清七郎のゆくえを尋ねた。

「良仁殿、高濱学師は、どうしているか、ご存じないか。学師の意見を聞きたいので、ゆくえを探しているのだが」

「幕末の志士の一人として、幕末の戦《いくさ》で、義兵として参加し、亡くなられたと聞いております。もう生きてはおりますまい」

「そうか、やはり戦死したのか。良仁殿もそのように聞いているのか。それなら仕方あるまい。おしい学師を亡くしたものだ」

白川家への帰りの道で、資訓王は、数百年続いてきた伝統をどうしたらよいものか考えあぐねたのである。神伝相承の御道について詳しく知っているのは、高濱学師しかいない。他にも詳しい門人はいたが、すでに幕末の争乱のなか、暗殺されたり、行方不明となったりした。

高濱学師が亡くなったのであれば、もう神伝相承の御道を残して伝えることはできないと暗澹たる気持ちになったのである。信頼していた清七郎の意見を聞くことができないまま資訓王は、白川家邸内にあった八神殿を宮中へ奉還することになった。白川家邸内にあった祝部殿などは、何も沙汰はなく、そのまま返還されずに残された。

有職故実や秘儀などは、秘儀を継承した学師も、新たに受け渡すべき適任者もいない状況では、返還しようにも伝えることはできなかった。秘儀などは、言葉だけでの返還は、本来、不可能なことである。白川家は清七郎がいないまま神祇を皇室に奉還し、今までの制度も廃止となり、資訓王も神祇伯という役職をはずれた。

明治維新の報せを郷里で知った清七郎は、神祇制度を昔のように戻す千載一遇の好機であると考え、心わき立つ思いで欣喜雀躍《きんきじゃくやく》して喜んだ。清七郎は、すべてが神武天皇の時代と同じ祭政一致の時代に戻り、神道（神祇道）も表に出て、神祇制度も昔と同じく復興するものと信じていた。清七郎は、白川家よりの招聘《しょうへい》の連絡を、今か今かと首を長くして待っていた。いつまで待っても、清七郎の所に京都に帰還すべしとの連絡は届かなかった。

白川家からの清七郎のゆくえの問い合わせがないまま、招聘の連絡はついに来なかったのである。こうして清七郎(五〇歳代後半)は、京都に帰還できる機会を失った。

明治二年一二月、東京に神祇官の神殿が創建されて、八神殿の遷座祭が取り行われた。昔からあった八神殿の八神だけでなく、天神地祇と歴代の天皇の皇霊も祀ることになった。吉田神社にも八神殿があったが、こちらも宮中へ御戻しとなり、今は神社内に八神殿の跡のみが残る。明治四年八月に、神祇官は廃止になり神祇省となった。神祇省は宣教のみを行うこととなり、八神殿は神祇官から宮中へ遷座した。歴代天皇の霊は、宮中の皇霊殿へ移された。一〇月に八神殿の八神を天神地祇に合祀し、「八神殿」の名称を「神殿」に改称し、宮中三殿の一つとなった。

江戸時代まで、歴代の天皇の皇霊は、宮中の御黒戸《おくろと》(黒戸御所)と呼ばれる仏壇に、位牌がおかれ、仏式で祀られていた。天皇家の菩提寺(菩提所)は、泉涌寺《せんにゅうじ》で、天皇や皇族の死にさいしては、泉涌寺の僧侶を中心にして、仏式の葬儀が行われてきた。御黒戸は、宮中の清涼殿の北、滝口の戸の西にあった細長い部屋で、煤《すす》で黒くなっていたという。

八神殿の遷座祭後、明治四年八月に御黒戸は廃止された。仏像と歴代の天皇皇后の位牌は、泉涌寺に移された。泉涌寺はそのまま残ったが、宮中での仏式の祭祀は廃止された。

天皇の皇霊の祭儀が、神式に改められたのは、明治元年一二月の孝明天皇三年祭からである。紫宸殿《ししんでん》に神座を設けて、祓除《ふつじょ》（修祓《しゅばつ》のこと）、招神の儀式を行い、天皇はじめ公家などの参列者が拝礼した。そのあと、泉涌寺にある後月輪東山陵《のちのつきのわのひがしのみささぎ》、すなわち孝明天皇陵に赴き、神式で拝礼を行った。これ以降、仏式の祭祀は廃止され、神式の祭祀へと変更されていく。

孝明天皇が慶応二年一二月（一八六七年一月）に崩御された後、慶応三年から明治二年の数年間は、風雲急を告げる時節であり、立て続けにいろいろなことが起こった激動の時代であった。京の治安も悪く、何が起こるかわからない状況で、とても戻れるような状態ではなかった。

東京へ天皇が移ったと言っても、あくまで行幸という一時的なもので、主上が京都へ戻って来る可能性もあり、どうなるかは誰にも判然としなかった。京都には、東京への遷都に反対する意見も多く、これからどのようになるのか誰にもわからない状況だったのである。

❽清七郎、白川家を訪ねる

激動の嵐が少し収まった明治三年になると、高濱清七郎は、いったん京へ戻ってみることにした。京都に戻ると、新しく天皇となられた主上は、すでに京を離れ、東京へ移られてしまわれていた。

初秋の風が吹き始めたころ、清七郎は、京都の白川家を訪ねてみた。白川家には、神拝作法を学ぶために、多くの門人があわただしく出入りしていたころの面影は、すでになかった。人の出入りがなくなった門扉には、寂しさが漂っていた。木葉はわずかに色づきはじめていたが、まだ緑が濃かった。京の街中には、素性のよくわからぬ浪人どもが、あちこちにたむろし、不穏な空気が漂っていた。

不穏な空気の中を白川家まで、なんとかたどり着くことができた。

白川家の中からは、雑掌《ざっしょう》（家臣）である林原が、まだ残って白川家の屋敷を管理していた。林原とは顔見知りであった。さっそく白川家の当主である白川資訓のゆくえを尋ねると、資訓は神祇伯の地位をはずれ、東京へ引っ越したという。

「高濱学師、生きておられたのですか。驚きました」

「維新の戦いで死んだと聞いていました。門人誰もが、高濱学師はもう死んだと思っていました」

「林原さん、どうして私が死んだと思われたのですか」

「中田さんと良仁さんから話を聞いたのです。高濱学師は鳥羽伏見の戦いで戦死されたと言っておられました。こうして高濱さんが生きておられたので、本当に驚いています」

「私は死んだことになっていたのですか。私は故郷の備前で、白川家からの連絡が来るのを待っていたのです」

「中田さんと良仁さんが、高濱学師は鳥羽伏見の戦【9】で討ち死にしたというので、備前まで使いを送らなかったのです」

「新政府から通達のあった八神殿の移転は、急なことで、いろいろな方策を考えるような時間はありませんでした」

「私は、京都へ帰れる日を今か今かと、連絡を待ちに待っていたのですよ」

清七郎は、無念の思いを抱きながら、神祇官の再興に関与できる機会を失ったことを知った。林原から、中田と良仁の話の内容や思惑など、いろいろ詳しい話を聞くことができた。白川家にあった八神殿が、新しい東京の神祇官に移されるまでの経緯も聞いた。

政府からは、祝部殿については何も話はなく、神祇官には移されなかった。

祝部殿の役割や、そこで行われていた御道の修行について、説明できる者はおらず、神祇官には採用されなかった。新しく作られた神祇官には、御道の修行を復興させることはできなかったのである。

「資訓王や、ほかの方々は、どうされたのですか」

「資訓王はもう東京へ移られました。お付きの人の中には、一緒に東京へ付いて行った者もいます。この際、暇をもらって郷里へ帰るか、京都で生計を立てようとしている者もいます。その他の者については、よくわかりません」

「門人の方々は、どうされていますか。お元気でおられるかどうか、ご存知ですか」

「高濱さんが知っておられる門人の方々は、もうほとんど亡くなっています。多くの門人が殺されたと聞いています。生き残っている方は、御簾内の御行には、参加が許されていない方だけです」

「御所にある御黒戸も、もうすぐ廃止されるのではないでしょうか」

「良仁さんは泉涌寺に戻られたようです。歴代の天皇陛下のお位牌も、泉涌寺に移されるでしょう」

林原の話を聞き、清七郎はそれまでの経緯を知って慨嘆した。残っている白川家の屋敷も、もうすぐ取り壊されるだろうという。白川家の屋敷を去りながら、宮中で伝わった神伝相承の御道をどうすべきか、清七郎は考えあぐねてしまった。京の道には、風が吹き、木の葉がわずかに舞っていた。白川家から御所まで行ってみようとしたが、街の中は方々に浪人どもがたむろし、身の危険を感じざるを得なかった。浪人たちを避けながら、御所へ向かおうとしたが、どうも危ない。そんなおり、旧知の宇和島藩の藩士に出会った。呉服商を商んでいるときに何度かお会いしたことのある藩士であった。

「これはこれは、高濱さん。どうされたのですか。こんなところを歩いていると何が起こるかわかりませんよ。京はまだまだ街中が物騒ですよ」

「伊達さん、京へ帰って様子を見ようと思ったのです。でもこの様子では、とても御所へ行くのは無理ですね。あちこち訪ねるのも無理そうです。どこか隠れるような場所はありませんか」

「高濱さん、こんなところにいると危ないですよ。以前、呉服のことではいろいろと無理なお願いもしました。よろしければ宇和島藩の藩邸へいらっしゃいませんか。しばらくなら滞在できるかと思います」

江戸時代とは状況が違い、白川家も宮中祭祀への発言権を全く失っていた。江戸から東京へと名前が変わっただけでなく、神祇政策も含めて、すべての政策が東京を中心として進められていた。

明治の神祇行政は、東京に新しく設置された神祇官が担っている。こうなっては、東京の神祇官へ出向き、担当者に直接話してみるしか方法はなかった。

白川家の御簾内の御行に携わっていた門人たちは、ほとんど幕末に暗殺されたという話が伝わっている。明治初めには、かつての門人たちは、ほとんどが生き残っていない。白川家の白川資訓も、明治二年三月に明治天皇の後を追って東京へ到着している。白川家は六月には華族となり、一一月に華族は東京へ住居することが定められていた。白川家も家族を連れて、住居を東京へと移すことになった。

明治四年五月には、太政官達により、これまでの神職をいったん解任するという知らせが通達された。ついに白川家もその権威をすべて失うことになった。

清七郎は、東京には伝手《つて》もなければ、知り合いもいない。交通手段は徒歩か船しかなく、東京へ行こうとしても、何日もかけて旅をするしかない。東京に気軽に出向けるような時代ではなかったのである。清七郎は、郷里である備前にいったん戻って、新たな方策を考え、資金繰りをしたうえで、出直すことにしたのである。

明治初めの神祇行政は、津和野藩の福羽美静が主導し、白川家と吉田家など従来、神祇に関係していた人々は排除され、白川家の人々も関与できなかった。たとえ清七郎が、京都に呼び戻されていても、神祇行政に参画できたかどうかはわからない。

補足

【8】八神殿と神殿

『延喜式』の四時祭上によれば、神産日神《かみむすひのかみ》、高御産日神《たかみむすひのかみ》、玉積産日神《たまつめむすひのかみ》、生産日神《いくむすひのかみ》・足産日神《たるむすひのかみ》、大宮《おおみや》売神《ひめのかみ》、御食津神《みけつのかみ》（穀物の神）、事代主神《ことしろぬしのかみ》の八神が八神殿に奉斎されている。古代から中世の間までは、神祇官西院に宮中八神殿を設けていた。宮中八神殿は、応仁の乱での焼失以後は再建されず衰退した。江戸時代に入ると、吉田家が吉田神社の大元宮に八神殿を建設し、白川家も屋敷内に八神殿を建てている。八神は、天皇守護の神とされた。現在の宮中には、八神殿としてではなく、昔の八神殿の八神を天神地祇に合祀し、神殿に改称して祀っている。

【9】雑掌

雑掌とは家臣のことで、時代によって使われ方が異なっている。奈良・平安時代には、四度の使《つかい》に随行した諸国の官人のこと。平安時代以降は、国衙《こくが》で公文書を扱った役人の職名のこと。中世は、本所・領家のもとで荘園に関する訴訟や年貢・公事《くじ》の徴収などの任にあたった荘官のこと。ここでは白川家に仕え、宮中の諸々の雑事に携わった臣下のことである。

【10】鳥羽伏見の戦

明治元年一月（慶応四）に、戊辰戦争の緒戦となった、旧幕府軍（会津・桑名藩兵）と、新政府軍（薩長軍）との戦いである。戦いは京都南郊の上鳥羽（京都市南区）、下鳥羽、竹田、伏見で行われた。

16 東京での神祇行政への働きかけ

備前岡山へ戻った高濱清七郎は、新政府へ働きかけるため、新しい都《みやこ》となった東京まで出向いて、新政府のようすを確認し、働きかけるしかなかった。明治四年、五年(清七郎六〇歳、六一歳ごろ)、のことと思われる。東京に移った知人を探し出して、何日間かの滞在場所を確保し、旅の費用を工面し、山陽道を通って、東海道を抜け、東京へと向けて旅立ったのである。

東京に滞在しながら、新政府の神祇官(神祇省、教部省へと変わる)に赴き、明治天皇への対面をお願いした。宮中の新しい体制は、以前とは全く変わってしまっており、とてもお会いできるような状況ではなく、対面は不可能なことであった。プロイセンなどのヨーロッパの絶対君主制を参考としたために、天皇は絶対君主として位置づけられていた。

明治維新の混乱期には、市井の神道家や国学者が自分を売り込もうとし、われこそは宮中での祭祀を担っていた者とか、深秘の神法を伝える者とか、自分こそが正統な継承者であるとか、いろいろと名乗りを上げる者が多かったという。名乗り上げる者が、信じるに足る者なのか、神祇省(後の教部省)では、判断できなかった。そのように申し出てくる輩《やから》は、一律に門前払いにするよりなかったのである。

清七郎が、神祇省(後の教部省)に申し立てても、門前払いされ相手にしてもらえなかった。清七郎が、いくら説明しても、神祇省の役人には話が通じなかった。神道の修行に取り組んだことのない役人には、宮中で伝えられた秘儀を理解してもらうこと自体が無理なことであった。

新しく設置された神祇官（神祇省、教部省へと変わる）では、祝之神事《はふりのしんじ》の伝承など古事秘伝を知る人も、伝える人もいない。明治期の神祇行政に携わった人々には、神に通じる御道の重要性は、理解できるはずもなかったといえる。

白川家もかつての権威と、宮中の祭祀への発言権をほとんど失っていた。昔からの伝承が、明治維新後も大事だとは考えず、宮中に伝わる秘密の伝承がある事すら、知る人はごくわずかにすぎなかった。皇位継承での祝之神事の重要性も、その存在すらも、ほとんど知られておらず、伝えようがなかったというのが実の所であろう。

明治天皇も、「高濱は、今どこにいるか。いかがいたしておるか」と、側近に再三にわたり探すように伝えたという。知る者は誰もおらず、個人的な思惑からか、清七郎を探そうとする者はいなかった。真偽のほどは不明であるが、一説には太政大臣になった三条実美（一八三七〜一八九一）に、清七郎を探し出すようにという指示があったが、亡くなったことにして探さなかったともいう。清七郎を探し出そうとする者はおらず、清七郎は神祇官の再興には携われなかった。維新期（幕末から明治初めにかけて）の人々の思惑が重なり、清七郎は、白川家が行っていた祭祀の関係者として、神祇官の復興活動に参与することは、ついにできなかった。東京での清七郎（五八歳ころ）の神祇省（教部省）への働きかけは、実を結ぶことはなかった。

新しく設置された神祇官も、神祇省、教部省と変遷していき、宮中祭祀の役目から外されている。教部省は民衆への宣教をするだけであり、宮中で行われる祭祀には携わらない。宮中祭祀はあくまで天皇親祭となり、神祇官は祭祀を行う役目からはずされた。宮中祭祀で大きな役目を担い、基礎修行でもある御道を伝えてきた神祇官の役割も失われてしまった。

清七郎が、おのが一身一家を顧みず、京都へ東京へと文字通り東奔西走し、神祇の復活を願い、神祇官の再興のために尽くした努力は、ついに水泡に帰したのである。

17 伊予での隠棲と神事相伝の決意

古から伝えられた皇《すめら》の御道、神籬《ひもろぎ》となる秘儀を残そうとした高濱清七郎のすべての努力は、むなしく徒労に終わった。遠く京都や東京におもむいて、必死の思いで、新政府の神祇官や各方面に働きかけた清七郎の労力は、結局、実を結ばなかった。こうして清七郎の心の中では、神祇へ捧げた思いとともに、むなしさだけが占めることとなった。大きな空虚感をかかえて、清七郎は故郷である備前(岡山)の地を離れて、新たな地、伊予(現在の愛媛県)に家族とともに隠棲している。伊予へ隠棲した理由は、京で知り合った宇和島藩の藩士の勧めであろう。

明治五～一五年(一八七二～八二)、六一～七一歳にかけての数年間、清七郎は、伊予松山に滞在し、隠棲していた期間は、五年から一〇年の間と思われる。伊予松山に隠棲した理由は伝わっていないが、白川家で学師として活動していた時代の知人の勧めではないかと思われる。清七郎が神祇伯白川家の学師として、尊王攘夷を説いた神職や藩士や志士の知り合いからの紹介で、おそらくは隠棲することにしたのだろう。学師としての講義を聞いた藩士の紹介によるものと思われる。

隠棲したのは、祭祀の基礎修行を担っていた神祇官もなくなり、半生をかけた不言惟神の大道、すめらの道の復活を、いったんはあきらめたからである。清七郎は、すでに齢《よわい》、六〇歳を過ぎていた。京都からも東京からも、遠く離れた伊予松山に隠棲したことで、清七郎は、この時、不言惟神の大道であるすめらの道を残し、後世に伝えていくことをほとんどあきらめていた。京都や東京まで出かけ、神祇官を再興し、神祇の復活のため、とりわけすめらの道の復活のための清七郎の尽力は、無駄に終わった。

清七郎が隠棲した場所は、伊予松山のどこであろうか。隠棲した場所が、伊予松山の風早郡ならば、後の出会いにも必然性が生まれる。隠棲した場所が風早郡でなくとも、風早郡には出向く機会はあった。清七郎が伊予松山に暮らしていた時代に、後に娘婿となった宮内忠政と出会っている。忠政は、宇和島藩の元藩士であり、松山の北にある風早署の署長をしていた。二人の出会いが、清七郎の人生に、再び大きな転機を呼び起こすことになった。

❾ 忠政を迎える

晩春、訪れた高濱清七郎の滞在している屋敷の庭には、山吹の黄色い花が咲いていた。土手には八重桜の花が風に揺れていた。風早署の署長であった宮内忠政は、はじめて清七郎の家を訪れた。

「高濱さん、最初にお会いしてから、だいぶ時間が経ちましたが、今日は折り入っての、お願いがあってまいりました」

「宮内さん、今日は、どのようなご用件でしょうか」

「白川家で学師として、神祇について指導なされておられましたね。いろいろと詳しくお話をお伺いしたいと思ってまいりました」

「ああ、思い出しました。白川家で行われていたすめらの道について、詳しく聞きたいとおっしゃっていましたね。すめらの道は、不言惟神の大道とも、審神者古伝の神事とも呼ばれていました」

清七郎は、以前、忠政に話したことを思い出した。忠政が詳しい話を聞きたいので、訪ねてもよいかという話をしたのである。

忠政は、庭にむけて開け放たれた障子のかげから、かすかに吹く春の風を頬に感じた。

「御所での祭祀を行う祭祀執行者のための準備修行として、神籬《ひもろぎ》となる特別な御修行が伝えられていました。神祇伯白川家では、祭祀者のための基礎修行を行っていたのです。これまでの長い神祇官の歴史の中でも、一切口外無用とされて秘密とされてきたもので、神伝相承の御道とも、祝之《はふり》神事とも呼ばれます。私は不言惟神の大道とか、審神者古伝の神事とも呼んでいました」

「御所に伝わった祭祀者のための基礎修行なのですね。どうすればその御修行を教えていただけるのですか」

「白川家の門人であれば、もっといろいろとお教えできます。宮内殿は、御修行に興味がおありですか」

「私は、神祇や皇室には、格別の崇敬の念を持っています。神様はおられると思っていますし、いつも感じています。神様の心をわかるようになりたいとも思っています。門人には、どうすればなれるのですか」

「神祇伯白川家があったころは、神拝作法を学ぶ門人とは別に、特別に扱われていました。御道に参加する門人には、一段、深い敬意が払われていました」

「そうですか。そのようにまわりから尊敬を受けていたのですね」

「御道に参加するには、すでに御道に参加している別の門人から認められることが必要でした。つまり御道に参加している門人から推薦してもらわないと、御修行には加われなかったのです」

「ということは、神祇伯という制度がなくなり、白川家の門人もいない状況では、どうしたらよいのですか」

「そうですね。今は神祇伯白川家の門人というものはありません。ですが個人的に私の門人となるのでしたら、一対一で御修行の指導をいたしましょう。ほんとうは、御行の指導のことは、御取立《おとりだ》てというのですが」

「ありがとうございます。ぜひ私を門人にしてください。どうしても、御所に伝わった御修行というものを学んで身に付けたいのです。よろしくお願いいたします」

「わかりました。それでは日にちを決めて、御取立てを致しましょう。御修行の御取立てのために通ってきてください。その中で、できる限りのことをお教えしていくことにしましょう」

忠政は玄関を出て、八重桜の花を見つめた。花はかすかに散り始めていた。つくしの出始めた土手の道を歩いた。春の日差しを浴びながら、ゆきやなぎの花がわずかな風に揺れた。

宮内忠政は、清七郎と出会ったことで門人となり、熱心に御修行に取り組んだ。時間の許す限り、借りていた奥の座敷で、忠政は清七郎と二人だけで向かい合い、目を閉じて座った。その努力の甲斐があって、御行の段階も次第に進んでいた。忠政と会ったことが、いったんはあきらめていた清七郎の心が変わる転機となった。忠政の姿を見ていると、清七郎は、御道を神事相伝し、残していかなければならないと思うようになった。

一般の人々を門人とすれば、御道を残していけるのではないかと考えたのである。神祇官の歴史では、一般の人々をすめらの道の門人として指導したことはなかった。すめらの道を一般の人に伝えることは、考えられないことだった。宮中にかかわる祭祀を行うために、祭祀執行者の準備修行を行っていた神祇官もなくなっている。すめらの道として祭祀を行う基礎となる、御道を指導する所はなくなった。今までは、すでに御道に参加している人から認められなければ、御道の門人になることはできなかった。一般の人々にも御道の門人となる道を開けば、御道の指導をしてくことも可能だろう。御修行の段階が進めば、神伝相承していくこともできる。そう考えると、清七郎の心には、不言惟神の大道、審神者古伝の神事、すめらの道を残していく新しい希望が、心の奥深くに芽ばえてきたということである。

御道を残すことをいったんは諦めた清七郎は、忠政と出会ったことで、再び残していくこと希望を見出したのであろう。いつの日か、すめらの道、神伝相承の御道を宮中に返す日の来ることを信じて、清七郎は、神祇伯白川家に伝わったすめらの道を伝承していくため、民間に御道の門人となる道を開き、門人を求めていく新たな道を探すことにした。清七郎は齢《よわい》、すでに六〇歳代の終わりに差しかかっていた。清七郎の長女タケエ(タケとも)を、忠政の嫁として結婚させている。清七郎は、長女と忠政が結婚してからは、伊予松山の風早郡で、忠政が退職した後は、宇和島町に移ってしばらく暮らしたもようである。

18 東京での審神者古伝の試み

すめらの道は、皇位継承の基礎となる秘儀である。すめらの道は、不言惟神の大道、審神者古伝の神事、祝之神事、御簾内《みすうち》の御行、神伝相承の御道とも呼ばれた。

祝《はふり》とは、神に仕える神主のことで、神籬として神に仕える者のことである。すめらの道とは、御所での祭祀を執り行う祭祀執行者の修めるべき基礎修行のことなのである。

高濱清七郎は、日本の国体の基礎となる神事が失われてしまうことを何よりも恐れていた。神祇伯制度が廃止されるにともない、白川家に継承されてきた貴重な神事神法が世の中から永久に失われてしまうことを、清七郎は大変に危惧していた。

清七郎は、日本国体の基礎と国家百年の将来を慮り、もはや宮中に戻すことができないのであれば、民間へ門人を求め、道統を継承していこうと心中に深く決意していた。清七郎は、民間に門人を集め、皇位継承の秘儀を継承していくことを心中深く決意した。娘婿となった宮内忠政は、熱心に御修行に取り組んでくれている。しかし宇和島では多くの門人を集めるのは難しいだろう。

清七郎は、多くの門人を集めて、道統を継承していくためには、活動拠点を天皇陛下のおられる東京に移さなければならないと考えた。幸い年頃の娘タケエは、忠政と結婚したので、宇和島に残して、単身、東京に居を構えることができる(妻はすでに亡くなっていたと思われる)。東京に住んでいる知人を頼りに、御道の協力者を募り、住みかと活動拠点となる場所を探してもらうことにした。

東京を中心として、世をあげて文明開化の時代で、欧風化の波は滔々《とうとう》と、とどまることのない大河の流れのように世の中を変えつつあった。明治時代は、アメリカの影響よりヨーロッパ各国の影響の方が大きいので、欧米化ではなく欧風化と呼ぶべき時代である。日本人の国民性や日本国土に固有な長所や美点(国粋)までも、昔の因習にすぎない旧弊や悪弊であるとされ、地に落とされ、忘れ去られようとしていた時代であった。

❿清七郎、東京へ

高濱清七郎は、東京におもむく途中で、かつて暮らした京都によってみることにした。訪れる機会があるかどうかもわからない、白川家の跡地と京都御所を訪ねてみようと思ったのだ。明治一五年（一八八二）ごろの早春のこと、赤や白の梅の花が咲いていた。神祇伯白川家の学師として、神祇《じんぎ》（しんとう）の講義を行い、御道の御取立てを行った白川家の屋敷跡をみると、青年時代を過ごした思い出とともに、変わり果てた姿に一抹の悲しみがわき起こってきた。

白川家の跡を去って、歩いて近くの京都御所を訪ねた。陛下のおられなくなった御所には、往時の賑わいはなく、荒廃して寂れた、たたずまいの建物があるばかりであった。宮中（内裏《だいり》）で神鏡を奉安していた内侍所《ないしどころ》が残っていた。かつては白川家で御修行を受けた女官の内侍が、神鏡をお祀りし守護していたところである。御所に祀られていた神鏡は、東京に建設された新しい賢所《けんじょ》（かしこどころ）に移された。祭祀を担う女官たちのいた内侍所も、もうすぐ取り壊されてしまうだろう。荒廃した京都御所の様子では、御道を残すためには、新しい道を探すしか方法がないことが、ひしひしと感じられたのであった。

御所の木々の間を、早春の肌寒い風が吹いた。わずかに赤く白く梅の花が咲いていた。清七郎は、生きている間には、再び訪れる機会がないだろう昔懐かしい京の都を後にした。

清七郎は、明治維新から一〇数年が経過した明治一五年（一八八二、清七郎六九歳）には、東京に活動拠点を設け、活動を始めている。東京へ移ったのが一年ほど早いかもしれないが、このころ東京に活動拠点を設けている。清七郎は、六〇歳代後半であったが、道統を継承していくために東京へ移り、新しい活動を始めたのである。日本の将来を考えて、家族である妻子のことよりも、道統を継承していくために、天皇陛下のおられる東京へ居を移すことにしたのである。

天皇陛下も京都から東京へと移られており、政治と行政の中心は、東京へと移転していた。神祇を管掌する教部省が存在するのも東京であり、政府に働きかけるにも都合がよかった。鉄道がまだない時代で、歩きでの旅か、船での旅が一般的な時代である。いったん東京へ出れば、現在とは違い、簡単には帰ってくることができない。妻子を残して活動しなければならないことは、大変辛かっただろうと思われる。

明治一五年には、京都での知人の伝手を頼って、東京の築地の地主であった遠藤カツ宅の離れを借りることができた。今の中央区の京橋木挽町あたりである。ここを拠点として、民間への御道の指導を行うことにした。同年に、造化《ぞうか》三神々伝《さんしんしんでん》教会（東京神伝教会）という教会を組織して、東京で門人の指導を開始した。造化三神々伝教会は、個人宅に設けた小規模な教会と思われる。

東京での門人に吉田彦八【11】がいるが、御嶽教の教師のようである。御嶽教は、御岳信仰を行う教会だけではなく、単独の神道系、修験道系、霊能系などの信者を擁する神道教師も所属して教派である。

清七郎は、東京に滞在していた本田親徳《ちかあつ》にも会っており、その縁で副島種臣《そえじまたねおみ》にも御道の指導を行ったのであろう。最初に二人が会ってから、すでに二〇年以上もの時が経過していた。さかのぼって明治一二年に、親徳には、娘（ミカ）が生まれている。薫子《かおるこ》と呼ばれる娘であるが、本名はミカと思われる。娘が成長して七歳くらいになると、薫子を神主として何度も神がかり幽祭を行ったという。娘の薫子は、たいへん優秀な神主（神籬《ひもろぎ》）であり、幽祭では貴重な教えを神々から受けている。親徳は、教派神道の開祖、神道大成教の平山省斎《せいさい》（一八一五〜一八九〇）、神習教の芳村正秉《よしむらまさもち》（一八三九〜一九一五）らとは、面識はあったようである。明治初めに省斎が書いた『本教真訣』への批判を書いているので、意見は合わなかった。

清七郎は、神道本局（神道事務局、神道大教院、後の神道大教【12】、省庁に準ずる政府の機関）の正一等神教師《しょういっとうしんきょうし》、審神古伝掛長《さにわこでんかかりちょう》に就いている。晩年の有栖川宮親王が、神道本局の総裁となっており、その縁があったからかも知れない。新しい宮中祭祀の体制が固まってから、一五年以上経っており、すでに変えることは不可能であった。当時は、神道の布教活動（教導職）を行うためには、どこかの教派に所属する必要があるためである。神道本局の審神古伝掛長として、教派神道の教師たちに、伯家に伝わった神事を伝えようとしたのである。

清七郎は、白川家門外不出の古伝神事作法であった「祝之神事」を後世に残すことを思い、神道に造詣の深い教派神道で教えることにした。「祝之神事」は、本来は宮中だけに伝わった行法であり、民間に伝わったものではない。畏れ多くも宮中の御道を、民間に伝えて良いものかどうか、清七郎は大いに悩んだという。清七郎は、後世に残すことを願い、門人を民間に求めて、道統を伝え、貴重な「祝之神事」が絶えないように伝承していくことにするしかないと考えるに至ったのである。

造化三神々伝教会を設けてしばらくした明治一七年（清七郎七一歳）には、『造化三神々伝教会祝詞』（佐藤彦次郎刊）として、伯家神道で使用される「三種祓」「御禊祓」「大祓《おおはらえ》（中臣祓《なかとみのはらえ》）」「最要中臣祓」「一二三之祓」をまとめた小冊子を印刷している。これは祝詞だけであって、フリガナに万葉仮名をつかっているので、現在の人には読みにくいが、昔はこのような祝詞を使っていたと思われる。祝詞の内容についての解説はなく、伯家神道として祝詞の説明をしていたという記録はない。伯家神道は、祝詞の言葉の意味について学究的な議論するような神道ではない。また伯家神道のいわれなども書かれてはいない。

清七郎の歌集として、『沙庭《さにわ》：高浜清七郎先生歌集』（一九八二）が、天理大学附属天理図書館に残されている。「高浜神徳会」の刊行で、東京にある御田八幡《みたはちまん》神社でも指導を行っていた時代に、そのゆかりの方々がまとめたものである。

草も木も 人もなおさら 真砂子まで 神の社と 知る人ぞ神
日の神の 其源は 御中主 西も東も 波風もなし
松風の 音は幾代も かわらねど 移りかわりし 人の心は
天地に 祈る心の 直なれば 幾千代までも 神や守らん

（出典『沙庭：高浜清七郎先生歌集』）

清七郎は、伯家の祝之神事のことを、いろいろな呼び方で呼んでいる。どれも御道の特徴をそれぞれ言い表している言葉である。

「神事相伝審神古伝《しんじそうでんさにわ》」
「神伝相承審神古伝《しんでんそうしょう》」
「皇国《こうこく》不言惟神の大道《たいどう》」

これらの呼び方は、御道の持つある一面の特徴を言い換えて表したものである。御道が進んで来れば、清七郎がこのように呼んだ理由も、おのずから明らかになる。宮中では特別な呼び方はなく、御道とか、御修行とか、御行とか呼んでいるだけであった。これでは、あまりに一般的な名前なので、伯家の神事や修行の内容について、わかりやすいように名前を付けたのである。清七郎に持座して、親しく修行した初期の門人に、占地無為平がいた。後に無為平は、東京警視庁を退職して京都に住まいを移し、清七郎の紹介で宮内忠政と知り合った。『古事記』と易の研究をしており、高い見識を持っていたが、時代に恵まれず、世に出ることはなかった。無為平は、小田垣蘇堂（小田垣彦三郎）に忠政を紹介した人である。（参考文献『神代の手引草』）

補足

【11】吉田彦八

吉田彦八は御嶽教に属する教師であり、東京での門人の代表であった。神道大成教の平山省斎が御嶽教の管長も併任していたから、その縁で清七郎の門人となったのかも知れない。清七郎の死後、残した歌集をまとめている。御道については、どこまで学んだかは不明である。

【12】神道大教

教部省が、明治五年（一八七二）に大教宣布運動の高揚を図るため設置した教導職を指導するため中央機関が大教院《だいきょういん》であった。明治八年に大教院が解散となり、「神道事務局」が設置された。神道系の教導職をまとめていた事務局が、教派神道の一つとして「神道本局」となった。神道大教は「神道事務局」の系譜を引継ぎ、有栖川宮幟仁親王が初代総裁に推戴されている。稲葉正邦卿（子爵、旧山城國淀城主。一八三四〜一八九八）が初代管長に就任し、単に「神道」と称して、傘下の教会や神社は、すべて名称に神道を冠していた。一般的な神道という言葉と区別するため、「神道本局」と呼ばれていたが、昭和一五年に神道大教と改称した。「神道事務局」内の神霊を祀る神殿を大教院と呼び、教派神道の各派が独立しても、明治初期からの道統を受継いでいる。神道大教では、天之御中主神、高皇産霊神、神皇産霊神の造化三神を主神として奉斎している。

19 教派神道での指導

高濱清七郎は、民間に貴重な御道の門人を求め、御道が絶えないように道統を伝承していく活動を始めた。明治初めに認可された教派神道へも、御道の行法を伝えようと試みている。清七郎は七一、七二歳のころ、神道本局（神道事務局、神道大教院、後の神道大教、もとは省庁に準ずる機関）の正一等神教師《しょういっとうしんきょうし》、審神古伝掛長に就いている。晩年の有栖川宮親王が神道本局の総裁となっており、宮中祭祀の体制も固まっており、変えることは不可能であった。

神道の布教活動（教導職）を行うためには、どこかの教派に所属する必要がある。神道本局の審神古伝掛長として、教派神道の教師たちに、伯家に伝わった神事を伝えようとしたのである。白川家門外不出の古伝神事作法であった「祝之神事」を清七郎は後世に残すことを考えたのである。

神道本局長の稲葉正邦《まさくに》、出雲大社教《いずもおおやしろきょう》管長の千家尊福《せんげたかとみ》（一八四五〜一九一八）、御嶽教及び神道大成教管長の平山省斎《せいさい》、神道修成派管長の新田邦光《にったくにてる》（一八二九〜一九〇二）、神習教管長の芳村正秉《よしむらまさもち》などの招聘《しょうへい》に応じて、各教派神道内で講習会を開いている。教派神道の管長となった方々は、それぞれに国学者、神道学者、神霊実修家として、独自の識見を持ち、明治の神道界で活躍していた。神道本局、出雲大社教、御嶽教、のちには神道大成教、神道修成派、神習教【13】などの各教派内に神伝相承部を設けてもらい、伯家の神事伝法を教授した。ただし受講者に深く指導することができたとは思われない。

宮内忠政及び中村新子の門人でもあった小田垣蘇堂【14】の出した小冊子『元神祇官白川家所用大祓詞』は、昭和一七年八月に発行された大祓詞《おおはらえことば》の解説である。蘇堂は立命館中学の校長や立命館大学の講師になっている。

伯家神道では、祝詞の内容について決まった解説は行っていないが、この冊子はある程度の解説を蘇堂が行ったものである。内容の目次をここに掲げておく。

第三章　大祓詞の作者と修正　　第四章　大祓詞の内容に就て（一）
第五章　大祓詞の内容に就て（二）　　第六章　大祓詞の内容に就て（三）
第七章　天津祝詞の太祝詞に就て　　第八章　再び大祓詞の内容と記紀の価値
第九章　白川家の神拝並に作法
第一〇章　白川家所用、大祓詞、禊祓詞、ひふみ祓詞、三種祓詞
（出典『元神祇官白川家所用大祓詞』）

『元神祇官白川家所用大祓詞』の「第一章　白川家並に神祇官と所伝」に、次のような興味深いことが書かれている。

白川家所伝の審神行事は神祇官にあらざれば、之を知る由無く、仮に是を知るも是を伝えるに至りては、多年の修行を要し、一朝一夕の能くする所にあらざるなり。
高濱先生に就き業を授かりし人々を挙ぐれば左の如し。
副島種臣（外務大臣）
千家尊福（出雲大社教管長、出雲大社宮司）
平山省斉（神道大成教管長）

新田那光（神道修成派管長）
芳村正秉（神習教管長）

（出典『元神祇官白川家所用大祓詞』）

副島種臣は、佐賀県出身の政治家であり、後に伯爵となった。神道にも造詣が深く、明治初めの主要人物であり、本田親徳の弟子として、よく知られている。

出雲大社教は出雲大社が中心となっている教派である。それ以外の教派は、教祖の影響が比較的薄く、民衆を指導していた教会などの教導職を集めて活動の場を与えるという、どちらかというと教派色の薄い教派神道であった。しかし各教派神道でのそれぞれの事情や伝習する内容のこともあり、これらの教派神道では、神伝相承の御道を深く極め、伝承するまでには至らなかったのではないかと思われる。しかし幽祭に関することには影響を与えている。

教派神道の中で、どちらかというと教派色の薄い神道大成教、神道修成派、神習教と、出雲大社を中核とした出雲大社教で指導を行ったものであろう。これらの教派では、高濱清七郎が指導する審神者古伝の斎修会（講習会）の機会を設けてもらえた。

清七郎は、教派神道での斎修会（講習会）だけでは、伯家の神事伝法を後世へと伝承していくことは難しいと感じていた。教派神道には、それぞれの教義や、伝承してきた行法があり、清七郎の伝える伯家の神事伝法だけを行うわけにはいかないのである。教派神道にとっては、伯家の神事伝法というものは、あくまで付加的な修行に過ぎない。教派神道内では、後世に伝えることができるほど、御道を体得するところまではいかなかったのだろう。教派神道では、それぞれの神道理論や修行法もあり、伯家の神事伝法を中心として、指導するというわけにはいかなかったはずである。教派神道と一括して呼ばれるが、教祖の影響が強い教団、それほど強くない教団、ほとんどない教団など、その教派としての性格は異にしている。神道関係の教導職(教師)を集めるために作られた教団もある。

教祖の教えが基となった教派神道には、黒住教、天理教、金光教、大本教があり、禊教もこの系統といえるだろう。

山岳系宗教が基になったものが、御嶽教(御嶽山信仰)、扶桑教と實行教(富士山信仰)である。扶桑教と實行教は、富士信仰の富士講が基になった。

信仰の核となる神社を基とした教団が、神宮教(伊勢神宮)、出雲大社教(出雲大社)である。神宮教は奉賛会となって教団としての性格は失っている。

教祖の影響や独自性が強い教派神道である、黒住教、金光教、神理教、扶桑教、實行教、禊教、天理教は、独自の教義を持ち、修行も独自の方法を持っていることが多い。そのためであろうか、そのような教派には、清七郎が指導を行った形跡はない。

御嶽教は、神道大成教の管長であった平山省斎が管長を兼任したので、若干の影響はあったかもしれない。

白川家で神職免許を取得した井上正鐵の門人が始めた教派が、禊教である。これらの教派の中に入っていない。明治になって、正鐵の門人たちは、坂田鐵安《かねやす》(鉄安)【15】を中心にした弟子たちと、残りの弟子たちに大きく二つに分裂し、宗教活動を展開した。鐵安は神道本局から禊教として一派独立し、ほかの弟子たちは、神道大成教に属する教会として活動を始めた。正鐵は一般民衆の救済を目指し、人々の精神的な鍛錬のために行法を考案した。禊教はあくまで正鐵の考案した精神的な鍛錬のための行法を伝えることが主眼であった。正鐵は、白川伯家が存続していた時代に宮中で伝えられていた御道を民間に広めることを目的としたわけではなかったのである。清七郎の弟子の時代になるが、後には大本教でも御道を教えたことがあるという。集団で行う鎮魂帰神の法に、御道の面影が残っているのかも知れないが、御道が深くまで伝えられていたとは思われない。

小田垣蘇堂の『元神祇官白川家所用大祓詞』の文章の中で注目すべきは「多年の修行を要し、一朝一夕の能くする所にあらざる」という言葉である。祝之神事を学ぶには、長年の修行を要し、一朝一夕には学べないという、実体験に基づく感想が述べられている。

補足

【13】神道大成教、神道修成派、神習教

これらの教派神道は、比較的教祖色の薄い教派である。神道大成教は平山省斎が、神祇の道を指導していた教会を集めて教派としたもので、傘下には正鐵の門人による教会も含んでおり、教会の独立性は高い。省斎は、御嶽教の初代管長も兼任している。神道修成派も、傘下の教会は比較的独立性が高い教派神道といえる。神習教はある程度、教祖色のある教派神道である。美作国(現在の岡山県真庭市)出身の神道家である芳村正秉《まさもち》が、安政四年(一八五七)に立教し、明治初期の神官教導職分離の時期に組織した神道教派である。当時の神社や神道のあり方に対して、問題意識を持っていた正秉が本来の神道の姿に復するために形成された。神代より脈々と流れる伝統的な神道的価値観を教義の柱としている。天照大御神をはじめとして、古典にある天津神、国津神を祀っている。

神道大成教の主祭神……大成大神(天之御中主神、高皇産霊神、神皇産霊神、天照皇大神、伊邪那岐神、建速素盞男神、大国主神の七神)

神道修成派の主祭神……修成大神(天之御中主神、高皇産霊神、神皇産霊神、伊邪那岐大神、天照大御神、天神地祇八百万神の総称)

神習教の主祭神……天御中主神、高皇産霊神、神皇産霊神、伊弉諸尊、伊弉冉尊、天照大御神、歴代皇霊神、天神地祇

【14】小田垣蘇堂

小田垣蘇堂は、本名を小田垣彦三郎という。立命館中学校長となり、後に立命館大学の講師となっ

た。『我神道と哲学及び倫理』『学事教育時代観』『明治菜根譚』『燕雀余材抄』などの著書がある。中村新子の弟子ではなく、宮内忠政の門人である。（3章4節参照）

忠政の門人となり、一年あまり忠政の側に侍《はべ》り寝食をともにした。審神者神事（祝之神事）の高等神事まで終了した。立命館中学校長、立命館大学（京都法政大学）講師、京都清和中学校主事などの職に就いた。立命館大学の講師時代に小冊子として、『元神祇官白川家所用大祓詞』を出している。

尊良《たかよし》親王の生まれ変わりと称していた三浦芳聖《よしまさ》（一九〇四〜一九七一）に国学を教えたのが蘇堂である。芳聖は愛知県豊川市生まれ、伯家の御行は行っていない。尊良親王は、後醍醐天皇の第一皇子で、鎌倉時代後期から南北朝時代にかけての皇族である。芳聖は、南朝正統の皇胤《こういん》であると主張し、神《しん》風串呂《ぷうかんろ》を串呂哲学として大成した。神風串呂は、神皇正統《じんのうしょうとう》の天皇家に極秘に伝承された霊学（神道学）のことで、単に串呂（くしろ、かんろ）とも呼ばれ、串呂哲学とも地文学《ちもんがく》ともいう。串呂哲学という名称は、芳聖が昭和三一年（一九五六）に著述した『串呂哲学第一輯―絶対真理の解明』の原稿を読んだ中根正親《まさちか》（一八九〇〜一九八四）が名付けたと言われている。芳聖は若いころ苦学して京都にある私立学校、両洋学園に進むと同時に、蘇堂に国学を学んだ。蘇堂は、芳聖をたいそう気に入り、養子の話も出たが、母親の反対より断念した。両洋学園は、正親により創立された学校である。正親は、第三高等学校、京都大学に学び、中根式速記法の創案者、斬新な教育活動に生涯を賭けて打ち込んだ教育者として知られている。両洋学園は、現在も京都両洋高等学校として存続している。（参考文献『知の探究シリーズ　日本神道のすべて』）

【15】坂田鐵安《かねやす》（一八二〇〜一八九〇）

井上正鐵の門人は、幕末以来の経緯から傘下の各教会が独自に活動しており、門弟と継承者は一つの組織にまとまらなかった。坂田鐵安は、幕末から明治期に活動した神道家。明治七年（一八七四）、身禊《みそぎ》講社内部に惟神《いしん》教会を組織した。明治一二年一二月、明治天皇から「井上神社」の社号が賜与され、井上正鐵を祭神とする井上神社を下谷西町（現在の台東区東上野）に建立した。明治一三年、惟神教会は禊教事務局から離脱し、神道大社教（後に出雲大社教に改称）所属の惟神教会禊社として独立し、下谷西町に本院を建立した。さらに明治一五年、神道本局に所属先を変更し神道禊派となり、鐵安は神道禊教長となった。明治二三年、死去。

20　和学教授所の開設

高濱清七郎は、東京で教派神道の関係者や、神伝教会で御道の指導を行っていた。深い段階まで至る弟子はなかなか育たず、不言惟神の大道、審神者古伝の神事神法を伝えることはできない。東京でも門人の指導は行ったが、それぞれに教派神道に所属している者も多かった。所属している教派の修行もあり、自分の教会のこともあり、伯家神道の御道を中心として教えるということは難しかった。門人たちも高等神事を託せるほどには、御道の修行が進まず、東京での道統の相承(後継者の育成)には限界を感じていた。御道を神伝相承するには、長い時間がかかるのである。

本格的に後世に伯家の神事や神法を伝えていくために、どうすればよいかを考えると、やはり愛媛県に住んでいる門人で、娘婿の宮内忠政しかいないと考えたのである。忠政は熱心に御道に取り組むだけでなく、高等神事を託せるほど、高く深い段階にまでいたっていた。愛媛に住んでいた忠政に、清七郎はすべてを任せる決意をした。

清七郎は、愛媛県に出向いて、忠政にすべてを伝えるために、最後の本格的な御修行の指導を行ったのではないかと思える。書いた伝書をもらえば、それで終わりではないからである。忠政に神事伝法の一切の神伝を相承させるため、愛媛県宇和島まで出向いたと思われる。あるいは宇和島に隠棲している時代に、忠政に高等神事まで伝えることができたのかもしれない。確定できる資料はないが、相承のために宇和島に赴いたと推測したのである。ある程度の期間をかけて、伯家に伝わる神事を伝法するために御道の指導をしたのではないかと推測される。ある程度の才能があり、一緒に暮らして、毎日、祝之神事の御修行に取り組めば、数か月ほどの期間で、高等神事まで体得することができると思われる。

清七郎は、明治二〇年代の始めに、忠政にまず「惟神《かんながら》神伝本部」を創立させた。惟神神伝本部を設立し数年が過ぎた明治二五年（一八九二、清七郎八一歳）六月に、忠政を初代の教授長として、神伝相承の御道を教授するための和学教授所開設させている。忠政は、愛媛県宇和島町（現在の宇和島市）に届けを出して設立した。

御道は、神事相伝審神古伝の神事伝法、皇国《こうこく》不言惟神の大道などいろいろに呼ばれても、御簾内の御行のことであり、祝之神事と呼ばれるものと同じである。宮内忠政にすべてを任せたこの和学教授所こそ、清七郎の八〇年の生涯における長年の結晶といえるものであった。

明治一六年五月に、清七郎が忠政にあてた、「心得」が残っている。ここでは、伯家神道のことを「皇道無変唯一神道」と呼んでいる。

心得

皇道無変唯一神道之儀は、我国之政本なれば、乍恐天皇は本なり、民は末なり、決て動くこと更になし、此故に民として神道之主と成、慾に各派を拡張せんとするは甚太誤なり、必ず自己之企有べからず、此旨為念心得迄申付候事

明治一六年五月一一日　　高濱清七郎

宮内忠政殿

（出典『和学教授の要旨』）

読み下し文

皇道無変唯一神道の儀は、わが国の政本なれば、おおそれながら天皇は本なり、民は末なり。決て動くこと更になし。この故に、民として神道の主となり、欲に各派を拡張せんとするは、はなはだ誤りなり。必ず自己の企て有るべからず。この旨、念のため、心得、申しつけ候事。

現代語訳

皇道無変唯一神道(いわゆる伯家神道)の儀は、わが国の政《まつりごと》の本なれば、おおそれながら、天皇は本なり、民は末なり。決て動くことは更にない。この故に、民として神道の主《ぬし》となり、欲をだして、おのれの派を拡張しようとすることは、はなはだしい誤りである。このような自己の企ては、してはならない。このむね、念のため、心得として、申しつけておく。

ここでは、伯家神道の御道ことを、「皇道無変唯一神道」と呼んでいる。本来、伯家神道の御行には名前がなかった。そのために、いろいろな呼び方が残っている。御道は、天皇のためのものであるので、自分の一派を作って、その派を拡大しようとしてはいけない。

21 高濱清七郎の逝去

幕末から明治へと、数奇な運命をたどった高濱清七郎は、東京築地において、明治二六年(一八九三)二月二八日に、享年八一歳で黄疸のため永眠した(数え年八三歳)。同年の冬は寒く、折から降った雪が早咲きの椿の花にわずかに残る、春を待つ二月の終わりのことであった。

和学教授所を愛媛県宇和島に設立し、宮内忠政に後事を託した翌年のことである。清七郎の人生は、妻子や家庭をも顧みず、不言惟神の大道、審神者古伝の神事、すめらの道、神伝相承の御道の存続のためにすべてを捧げた波乱と苦難の人生であった。清七郎は、自分が生涯を捧げた伯家の神事伝法に関するすべての後事を、娘婿である忠政に託して亡くなった。

東京都港区芝白金台の瑞聖寺に、「高濱清七郎源正一霊人」として祭られている。門弟たちによって建立された石碑があり、顕彰碑「大教正高濱清七郎神道碑」、二五祭記念碑「高濱大霊人」(大正六年建立)と記されている。提唱者として遠藤カツ、吉田彦八、小松兼吉、小松金三郎、小松安次郎の名前が挙げられている。年ごとの命日には、三田の御田八幡宮が世話役を務めて記念祭が行われている。

不言惟神の大道、審神者古伝の神事、祝之神事、すめらの道に、人生のすべてをささげた高濱清七郎は、この地に静かに眠っている。

2節　和学教授所の初代教授長となった宮内忠政

1　伊予宇和島に生まれる

宮内忠政は、幕末の嘉永年間(一九四八～一八五三)に伊予(現在の愛媛県)の宇和島藩の藩士の家に生まれている。嘉永三年ごろの生まれと思われる。宇和島藩の管轄下に宮内村(現在の八幡浜市)があったので、この村に縁がある藩士かも知れない。

幕末の宇和島藩には、幕末の四賢侯の一人である藩主、伊達宗城《だてむねなり》(一八一八～一八九二)がいた。宇和島の維新の三功臣とされているのが、林玖十郎《くじゅうろう》(一八三七～一八九七)、吉見左膳《よしみさぜん》(一八一七～一八七五)、都築荘蔵《つづきそうぞう》(一八四五～一八八五)である。宇和島藩が雄藩となるための藩政改革を推進し、雄藩連合を目指し、長州、京都、大阪を奔走したという。荘蔵は、土佐の後藤象二郎らと大政奉還を進言している。宇和島藩の藩主家は、明治一七年(一八八四)に華族に列せられ、宗城の功績を評価されて侯爵となっている。

江戸時代の宇和島藩には、藩士と庶民の入学も認める藩校があった。寛延元年(一七四八)に内徳館として設立され、文政二年(一八一九)に明倫館と改称されている。明倫館では、国学、漢学、蘭学、兵法なども教授されたという。

近くの宇和町には郷校(町民の教育を行う私塾)として申義堂《しんぎ》(後の開明学校)、伊予吉田藩(北宇和郡吉田町)の藩校として時観堂も建てられた。

若き忠政も、宇和島藩士として明倫館で学んだものであろう。忠政は藩校で学び、国学や漢学の知識、漢文の読み書きなどの基本的な教養は身に備えていた。

忠政は明治時代の初めに警察官となり、松山市の北側にある風早署の署長となっている。風早署は伊予国の風早郡にあった。風早郡は、四国の西で、北に突き出した高縄半島の西側にあり、瀬戸内海に面している。風早郡は現在の松山市に含まれているが、松山平野よりも北側にあり、ゆるやかな山地と海岸との間に平地が広がっている。(参考文献『和学教授所の起源と歴史』)

明治に入ると、藩士という地位はなくなり、宇和島藩でも藩士としては生活ができなくなった。多くの藩士は、生活のために警察官などの官僚となり、農業や商業を始めた。明治政府による警察官の募集は、明治四年以降にはじまり、二〇歳以上が応募条件であった。

明治五年ごろの忠政の年齢は、少なくとも二〇歳以降なので、二〇歳代半ばくらいの年齢であろうかと思われる。宇和島藩の進歩的な藩論の影響を受け、国学も学んだ忠政は、皇室への尊崇の思いと神祇への崇敬の念を深く抱いていた。

2　高濱清七郎への入門

宮内忠政は、高濱清七郎の神祇に関する、なみなみならぬ見識にひかれ、その門人となっている。清七郎と忠政が知り合った経緯は、今となっては、はっきりとはわからない。確定できる資料はないが、清七郎が京都で白川家の学師をしていたおり、宇和島藩士である若き忠政との面識ができた可能性もある。しかし京都時代では忠政が若すぎるので、忠政が松山の風早署に勤めていた時代に知り合い、清七郎の門人となった可能性の方が高いであろう。

明治維新によって江戸幕府が幕を下ろすと、各藩から選抜された藩兵が治安維持にあたることになったが、これは明治四年（一八七一）の廃藩置県によって廃止され、新たに邏卒《らそつ》と呼ばれる職が設置され、日本の近代警察の始まりとなった。邏卒総長となった薩摩藩士の川路利《かわじとし》良《よし》（一八三四〜一八七九）がヨーロッパ各国の警察を視察し、フランスの警察制度を参考にして、日本の警察制度を確立した。邏卒は、ほとんどが士族（旧武士階級）出身者で占められていた。それで忠政も邏卒となり、それが明治八年、巡査と改称されたころ、風早署の署長となったのであろう。愛媛県に風早郡が設立されたのは明治一一年で、明治二二年、松山市として併合された。そのころ宮内忠政が風早署の署長となったと思われる。

明治に入って、清七郎は故郷である備前を離れ、京都時代の知り合いを頼って、四国の伊予

（現在の愛媛県）に、妻子を連れて身を寄せたもようである。清七郎は、すでに六〇歳を過ぎたくらいで、伊予松山藩か宇和島藩の藩士に知り合いがいたと思われる。しばらく伊予に滞在していたようである。清七郎は、この松山に隠棲していた時代に、松山の風早署の署長をしていた忠政と知り合ったと思われる（京都で知り合った可能性もある）。

⓫ 忠政、清七郎を訪ねる

皇室と神祇への尊崇の念を深く持っていた宮内忠政は、神祇伯白川家の学師となり、神祇への崇敬と尊王攘夷の思想を説いていた高濱清七郎のことを知り、御道の門人となった。清七郎は、白川家の学師を努めていただけのことはあって、呉服商であったとは思えないたたずまいをしており、神祇と皇室への深い崇敬の思いだけでなく、何か計り知れない深みが感じられた。暑さも厳しい晩夏、午後の日差し輝く武家屋敷の道の両脇につづく生垣に、蔓となった赤橙色の凌霄花《のうぜんかずら》の花が幾重にも咲き誇っていた。梅雨も終わり、凌霄花の花咲けば、忠政は子供のころから好きだった夏の盛りを思い出すのである。松山の風早署の署長をしていた忠政は、生垣の傍にたたずむ清七郎を見つけ、手拭いで汗をぬぐいながら、清七郎の方へ歩を進めて近より、声をかけてみた。

「高濱さんですね。はじめてご挨拶いたします。私は風早署の署長をしている宮内と申します」

「はじめまして、宮内署長。どうされましたか」

「少しお聞きしてもよろしいでしょうか。聞くところによると、京都では呉服の商いをなさるかたわら、神祇伯白川家で学師としても、神祇についての講義や指導をなされていたとも聞きました。どんなことをされていたのですか」

「宮内署長、そのような話をどこでお聞きになったのですか」

「いや実はですね。あなたには、妙にほかの人とは、違う雰囲気を持たれているように感じるのです。そこで京都の藩邸にいたという、知り合いの宇和島藩の元藩士に聞いたのです」

「いえ、私はたいしたことはありません。呉服商をやりながら、神職としての作法の勉強もしたというだけですよ」

忠政は暑い日差しをさえぎりながら、深い趣をたたえた、しわが刻まれた清七郎の顔をみつめた。凌霄花の花が輝いてみえた。

「高濱さん、暑い日が続きます。生垣に凌霄花の花が咲いていますね。凌霄花の花は、夏を思い起こさせます」

「高濱さん、何か白川家では宮中に関係した秘密の御修行をなされているという話も聞きました。こんなことも少しだけですが、漏れ聞こえてきています。高濱さん、どうでしょうか。もう少し詳しくお話し願えませんか」

清七郎は、忠政の真摯な態度と願いに心動かされて、話してもよいかも知れないと思った。

「そこまで言われるのでしたら、もう少しお話いたしましょう。実は白川家を中心として御所では、神伝相承の御道と呼ばれる秘密の御行が伝えられていたのです」

「それは興味深いですね」

「宮中で行われる祭祀の準備としての御修行です。本来は御修行に熟達した者が、祭祀を担います。御修行、神伝相承の御道と言いますが、御道の指導をしておりました。これまでの長い歴史の中でも、一切口外無用とされている秘密の御修行です。そのため具体的な御道の話まではできないことになっています」

清七郎は宮中で秘密とされてきた御道について、どこまで話してよいものか、考えあぐねながら、宮内の顔を覗き込んだ。青空に生垣の緑がまぶしい。

「そうですか。それはとても残念なことです。どうしたらお話していただけるのですか」

「門人になれば、御道の各段階で可能な話ができるようになります。門人として認められるにも、御道に参加している者からの推薦が必要だったのです。宮内殿はお若いですが、そういう御修行に興味がおありなのですか」

忠政は、日差しをさえぎるように、顔の前に手をかざして、額の汗をぬぐって、再び清七郎の顔を見つめ返した。凌霄花の花が微笑んでいるように、わずかな風に揺れていた。

「神道の勉強をしようと考えて、山崎闇斎《あんさい》の垂加神道【16】を学んだことがあります。しかし伯家の御行は、理論的な神道思想ではありませんね」

「そのような御修行があることなど、まったく考えても見ませんでした。神祇や皇室には、崇敬の念を持っています。神様は本当におられるのでは、といつも感じています。どうしたら神様にもっと近づけるものかと思っています。神伝相承の御道というものは、どのような御修行なのですか」

忠政は清七郎の話に心ひかれ、身を乗り出すように聞き入った。凌霄花の橙色の花が、夏の日差しにあざやかに輝いていた。

「そうです。神伝相承の御道については、一切外部に口外されたこともなく、門外不出とされていますから、文献にはっきりとは記述されたこともないのです。門人以外には、これ以上は詳しく話せないのです」

「そのことはわかりました。門人のことも考えてみたいと思います。外部に話せる部分があれば、ぜひお聞きしたいと思います。都合のよろしいときに、自宅によらせて下さい」

忠政はきらめく日差しを浴びながら、日をあらためて清七郎のもとをまた訪れようと心に深く思った。

「話は変わりますが、一緒に連れていらした娘さん、高濱さんの娘さんですか。ぜひ、また一緒に連れてきてください。何かくだものでもお持ちしますよ」

清七郎が連れていた娘のことが、忠政の心から離れなかった。

伊予松山の風早で、田舎屋敷の続く道、夏の日差しの中を歩き去る清七郎の後姿を、忠政はしばらくの間、見送った。昼の太陽の輝きが目にまぶしく輝いた。

忠政は清七郎の門人となり、仕事の合間を見て、時間の許す限り、熱心に御道に取り組むこととなった。忠政は、幕末の神道思想を学んでいた形跡が伺える。京都が山崎闇斎の活動した場所であるので、京都にいる折りに、垂加神道を伝える闇斎の弟子たちに学んだことがあるのかもしれない。

補足

【16】山崎闇斎(一六一九～一六八二)と垂加神道

山崎闇斎《あんさい》は、江戸時代前期の儒学者であり、神道家でもある。闇斎は号である。闇斎は、朱子学だけでなく神道についても論じ、吉川惟足《これたり》の吉川神道を発展させて「垂加神道」を創始した。闇斎の思想は、水戸学・国学などとともに、幕末の尊王攘夷思想（特に尊王思想）に大きな影響を与えた。垂加神道は、吉川神道を始めとする神道の諸教説を学んだ闇斎が、吉川神道の流れを発展させ、朱子学、陰陽学、易学を取り入れ、神道の集大成として完成させた。臨済宗の僧侶であった闇斎は、儒教を学ぶがあきたらず、度会延佳《わたらいのぶよし》と大中臣精長《おおなかとみきよなが》から伊勢神道を学んだ。さらに惟足に師事し、吉川神道の奥義を伝授された。垂加とは、惟足が闇斎に贈った号である。

垂加神道は、天照大御神に対する信仰を、大御神の子孫である天皇が統治する道を神道であるとしている。天皇への信仰、神儒の合一を主張し、尊王思想の高揚をもたらした。「敬」を最も大切な徳分とし、天地と合一できる「天人唯一の理」を唱えた。垂加神道は、尊王思想や国粋主義思想に大きな影響を与えた。垂加神道から、竹内式部や山県大弐のような熱烈な尊皇家を輩出している。

3　高濱清七郎の娘との結婚

高濱清七郎は、長女である娘タケエ（タケ、多計子とも）を門人である宮内忠政に嫁がせることにし、明治一〇年代（一八七七年以降）に二人は結婚している。

清七郎の年齢は、六〇歳代半ばである。忠政が愛媛県松山の風早に住んでいた時代に、清七郎が娘タケエとの結婚を進めたのである。

⓬忠政とタケエの結婚

秋も押し迫った晩秋のこと、高濱清七郎は、愛媛（宇和島、あるいは松山）で屋敷を借りて、そこの一〇畳ほどの座敷で、数名の門人に御取立《おとりた》て（御行の指導）を行っていた。数は多くないが、この地でも御行を習いたいという人間がいた。門人となって、御道の修行に取り組む者が少数ではあるが、いたのである。

御取立ての後、座敷で二人きりになったおり、新しく門人となった宮内忠政に話しかけた。障子には晩秋の弱い日の光が、わずかにかげっていた。

「宮内さん、御修行にも近ごろは、熱心に取り組んでおられるようで、いつも感心しています」

「宮内さん、うちの娘のタケエを嫁にもらってくれんか。ああ見えても気立てもよく、なかなか性格の良い、気立ての良い娘です。どうだろうか」

「高濱先生、私でよければ、ぜひタケエさんを嫁にもらいたいと思います。娘さんは器量もよいし、気立てもよいように思います。よろしくお願います」

「なにしろ妻にするには、何より気立ての良い娘でなければいけませんよ。気立てが良くない娘と結婚したりしたら、それはそれは大変な苦労を背負い込むことになります。女は気立ての良いことが、妻にするには何より一番大切なことです。こういうのもなんだが、うちの娘タケエは、性格も良くて、なかなか気立ての良い娘に育ってくれたと思っています」

秋の紅葉の葉がさらに赤く染まり、いくぶんか散り始める初冬に差し掛かるころのこと、二人は宇和島で式を挙げることにした。

忠政は明治一〇年代に、清七郎の娘、タケエと結婚することになったのである。

4 神祇道の布教

宮内忠政が高濱清七郎の娘と結婚し、神伝相承の御道の御修行に励んでいたころは、明治一〇年前後、三〇歳代の五年余りのことと思われる。清七郎は、明治五年(一八七二、清七郎六一歳)から明治一五年にかけて、五年から一〇年の間、愛媛県(松山市、風早郡、後に宇和島町)に隠棲している。清七郎は、自分の活動拠点を天皇陛下のおられる東京に移そうと考えていた。清七郎は、遅くとも明治一五年には、愛媛を離れて東京に移り、活動を始めている。このころに忠政が清七郎宛に書いたのではないかと思える「御誓書」が残っている（高濱政一とあるが、清七郎のことである。清七郎は政一と名乗ることもあった）。

御誓書

一、神道修業の儀は、皇国の御国体をも覚知する貴重の事に候條、真に敬神愛国の義理と相弁《あいわきま》へ候、忠君着実の者の外、取立申《とりたてもうし》間《ま》敷《じき》候《そうろう》事《こと》

一、身濯《みそぎ》修行の儀は、神係たるものの、一日も怠るべからざる儀に付、内国人民志願のものに限り、一週間又は二三週日の身濯を差許し、身祓いを修行せしむること、御許容《ごきょよう》相蒙度《あいこうむりたく》候事

一、天理人道を犯せし心罰より発って疾病に罹り、愚にして祖先遺訓の家業を失却し、及破産に至らんとする場合、自ら省悔の意を表し、神門人願出る者ある時は、其事実に依り、祈祷の情願御許容相蒙度候事

右

天神地祇に誓ひ伝導布教教仕候條依如攬件

宮内忠政

高濱政一殿

（出典『和学教授の要旨』）

明治一五年に宮内忠政は、御道の門人を集めるために、神道の教導職として神祇道の布教を試みた形跡がある。神道修成派の教導職として、宇和島からほど遠くない高知県の中島町方面へ出向き、神祇道の布教をしていたという記事がみえる(参考文献『高知近代宗教史』)。このことから、同年にはすでに風早署を退職して、家族とともに郷里の宇和島に移っていたと考えられる。教派神道の教導職になり、清七郎から伝えられた神伝相承の御道を残していく方法を真剣に模索し始めたのであろう。

明治時代の始め、神祇道(神道)を布教するには、教派神道に所属して神道教師(教導職)になる必要があった。神道修成派は、教祖色の比較的薄い教派神道である。忠政は、神道修成派の教導職となり、義父より託された不言惟神の大道、審神者古伝の神事(御道)の門人を募ろうと、一般民衆へと布教したものと思われる。中島町方面まで出向いての布教は、あまり効果があったとは思われない。神祇伯白川家や伯家神道のことなどがそれほど知られていない田舎では、御道を学ぶ門人を募ることは難しいことであった。

当時、神社が神道の講習や布教活動を行うことは禁止されている。神社は、あくまで国家が祭祀を司るところとされた。明治になると神社の管理体制が大きく変えられてしまい、数百年続いた古くからの神社の伝統が失われたところも数多くみられる。

明治政府は、神道事務局を設けて、民衆信仰的な宗教者を所属させ、信者数など一定の条

郵便はがき

恐縮ですが切手をお貼りください

1 0 1 0 0 5 1

東京都千代田区神田神保町3-2
高橋ビル2階

株式会社 太玄社

愛読者カード係 行

フリガナ		性別
お名前		男・女

年齢	歳	ご職業	
ご住所	〒		
電話			
FAX			
E-mail			
お買上書店	都道府県	市区郡	書店

ご愛読者カード

ご購読ありがとうございました。このカードは今後の参考にさせていただきたいと思いますので、アンケートにご記入のうえ、お送りくださいますようお願いいたします。

●お買い上げいただいた本のタイトル

●この本をどこでお知りになりましたか。

1.　書店で見て
2.　知人の紹介
3.　新聞・雑誌広告で見て
4.　DM
5.　その他　(　　　　　　　　　　　　　　　　　　　　)

●ご購読の動機

●この本をお読みになってのご感想をお聞かせください。

●今後どのような本の出版を希望されますか？

購入申込書

本と郵便振替用紙をお送りしますので到着しだいお振込みください（送料をご負担いただきます）

書　籍　名	冊数
	冊
	冊

●弊社からのDMを送らせていただく場合がありますがよろしいでしょうか？

□はい　　□いいえ

件を満たした教派を独立教派として公認することにした。明治政府の宗教行政で、明治時代に、教派神道として、一四派が公認された。神道大教、黒住教、神道修成派、神宮教、出雲大社教、扶桑教、實行教、神道大成教、神習教、御嶽教、神理教、禊教、金光教、天理教で、教派神道連合会に所属する教派神道は一四派となった。

明治三二年に、神宮教が神宮奉賛会となり解散し、教派神道連合会に所属する教派神道は一三派となった。

太平洋戦争後は天理教が教派神道連合会から外れ、代わりに大本教（大本）が教派神道連合会に入った。教派神道と一括して呼ばれるが、教祖の影響が強い教団、それほど強くない教団、ほとんどない教団など、その教派としての性格は異にしている。神道関係の教導職（教師）を集めるために作られた教団もある。

教派色がそれほど強くない教団は、神道大教、神道修成派、神道大成教である。神道修成派、神道大成教は、それぞれ教祖となる人はいるが、教導職を集めて活動の場を与えるという意味合いも強く、祭神を見ると共通する神名が多い。造化三神（天御中主神、高皇産霊神、神皇産霊神）、天照大御神などを祀っている。

神習教はそれほど強くはないが、教祖色がある程度はあるような教派神道である。

神道修成派は、明治六年に「修成講社」の創立が教部省より許可され、明治九年に神道修成派として独立した。初代管長は新田邦光《にったくにてる》で、『古事記』『日本書紀』に由来した神道神学の神髄である「修理固成光華明彩《しゅうりこせいこうかめいさい》」の教法によって開教したという。儒教的な倫理が、教義に強く反映している。民間の宗教者として活動していた人を、教導職として傘下に含めたこともあり、教派色は比較的薄いといえる。

神道大成教は、平山省斎によって組織されたもので、神儒一致の思想にもとづく教えで、西洋の学術も取り入れ、国体の尊厳と国民道徳を維持しようとする教派として成立した。民間の宗教者として活動していた人を、教導職として集めようとした。井上正鐵の門人の起こした教会も含まれ、独立性が高く、教団全体としての縛りはあまり強くない。省斎は元幕臣であったが、氷川神社の大宮司となり、神道大成教と御嶽教の初代管長となっている。

神道大教は、一番教派色が薄いと言え、明治政府が明治五年に神道の総本山とすべく設けた大教院を継承した神道本局(神道事務局)がもとになっている。戦後、教導職を管理し、宗教行政を行っていた神道本局が独立して、教派神道となったものである。神道大教では、天之御中主神、高皇産霊神、神皇産霊神の造化三神を主神として奉斎しており、神道大成教、神道修成派、神習教の主祭神と重なっている。

5 娘の誕生

宮内忠政が高濱清七郎の娘と結婚し、御道の御修行に励んでいたのは、三〇歳代のことで、明治一〇年前後の五年余りの期間と思われる。

清七郎は、明治一五年ごろまで、愛媛県の松山、風早郡、宇和島町に滞在していたようである。明治二〇年ころ、忠政が風早署を退職し宇和島に戻ってから、三〇歳代半ばから四〇歳くらいに、娘である宮内新《みやうちしん》(後の中村新子)が生まれている。「新子《しんこ》」と呼ばれることが多いが、戸籍名は「新《しん》」である。なお長男として忠義がいたということであるが、御道の伝承には、ほとんど携わっていない。

⓭ 新子の誕生

みぞれ降る厳しい冬も遠くに去り行き、雪柳の白い花が咲きこぼれる晩春のある日、心待ちにした娘が妻タケエに生まれた。宇和島の、午前の日は、まだあまり高くは上っておらず、いくぶんか外を吹く風は肌寒く感じた。

用事で町中へ出かけていた宮内忠政は、武家屋敷の並びにたたずむ玄関から家の中に入ると、奥座敷に寝ているタケエの所へ行き、声を掛けた。

「タケエ、ようやく娘が生まれたな」

「あなた、わたしも娘が欲しいと思っていました」

「娘の名前は、新しいと書いて新《しん》でどうだろうか。これからの世の中を新しくするという意味をもたせようと思ったのだ」

「そうですか。わたしもよい名前だと思います。あなた、娘はその名前にしましょう」

その夜、東京にいる義父、高濱清七郎に知らせようと、忠政は棚から硯《すずり》を取り出し、筆で知らせの手紙を宇和島からしたためた。

障子の外には、雪柳の花が白く咲き誇っていた。


このころに忠政が書いた『神伝相承部由来』に、伯家神道の十種神宝御法のいわれが書いてある(参考文献『和学教授の要旨』)。

神伝相承部由来
吾神道は、旧神祇官白川伯王家伝統にして、即ち親高濱清七郎源政一、旧神祇伯王白川家学頭として伝奏回達相務、引岐目鳴弦の御法、及び十種神宝御法に至るまで御奏伝を受、内侍所並に神祇官御免状内侍所御印書まで所持致し、猶人民の疑惑を解為め、明治一六年六月、内務省へ伺陳の上神伝相承部と名称を許可に相成、日夜神務に従事罷在候間、神祇道御不案内の諸子は、御入門に相成候得ば、神祇道を教並に神理講究示授可致候事

明治一七年一〇月

宮内忠政

（出典『和学教授の要旨』）

現代語訳

吾神道は、旧神祇官白川伯王家伝統にして、すなわち義親である、高濱清七郎、源政一、旧神祇伯王白川家学頭として、伝奏回達をあいつとめ、引岐目鳴弦の御法、及び十種神宝御法に至るまで御奏伝を受けた。内侍所並に神祇官御免状、内侍所御印書まで所持いたして、なお人民の疑惑を解くため、明治一六年六月、内務省へお伺いを立てた上、神伝相承部と名称を許可していただいた。日夜、神務に従事し罷在候間、神祇道御不案内の諸子は、入門したならば、神祇道の教えを受け、ならびに神理を講究して、学ぶことができる。

6 和学教授所の愛媛での設立

高濱清七郎は、東京で教派神道の人たちに伝えても、体得するためには長い時間がかかり、一生懸命に御道に取り組む人が現れないのを憂えていた。教派神道の人に伝えるだけでは、御道を存続させていくのは難しいと感じていた。娘婿の宮内忠政に神事伝法の一切を伝え、後世に残していけるようにしようと考えたのである。

清七郎は、忠政に宇和島で「惟神《かんなが》神伝本部」を創立させた。これが和学教授所の前身となるものであった。愛媛県においての惟神神伝本部の設立は、明治二〇年代の始めであろう。このころには忠政は、風早郡から郷里である宇和島へ帰って生活していたと思われる。

惟神神伝本部を創立して、しばらくしてから、清七郎は忠政を初代教授長として、和学教授所を忠政に設立させている。和学教授所は、皇室に秘かに伝えられた不言《ふげん》惟神の大道、審神者古伝の神事を教授するための教授所である。

和学教授所は、明治二五年五月に愛媛県知事宛てに届けを出し、六月に愛媛県宇和島町（現在の宇和島市。本町二丁目とあるが現在の町名は不明）に正式に設立が許可されている。不言惟神の大道、審神者古伝の神事、すなわち御道を残し伝えるための教授所であった。御道は本来名などなく、神事相伝《そうでん》審神古伝の神事伝法、皇国《こうこく》不言惟神の大道など、いろいろな呼び方で呼ばれている。

忠政が明治二五年六月に書いた和学教授所設立にあたっての「宣言」が残っている。

宣言

今般和学教授所本部並に和学修行所を、伊予国宇和島本町二丁目に創設し、我国に固有する神事惟神相伝を教授し、国家一般の裨益を料《はか》らんとす、有志の諸君続々来会勉励せられん事を望む。

明治二五年六月四日　宮内忠政

（出典『和学教授の要旨』）

清七郎が愛媛県で、忠政へ指導を行っていた御道は、かなり高い段階まで進んでいたはずである。とはいえ、忠政に高等神事などのすべてを伝えるためには、清七郎は東京から愛媛県まで出向き、しばらく生活をともにすることが必要であったろう。

明治時代の東京と愛媛との行き来は、今のように便利な鉄道も飛行機もなく簡単なことではない。明治二二年に、新橋―神戸間の東海道線の全線が開通しているので、この区間は鉄道を利用できた。まだ船を利用しての旅も多かったので、船を利用したかも知れない。頻繁に行き来をすることはできず、清七郎は、御道を伝えていくためにしばらくは忠政と一緒に暮らす必要があったはずである。

先にあげた小田垣蘇堂の『元神祇官白川家所用大祓詞』の中には、「多年の修行を要し、一朝一夕の能くする所にあらざる」という言葉がある。祝之神事を学ぶには、長年の修行を要し、一朝一夕には学べないという、実体験に基づく感想が述べられている。御道を学ぶということは、祝之神事の御修行を数回受けた(御取立て)、あるいは伝書をもらった、というだけでは不可能である。神伝相承の御道は、長年の修行が必要で、とても一朝一夕に学ぶことなどできるものではないのである。

神伝相承の御道の修行を行うことを、御取立てという。高等神事に至るまでには、少なくとも数十回から数百回くらいは、御取立ての体験が必要であろう。自分の御取立てだけでなく、柱人として、ほかの門人の御取立てに参加することも必要である。ほかの門人の御取立てに参加することによって、神伝相承の意味が初めてわかる。御取立てを毎日一回とするならば、一か月で三〇回となる。毎日二回とするならば、一か月で六〇回の計算になる。一日に行える御取立ては、二回から、多くても四回くらいが限度である。御取立てが数百回になるには、寝食を共にし、毎日、御修行を行うとしても、数か月ほどの期間は必要になる。

明治初めに、清七郎が愛媛にいたころ、門人となった忠政のために御道の指導(修行)に取り組んでいる。愛媛にいたころ、御道の段階がある程度は進んでいたはずであるから、そこまで長い期間は必要なかったかも知れない。とはいえ数か月は必要だっただろう。

⓮清七郎の思い出

宮内忠政は、まだ肌寒い早春の水仙の黄色い花を見ると、宇和島に帰ってきた高濱清七郎と二人で、宇和島城の天守閣を見ながら歩いた思い出を思い出した。

宇和島城の天守は、鶴島城と呼ばれる秀麗な天守で、当時のまま現存する貴重なものである。初めて天守が建造されたのは慶長六年(一六〇一)に、藤堂高虎《とうどうたかとら》による築城とされている。随所に築城の名手と言われた高虎の工夫が見受けられる。高虎が今治に転封となってのち、奥州仙台藩主、伊達政宗の長子であった秀宗が宇和島に、元和元年(一六一五)に入城し、二代城主の宗利の時、天守以下城郭の大修理を行い、寛文一一年(一六七一)に完成したものである。

二人が歩く道端には、早春の黄色い水仙の花が咲きかかっていた。

「忠政さん、私ももう七〇を過ぎました。いつお迎えが来てもおかしくありません。私は皇室に何とかして御道をお返しし、宮中で伝承していくことを願っていました。今の文明開化の時代では、宮内省もますます西洋化の波の中にあり、ヨーロッパの王室や皇室に習おうといます。このありさまでは、神祇と一体になろうとする御道が入る余地は、ほとんどありません」

先を歩いていた忠政は、苦難の道を歩んできた清七郎のしわが刻まれた顔を振り返った。清七郎は、日の光にきらめく木々の下を歩きながら、話をつづけた。

「神と歩むことを忘れた国家になってしまうか、これからの日本、国家百年の将来のことを憂えています。それで畏れ多いことではあるが、神伝相承の御道を民間に伝承して、残していくことを決意しました」

忠政は歩みを止めて、義父《ちち》を振り返り、その思いを受けとめて、期待に応えようと思った。

「御道を東京でも伝承していきたいと考えましたが、東京で受け継いで行くのは難しいと思うようになりました。忠政さんに、知っている限りの正当な御道を伝えたい。宇和島に戻ってきたのは、そのためです。皇室に伝わった御道を後世に残していくために、惟神神伝本部を設立してください」

忠政は、義父の皇室と神祇に寄せる深い思いに、心を動かされ、心中秘かに決意するものがあった。

「お父さん、東京ではやはり難しいのですか。私も御道を残していきたいと思っています。やればやるほど貴重なものだと思うようになりました。お父さんの願いはわかりました。惟神神伝本部という名前で教会を設立したいと思います」

「宮内さん、ありがとう。東京でも熱心に御道に取り組んでくれている門人もいます。でもね、御道の習熟には長年の修行が必要です」

「東京の門人は、御嶽教などの教派神道に所属しています。それはかまわないのですが、どうしても御道だけを受け継ぐというわけにはいきません」

「忠政さんに神事伝法を伝えて、残していけるようにしたいのです。そのために帰ってきました。もう宇和島まで帰って来られないでしょう」

「忠政さんは、御修行の段階がだいぶ進まれています。もう少しで高等神事にまで行かれるでしょう。言葉なき神の声を読み取ってください」

「わかりました。私もそのつもりでいます。できるだけ真剣に取り組みますので、ご指導をお願いいたします」

清七郎はたった一人になっても、御道を残そうと決めた苦難の数十年の月日が懐かしくも思い出された。妻に先立たれ天涯孤独の身となっても、御道のために頑張り続けた日々であった。

「御修行に取り組むのは大変でしょうが、このたび神事伝法を一切伝えたいと思います。どうか頑張ってください」

「自分の御修行だけでなく、門人の御取立ても経験しなければ、御道は受け継げません。神事長として、できるだけ多くの御取立てをしてください。その経験が指導に役立ちます」

「今の門人の御修行を見て、どう思いますか」

「門人はまだ少ないのですが、今の門人では、片山さんはかなり段階が進まれているでしょう。もうすぐ高等神事にまでいけるのではないでしょうか」

「それは期待できますね。高等神事に到達している門人がいれば、何かわからないことがあれば、神への問いかけもできるようになるでしょう。もう少しで高等神事まで体得できるでしょう」

宇和島城の天守閣をふと見上げると、青空のなかにそびえる壮麗なたたずまいに心を奪われた。天守閣が明治になっても、壊されずに残ったように、御道もどんなことがあっても残していこうと心に誓った。

水仙の花咲くころは、忠政の胸の中には、宇和島城の凛とした姿とともに、黄色い花の香りとともに懐かしくも、皇室への思いと、神々への気概にあふれた義父の思い出がよみがえってきた。

清七郎が「皇国不言惟神の大道」「神事相伝審神古伝の神事伝法」と呼んだ御道を残すために、

忠政に「惟神神伝本部」を創立させた。これが和学教授所の前身で、明治二〇年代初めのことである。明治二五年（一八九二）、四〇歳代半ば、愛媛県宇和島で、愛媛県知事に忠政を教授長とし、同年五月二五日届出をし、六月四日に和学教授所の設立が認められた。清七郎は、和学教授所を設立してから、一年後の明治二六年に、一切の後事を忠政に託したうえで、東京で八三歳（数え年）で永眠している。

忠政は、和学教授所は、旧神祇官統領白川伯王家に伝えられた御道を伝えるためのもので、その役割と自身の御道への取り組みの心構えを新たにしたのである。少し古めかしい言い方ではあるが、日本における国の基礎（皇国国体の基礎）である神祇の道、すなわち惟神なる古伝神事（十種神宝御法、祝之神事）の実践実行を目的とした教授所として発足したのである。忠政は、清七郎の遺志を継ぎ、愛媛県で神伝相承の御道を継いでいくための和学教授所を設立した。神伝相承の御道の御修行に取り組む門人を育成し、後世に御道を神事相伝していくことにした。忠政は、祝之神事を義父より長きにわたって学び、義父からの各種文献、資料なども、すべて譲られたと伝えられる。

和学教授所を宇和島に設立し、門人を集めて育てようと努力した。明治の愛媛県では、宮中の奥深くに秘められていた伯家神道の御道といっても、興味を持つ人も少なく、なかなか門人が集まらなかった。伯家神道の御道に興味を持ち、御行に取り組む門人を集めるのは容易なことではなかったが、愛媛時代の門人の中にも、御道に興味を持ち、熱心に取り組んだ者もいる。片山源栄【17】は、御修行に熱心に取り組んだ門人の一人である。

補足

【17】片山源栄

片山源栄は、宮内忠政の愛媛時代の門人である。風早郡の藩士の出身ではないかと思われる。忠政は愛媛県警察風早署の署長をしており、源栄は県警察の忠政の後輩である。その時代に御道の修行に取り組んだものであろう。忠政の死去後、中西盾雄が和学教授所の教授長となり、源栄は、その盾雄の死去後に和学教授所を預かり教授長となって、和学教授所の本部を、京都から松山に移している。

7 和学教授所の京都への移転

和学教授所を設立した愛媛県の宇和島では、御道に興味を持つ人も少なく、門人を集めるにしても限界があった。宮内忠政は、人々に御道について説明しても、なかなかその重要性が理解してもらえないことに悩んでいた。とてもここでは、門人として御道の継承者を養成することは難しいのではないかと考えるに至ったのである。

⓯忠政、京都へ

玄関を出てみると、霜柱の浮き上がった地面が見えた。まだ肌寒い冬の終わりのことであった。宮内忠政は、歩きながら妻に話しかけた。

「宇和島ではどう頑張っても、御道の門人を集めることは難しいように思う。いっそのこと白川家のあった京都で、御道の門人を集めたいと考えている。京都なら皇室に伝わった御道を理解してくれる人もいて、門人がもっと集まるのではないかと思う。タケエ、この際、家族ともども京都に住んだらどうかと思っている。亡くなった義父さんも、もし生きていれば和学教授所を京都に移すことに賛成してくれると思う」

「娘の新も、もうすぐ高等小学校を卒業するので、京都に引っ越すには、ちょうどよい時期ではないかと思っているのだが、どうだろうか」

「お父さんも御道を残すために頑張って、東京で亡くなりました。宇和島にいなければならない理由は、特にありません。京都が良いと考えるのでしたら、京都へ家族ともども、引っ越してかまいません」

「ありがとう。そう言われると助かる。知合いの宇和島藩の藩士に頼んで、京都に住みかを探してもらおうと思う」

忠政は京都に和学教授所を移し、神伝相承の御道を残していくことを、心に深く決意した。こうすることが、亡き高濱清七郎の意思であると感じていた。

霜の降りる寒い日も、もうすぐ終わりだ。屋根から下がるつららも、強くなる日差しに溶けてしまうだろう。早春の日差しが輝くころになると、二人が歩くあぜ道にも、つくしの穂が出始めることだろう。

忠政は、御道を後世に伝えるにはどうしたらよいのか、考えあぐねていた。御道の門人を集め、継承していく方法を考えて、一つの結論へと至った。和学教授所を、皇室とそこまで縁の深くない宇和島に置いて御道の門人を集めるのではなく、神祇伯白川家が八百年続き、江戸時代まで皇居のあった千年の都、京都へ移して継承していくことに決めたのである。

明治二三年の第二次小学校令では、義務教育である尋常小学校の修業年限は三、四年、高等小学校の修業年限は二年、三年、四年となっていた。ちょうど娘の新が一二歳となり、高等小学校を卒業するところであった。娘が高等小学校を卒業する時期を待って、京都へと引っ越したものであろう。宇和島に和学教授所を設立してから七年後の明治三二年、五〇歳ごろに至り、忠政は白川家発祥の地である京都へ移り住むことにし、和学教授所を宇和島から京都へと移転させた。京都に移転した和学教授所は、ちょうど京都御所の西側にあたり、現在の京都府庁のすぐ西（上京区小川通出水上ル）である。

8 和学教授所の京都での活動

宮内忠政は、京都御所の近くに和学教授所を構え、教授所長として門人を育てていくことにした。門人には、話を聞きつけた神社や神道の関係者、軍の将校、経済界の重鎮などもおられたという。忠政は、もっぱら神伝相承審神《そうしょうさにわ》古伝の神事伝法（祝之神事）により、惟神《かむながら》なる大道、すなわち御道の実践と実行を門人たちに教授したという。惟神神伝相承の御行を行い、御道を伝え残すために門人（学徒）を教育した。京都に移した和学教授所で、忠政が門人を指導したのは、亡くなるまでの四年余りの短い期間であった。

忠政が京都に住み始めてしばらくたったころ、書生として小田垣彦三郎（小田垣蘇堂）が一緒に住むことになった。高濱清七郎の門人であった占地無為平から、彦三郎を紹介された。学生であった彦三郎が、忠政の家に住み込むことになったのである。無為平は、『古事記』と易の研究をしており古典への造詣が深く、その見識は忠政も認めていた。一年あまりの間、彦三郎は忠政と寝食をともにし、書生として手伝いながら御修行の指導を受けたのである。

⑯ 忠政と彦三郎

初冬の小春日和、近くの京都御苑を小田垣彦三郎とともに訪れてみた。京都御苑は、江戸時代には京都御所の周りに、二百もの宮家や公家の邸宅が立ち並んでいた町の跡である。明治になって、邸宅は取り壊され、公園として整備された。苑内には百年を越える樹林が育ち、旧公家屋敷跡や庭園等歴史的遺構が点在している。苑内の出水の小川を二人で歩いていると、御所の方からは神聖な波動が感じられた。少し道を外れ、林の中へ入ってみると、丈の高いケヤキ(欅)の葉もすでに散っていた。宮内忠政は、義父、高濱清七郎から学んだ不言惟神の大道、審神者古伝の神事を、再びこの地に根付かせるために、京都の地へとやってきた。御所の近くに教授所を開いたのである。

「小田垣君、京都御苑の森の中は、神聖な神々の息吹が感じられるね」

「ほんとうにそうですね。ここはすばらしい場所です。宮内先生、この御道はどのような意味があるものですか」

「小田垣君、君もこの御道を深めていけば、その意味がわかってくるよ。言葉で説明してもわかるものではないのだよ」

初冬の光の中で、風にゆれるクス（楠）の葉がなつかしい。クスの樹は、なつかしい子供時代の鎮守の森での思い出を呼びさます。彦三郎は、いつも疑問に思っていることを忠政に聞くことにした。

「先生から指導を受けても、なかなか御修行が進まず、自分には才能がないのかと悩んどりました」

「そんなことはない。誰も最初から自分が何をやっているのかわかる者などいないのだよ。御修行が深まってくれば、自然とわかってくるものだ」

「御道は習熟するには、長い時間がかかるもので、一朝一夕に学べるものではないのだよ。君も何回も何回も御行を受けて、自分で体得するようにしてください」

その言葉を聞き、彦三郎は、御道にさらに熱心取り組もうと思ったのである。

小春日和の木漏れ日を浴びて、二人は白川家のことを思いながら、苑内の小道を御所の方へと歩いていった。まだ風は冷たいが、もう少し経つと出水の小川には、ロウバイ（蝋梅）の黄色い花が見られることだろう。

彦三郎は、忠政について「無二の偉雄、実験家」という評を述べている。忠政は、神道への見識も深く、何か不審なことがあれば、神にただすことができる境地、高等神事を行うことができる境地にまで至っていたという。
忠政は、門人に対しては問われれば答えるが、問われなければ答えなかった。御行の指導においても、無駄な話をしない寡黙な人物であったと思われる。そのため記録は断片的ではあったが、神事に関しては、ほとんど余すところなく書き残したという。忠政が、京都に移った後の明治三五年（一九〇二）に書いた和学教授所設立の「趣意書」が残っている。

趣意書

我国の神社は、人皇一〇代崇神《すじん》天皇が、皇女豊鍬入姫命《おうじょとよすきいりひめのみこと》をして、大和笠縫邑に斎宮《さいぐう》せられたるが本源にて、日本神事は、女を以て斎主《さいしゅ》とするが古実なり、又神道と云う名義の起りしは、人皇三二代用明天皇の皇子厩戸皇子《うまやどのおうじ》が、仏道に帰依せられ、十七憲法を撰定せられたるに依り、ここに始めて仏道に対して神道と云う名義の起りし事にて、其の実は、我国は惟神の道と云う皇道の連綿とあるが故に、異国の仏道に対して神道と云う名義の起りたる事なれば。方今世上に行はるる宗教の名目に成るべき筈《はず》の名義に非ず、といふ証明と、神事の実践実行を以て、我国神道の名誉の恢復《かいふく》をなさんが為に、惟神神伝相承和学教授所有志会を組織し、真正着実、勤王愛国の義士と共に、皇道の隆盛を保護し奉るが趣旨目的なり。

明治二五年六月

和学教授所長　宮内忠政

（出典『和学教授所の起源と歴史』）

この御行のことを神伝相承と呼んでおり、初めから神が伝えるもの、相承るもの、という認識があったことが伺える。

また忠政が、明治二七年に書いた「神事心得」が残っている。

神事心得

夫れ神の事は、音もなく香も無く形なきを以て、毫も私心なきを尊ぶ、此故に和学神事は決して人智を以て論ずべきものに非ず、是を以て我国唯一無二の教は、先ず目をぢ手を組みて鉾となし、息の本体に帰り、無我無念にして心ばせを一天に任せ、自から活働く業を稟くる者なり、是れ全く惟神の大道を各自の身心に神習ふ、随神の学なる事を克く曾心了悟して、常に身心を清浄に修行し、精神の素養を専一とすることに至極肝要なり、是の故に、和学神事は神国固有の遠祖愛賜へる実銭躬行の道なることを、念として怨るべからざる事。

一．和学神事を修得するものは、気血を潔清にして、身心強健なるを得べく、更に感覚を蕩盡し意念を斷滅して、所謂天照民族本有の真性を自覚するを得べし。

二．和学神事を修得するものは、精神神明に通じて幽裡を会得し、総て学修に係る一切のものを薀奥妙境に達するを得べし。

三．和学神事を修得するものは、邦家の顕祭幽祭を熟知し、祭祀の大本を了悟すると共に既往将来に於ける非類の淫祀を判別し皇国体の体面を潔清にするを得べし。

四．和学神事を修得するものは、日本魂を修成し、神智を啓発して、之れを政治教育軍事外交経済等の万事万行に発揮し、小は修身斉家より、大は皇国的世界の建設に到るを得べし。

（出典『和学教授の要旨』）

現代語訳

神事心得

それ神の事は、音もなく、香もなく、形なきをもって、少しも私心なきを尊ぶ。この故に和学神事は、決して人智を以て、論ずべきものではない。これをもってわが国、唯一無二の教えは、まず目を閉じ、手を組み合わせて鉾となし、息の本体に帰り、無我無念にして、心を一天にまかせ、おのずから活働する業をうくる者である。これ全く惟神の大道を、各自の身心に神習ふことであり、随神の学なる事をよくよく理解して、常に身心を清浄にして、修行し、精神の素養を専一とすることがとても肝要なことである。このゆえに、和学神事は、神国固有の遠祖の愛で賜える実践躬行の道であることを、注意して誤ることがないようにすること。

一、和学神事を修得するものは、気血を潔清にして、身心強健であるようにして、さらに感覚をなくし、意念を断って、いわゆる天照民族本有の真性を自覚するようにすべし。

二、和学神事を修得するものは、精神神明に通じて、幽理を会得し、すべて学修にかかわる一切のものの奥義、妙境に達するようにすべし。

三、和学神事を修得するものは、わが国の顕祭幽祭を熟知し、祭祀の大本をよく理解すると共に、過去や未来の淫祀を見分けて、皇国の国体の体面を潔清にするようにすべし。

四、和学神事を修得するものは、日本魂を修行育成し、神智を啓発し、これを政治・教育・軍事・外交・経済等のすべてに行き渡らせ、小は修身斉家(自分の行いを修め家庭をととのえること)より、大は皇国的世界の建設にいたるようにすべし。

彦三郎(蘇堂)は、忠政と寝食を共にした弟子といえる。小田垣蘇堂の『元神祇官白川家所用大祓詞』から「第二章　白川家の審神修行と大祓詞」の一部を引用しておこう。

第二章　白川家の審神修行と大祓詞

神祇官が廃されてより、神事たる意味を解せざるもの往々、之れあり蓋し神事とは審神修行を意味す。審神とは如何なるものなるやを知らざる神官或は教導職なしとせず。審神修行は、水を浴び護摩を焚くが如きものにあらずして、禊、祓、鎮魂を為せるなり。禊、祓、鎮魂の三つを挙げたるは、大要中の大要を掲げたるものにして詳細を語らば修行の目、既に五十有余年を数ふるべし。是れ白川家独特のものに属し、他は決して窺ふべからざるものなり。而して此の審神修行に必ず無かるべからざるものを大祓詞と為す。大祓詞を以てせざれざれば、審神修行は成り立たず、同時に禊、祓、鎮魂としての順を執る能はざるなり。

白川家所伝の審神修行は、我国に於ける神社の神霊に対し奉る際、神霊の御心に感ずる方法にして、換言すれば、審神修行とは神霊の実在を知るの道にして、斯道が神祇に対し奉りて正しい法則なりと呼ばれたるものなり。

神社とは固より形式のものにあらずして、実質の伴ふものなり。実質とは神霊の在して虚ならざるを謂うなり。既に神霊の在するならば、其神霊に対し奉りて相当の礼を致し誠を尽し、神霊に奉するの意なかるべからず。其之を身に行ひ、以て神霊に応ずるの行を審神と称す。将に知るべし大祓詞は、我皇室の皇祖皇宗が、我国を肇め玉ひし、由来、及び、天津日嗣の聖天子が国民の安危存亡を御軫念《ごしんねん》(筆者注：天子が心を痛めること)遊ばさるる状態を描き、道徳上、法律上の罪過なきを期せんことを、写したるものなるを、然るに、我国の神祇を奉するもの、又神祇を呈するもの、此大祓詞を良く解し居るもの幾許あるや。

(出典『元神祇官白川家所用大祓詞』)

引用はここまでとするが、審神修行とは伯家神道の御行のことである。ここで大祓詞の解説を行う意義について述べている。

9 宮内忠政の逝去

宮内忠政は京都に移した和学教授所で教授長として、神伝相承の御道の門人を育てはじめて四年ほど過ぎた明治三六年(一九〇三)に、にわかに体調をくずし、病は重く、一〇月一六日に五〇歳始めから半ばという若さで永眠した。死因は詳しくは知られていないが、おそらく病死と思われる。忠政は、神伝相承の御道を広めるための活動をしているさなかに、志半《こころざしなか》ばにして、惜しいことに病に倒れたのである。道野辺には野菊の花が白く咲き、紅葉の葉は赤く色づく季節のことであった。高濱清七郎が亡くなってから一〇年後のことであり、和学教授所を設立してからは、一一年の歳月が流れていた。

忠政の娘、新は一六歳になったばかりであった。忠政も病が重くなる前に、娘が門人を指導するには、御修行の経験も少なく、年齢も若すぎることは十分に承知していた。忠政は、和学教授所の後継者として、これまで育ててきた有力な門人に任せることにしたのである。

忠政の娘である新は、まだ一六歳の少女であり、門人を教え、指導していくにはあまりに若く、経験不足でもあった。忠政の門人の中でも、御行の段階が進んでいた中西盾雄【18】が、和学教授所の代表となり、主宰して預かっていくことになったのである。

忠政は印刷した書籍は残していないが、石井鹿之助が書き写した文書は残っている。また、中村新子の冊子『和学教授の要旨』の中には忠政が書いた次の文章が掲載されている。

「御誓書」高濱清七郎(政一)充て　(本書 229ページ掲載)
「神伝相承部由来」　(本書 234ページ掲載)
「規定」
「入門誓書」
「宣言」　(本書 237ページ掲載)

「入門誓旨書」
「神事心得」（本書251ページ掲載）
「和学教規」

「神事心得」や「和学教規」は、書いた日付が記載されており、明治二七年一月に書かれたものであることがわかる。

補足

【18】中西盾雄

中西盾雄《たてお》は、宮内忠政の門人である。忠政の死去後、和学教授所の教授長となって跡を継いだ。土佐藩の藩士の出身で、福井地方裁判所検事正を経て、京都弁護士会会長になっている。

3節　二人の門人、中西盾雄と片山源栄による継承

1　中西盾雄による和学教授所の継承

(1) 土佐での生まれ

宮内忠政が亡くなられた後、忠政の門人、中西盾雄《たてお》が和学教授所の跡を継いでいる。盾雄は、京都弁護士会の会長であり、元福井地方裁判所の検事正などの経歴を持つ法曹会《ほうそう》の人である。門人の中で御道の段階が進んだ弟子として認められていた。

盾雄は、高知県(土佐)の出身で、正確な生年は不明であるが、明治八年(一八七五)と九年に、弁護士(明治前半期は代言人《だいげんにん》と呼ばれる)の仕事を大阪府や兵庫県で行っていて、関西方面で生活している。代言人は明治五年の司法職務定制によって初めて設けられた制度なので、そのあたりの時点で、盾雄はおそらく二〇歳代から三〇歳であろう。こういうことから推測すると、幕末の弘化から安政にかけて、嘉永年間(一八四八〜一八五四)くらいの生まれになり、忠政と

は年齢が近く、少し上であったかもしれない。

訴訟関連の明治初期の古文書が残っており、盾雄は高知県の士族となっている。土佐藩か、中村藩（土佐藩の支藩）の藩士の出身である。土佐藩や中村藩なら、忠政の生まれた宇和島藩とは距離的にも近く、同郷の出身と呼べるほどである。

土佐藩には、藩校や郷校（私塾のような家臣の教育学校）があり、藩士の教育を行っていた。土佐藩には、名称が時代で変わるが致道館《ちどうかん》（慶応以後）という藩校があった。土佐藩校は文武両道を目指し、朱子学（儒学）の一派である海南朱子学（南学）を中心としていた。盾雄も藩士として、幕末から明治初めにかけて藩校で教育を受け、国学や儒学の教養や、漢文の読み書きの素養を身に付けたに違いない。

盾雄には、盛岡始審裁判所の検事であった明治一二年五月に、「民法草案婚姻および離婚の部への意見書」を提出した記録が残っている。始審裁判所とは地方裁判所のことで、明治の一時期、このように呼ばれていた。その後、福井地方裁判所の検事正となっている。このことから盾雄は、裁判所の検事として、国内の各所を赴任していたことがわかる。

(2) 和学教授所の門人となる

中西盾雄は、地方裁判所の検事などを歴任し、京都に移る直前には、福井地方裁判所検事正となっている。福井地方裁判所を退職して、京都へ移り住み、弁護士としての仕事を始めている。京都で弁護士を始めたころの年齢は、おそらく五〇歳代の半ばである。後に京都弁護士会の会長となっている。忠政が和学教授所を京都へ移して、すぐに入門し、門人となったのであろう。忠政が京都で指導した四年ほどの間、忠政の門人として修行を積んでいる。

比較的時間が自由になる仕事だったので、かなり頻繁に和学教授所を訪れ、御道の修行に励んだものであろう。熱心に修行に取り組んだおかげか、御行の段階も進み、高等神事にまで携われるほどになったと思われる。

(3) 和学教授所の預かりと主宰

忠政が明治三六年(一九〇三)に亡くなり、娘の宮内新はまだ一六歳とあまりに若かった。そのため門人の中でも御行の進んでいた中西盾雄が、和学教授所を預かり教授長となって、神伝相承の御道の道統を継いでいる。忠政の門人であり、御道の段階が進んだ門人として認められていた。和学教授所を預かり、教授長として門人の指導をすることとなった。

盾雄は、地方裁判所の検事などを歴任した。検事を退職した後、京都弁護士会の会長となっているので、和学教授所の代表となったころは、五〇歳代の後半から六〇歳くらいである。

⑰盾雄、教授長となる

晩秋、京都の町中も冷え込みがきつくなったころであった。京都御苑の銀杏《いちょう》の大木も、黄色く色づき、黄色い銀杏の落ち葉が散り敷いていた。木々が黄色く赤く色づき、すでに秋の気配を色濃く漂わせていた。

中西盾雄は苑内を散策しながら、宮内忠政より厳しく指導していただき、御道に取り組んだ若き日々を思い出していた。最初はわけもわからず、ただひたすら言われるがまま御修行に取り組んだ。

盾雄は、故郷である高知県の土佐や中村に近い、宇和島の藩士であった忠政には、言い知れぬ親近感を持っていた。同郷に近いところの藩士（武士）の出身で、幕末から明治にかけて、激動の青春時代を過ごしたからである。

土佐の藩士であった父のもとで、幕末から明治初めにかけて、朱子学を中心とした漢文や国学の教育を受けた。明治に入って高知県を離れ、関西に移り住み、弁護士や検事の仕事に就いて、いろいろなところに転勤となったが、ずっと法律の世界で暮らしてきた。

福井県の検事を退職して、京都で弁護士として生活をはじめた。ほどなくして、知り合いの神社に勤める神職から、御道という秘められた修行があるという興味深い話を聞くことができた。なんでも昔から宮中で伝わってきた御道というもので、天皇陛下がなされていた御行というものだということである。御道を指導している和学教授所というものが、京都にあるという。盾雄は故郷である土佐に住んでいたころから、神祇への崇敬の思いが深かったので、そんな尊い御道というものがあるのならば、是非に学んでみたいと思ったのである。

法曹界とは、縁遠い世界である御道の世界は、実に新鮮な驚きの世界であった。今までの経験とは、まるで違う神々へと通じる神伝相承の御道の世界は、驚きに満ちていた。法曹界で感じたことは、法律があるからといって、法律ですべての人や物事を裁けるわけではないということである。人は目に見えない神に通じる心、良心を持っている。神に通じる心は、また人の真心と言い換えてもよいだろう。人は神に通じる心、良心を持っているからこそ、人と言えるのである。忠政から指導を受けた神伝相承の御行により、神に通じる心を学ぶことができた。神の世界は、法律とは全く違った世界であった。

京都で暮らすようになってから、仕事のかたわらではあるが、忠政の指導する御修行に懸命に取り組んだ。おかげで高等神事に携われる段階にまで到達することができた。教授長であった忠政が、若くして亡くなられてしまい、これからの和学教授所をどうしたものかと考えながら、風に舞う落ち葉の中を歩いて行った。

和学教授所の玄関前には、門人たちが続々と集まって来ていた。古い門人が奥の大広間へと案内する。廊下の引き戸を通してこぼれ見える秋の風情、和学教授所の大広間に集まった門人たちで、これからどうするかが話し合われた。門人たちみなの思いを、一人の門人が言葉に出した。

「まだお若いのに、私たち門人を指導してくださっていた宮内先生がお亡くなりました。和学教授所をどうしたものか。せっかくの尊い御道を伝える和学教授所を断絶させるわけにはいかないと思います」

京都の門人たちは、急に宮内先生が亡くなられ、少し慌てていた。この貴重な御道、御修行の伝統をここで絶やすことはできない。なんとしても、宮内先生の亡き後も、和学教授所を継承していかねばならないと考えていたのである。門人達は、今後のあり方について、集まり話し合う機会を持った。

「宮内先生の娘さんの新さんは、学校を卒業したばかりで若すぎるし、御修行もまだ途中までです。御行の指導を行うには、お若すぎて無理でしょう」

「そうですね。新さんは、まだ若くて経験も積んでいません。門人の盾雄さんは、高等神事まで、御行の段階も進んでおられるし、当面の和学教授所の代表となってもらってはどうでしょうか。中西さんに和学教授所を代表として預かってもらい、御道の指導を続けて頂きたいと思いますが、どうでしょうか」

「そうですね。中西さんなら、代表としてもふさわしいと思います」

少女であった宮内新も、話に加わることにした。自分がまだ指導するには若すぎることも、経験が足らないことも、十分自覚していた。門人たちは、まだ若く、家庭のことで忙しい新の話も聞くことにした。

「そうでございますね。わたしもまだ若くて、とても人様の指導などできるまでいっておりません。和学教授所の代表として、中西先生にお預かりして頂けると安心です。どうかよろしくお願いいたします」

「みなさんの意見はわかりました。わたしでよければ、和学教授所で門人の指導をさせていただきます」

新も、一六歳の娘が教授長を務めるには責任が重大すぎること、まだまだ御行が未熟で至らないことを知っていた。忠政の門人である盾雄を和学教授所の代表として任せることにした。そこで盾雄が和学教授所を預かり、教授長として門人の指導に携わることになったのである。

和学教授所の玄関の外には、日の光にかげりながら、秋の風が木の葉を京の道に散らしていた。

(4) 中西盾雄の逝去

宮内忠政が亡くなった後、和学教授所の門人で、京都に住む中西盾雄が、御行の段階も進んでいることから和学教授所を預かり、教授長として和学教授所を主宰した。和学教授所の本部は、忠政の自宅のままなのか、移転したかどうかはわからない。

京都弁護士会の会長として京都に住んでいるので、和学教授所の代表として都合がよく、盾雄の自宅を、和学教授所の本部としたのかも知れない。忠政が亡くなった後も、門人たちの協力によって、和学教授所を存続させることができたのである。大正時代に、七〇歳代で永眠した。

2 片山源栄による和学教授所の松山への移転

(1) 松山での生まれ

片山源栄（源榮）は、中西盾雄の亡き後、和学教授所を預かり、教授長として主宰した。源栄は愛媛県警の警察に勤めていたようであり、生活の基盤は愛媛にあった。

家族も愛媛県に住んでいたと思われ、京都に単身赴くわけにもいかず、和学教授所の本部を松山に移し、門人に指導した。京都にも来て、京都に残っている門人にも指導したのかも知れない。

源栄は、宮内忠政が愛媛に住んでいた時代の門人である。伊予国（現在の愛媛県）松山の出身と思われる。源栄の正確な生年は不明であるが、江戸時代末期の弘化から安政年間にかけての生まれ、盾雄より少し若いと思われる。源栄の詳しい経歴などは不明で、どのようなことを行ったかの事績も残っていない。忠政が、風早や宇和島にいた時代の門人であろう。京都に和学教授所があった時代はわずか四年ほどなので、京都と松山の行き来も大変なことを考えると、京都時代の門人ではない。松山から京都に赴くのも、頻繁にできたとは考えられない。

現在の松山市内に片山という地名が残っており、江戸時代には伊予松山藩の領地に含まれ、伊予国風早郡片山村と呼ばれていた。忠政が風早署で署長をしていた近くであり、このあたり生まれの人であろう。源栄は、警察での忠政の後輩のようである。松山に子孫の方が残って居るかもしれないし、近くに墓もあるかもしれない。

風早地方は、平安時代末期から一六世紀後半まで、瀬戸内海の河野水軍を率いた河野氏の本拠地があった場所である。河野氏の一族に片山氏があり、伊予国風早郡片山村を発祥の地としている。このような理由で、源栄の出身地として可能性が高いのは、風早郡の片山村あたりであろう。

源栄は、松山に生活の基盤があったこと、および御道に取り組んで教授長になるにはある程度の国学や漢文の読み書きなどの知識も必要であること、伊予松山藩の藩士に片山姓を持つ者がいることなどから、おそらくは在郷の藩士の出身であろうと思われる。藩にもよるが、藩主の住む城下ではなく、平時には農村地帯（在郷）に住んで農業に従事する藩士もいたのである。学校制度は、まだ未整備な時代ではあるが、伊予松山藩は明教館《めいきょうかん》という藩校を持っていた。明教館では、儒学、国学、算術、武道などを教えていた。藩士の出身ならば、国学や儒学、漢文の読み書きなどの基礎的な教養は、藩校や私塾などで身に付けることができたのである。

(2) 宮内忠政の門人となる

片山源栄は、宮内忠政が京都に和学教授所を移してからの門人ではなく、松山時代の門人である。忠政が、京都の和学教授所で教えた期間は、四年ほどしかない。神伝相承の御道を学ぶには、忠政が愛媛に住んでいたころからの門人に違いない。

源栄についての記録は残っていないので、推測ではあるが、次のような経緯で門人になり、神伝相承の御道を学んだのではないだろうか。

源栄は伊予国、風早郡片山村に伊予松山藩の在郷の藩士（農業に従事していた藩士）の家系に生まれる。幕末から明治にかけて、藩校か郷校（家臣や庶民の教育を行う私塾）で、国学や儒学の教養と漢文の読み書きの基礎教育を受けた。廃藩置県により藩士という地位がなくなり、風早郡（松山市の北方）で、藩士は農業や商業による生活の基盤を新たに作なければならなくなる。この時期に愛媛県の邏卒となり、風早署の署長として赴任してきた宇和島藩出身の忠政と知り合ったものであろう。忠政は、備前から松山に隠棲していた高濱清七郎の門人となり、御道の修行に取り組み、清七郎の娘タケエと結婚することになった時期である。

源栄は、愛媛県警察署の先輩である忠政が、尊い宮中で受け継がれた御道に取り組んでいることを知る。御道の御行に興味を持ち、忠政の門人となる。御修行に熱心に参加し、忠政から御道の指導を受けた。忠政の家族（娘である中村新子も含む）も松山時代からの知り合いである。清七郎とも面識があり、指導を受けたこともあったかも知れない。

(3) 和学教授所の預かりと主宰

和学教授所の後を継いで主宰者となった中西盾雄は亡くなった。今後の和学教授所をどうするか、再度、話し合われることになった。

中村新子は、およそ三〇歳半ばの年齢である。門人を指導するには経験が少なく、結婚して家庭を持っており、自由な行動や活動ができないことなどのためであろう。新子は、養女（晴子）をもらい娘とし、育てていた時代である。晴子は高濱清七郎の息子の娘と思われる。娘タケエの弟の子供ではないだろうか（正確な血縁関係は不明）。

⑱源栄、代表となる

肌寒い冬の日、和学教授所に門人が集まり、中西盾雄が亡くなった後のことが話し合われた。片山源栄も愛媛の松山から、会合に参加するために京都の和学教授所を訪れたのである。源栄が庭を見ると、庭の隅には白い梅の花が咲いていた。

「和学教授所を代表として預かっておられた中西さんも亡くなられました。和学教授所の代表はどういたしましょうか」

「宮内忠政先生の娘さんの中村新子さんは、すでに結婚されて家庭を持っています。旦那さんのところを離れられませんでしょう」

「お子さんがおられなかったので、養子として娘さんをもらって育てています。それにまだ三〇歳ほどですので、門人を指導するには若すぎるかも知れません。指導できるかどうかも、経験が少ないですから、まだわかりまへん」

「京都では、門人を指導できるようなお弟子さんは、もういませんな。どの方もまだ指導するには早すぎるか、仕事で忙しくて無理ですな」

「誰かが和学教授所を継承できたら、ほんまに良いのですがな」

「それなら、いつも遠くの松山から京都まで出向いてこられて、門人を指導されておられる源栄さんはどうでしょうか。源栄さんなら、御修行もかなりの段階まで進み、高等神事まで到達しています」

「愛媛の片山源栄さんですか。少し遠方ではありますが、片山さんに和学教授所を代表として預かって頂いて、お任せするしかないのではないでしょうか」

源栄はその話を聞き、遠くに住む自分でよいのかと思い逡巡したが、任せられるような段階の進んだ門人は、他にはおられない。高濱清七郎の伝えた皇室に伝わる不言惟神の大道、御道を学ぶために、せっかく集まってくださった門人の方々の指導を、誰かが責任をもって受け継がなければならない。源栄は、責任の重大さに身の引き締まる思いをし、和学教授所の代表として預かることにしたのである。

「私でよろしければ、遠くからですが、京都まで出向いて御行の指導をいたしましょう」

「片山さんに京都まで来ていただいて、指導していただきましょう」

源栄が、外を見ると庭の隅に咲いた梅の花は、ときおり吹く風にわずかに凍えているように微かに揺れた。


和学教授所の代表となっていた盾雄の後を継いで、源栄は和学教授所を預かり、御道の道統の継承のために尽力した。教授長として和学教授所を主宰し、本部を松山に移し、門人に指導した。京都にも来て、京都にいる門人も指導した。仕事や生活など詳しい事績は記録にないが、生活の根拠地や基盤は松山にあったと思われる。

⑲源栄、修行の思い出

年の瀬も押し迫るころ、空が青く晴れ渡る日に、片山源栄は少し遠いが松山城まで散策に出かけてみることにした。二之丸跡に一人たたずむと、城跡には肌寒い風が吹く中、青空の下、赤い山茶花《さざんか》の花が咲いていていた。

源栄は歩を進めながら、少し年上の宮内忠政に、親しく御道を指導していただいた若き日のことを思い出していた。

忠政先生の人柄に惹かれ、御道の意味もよくわからなきま、わけもわからず御修行に励んだものだった。御修行を行う斎場では、厳しい姿の宮内先生が待っていて、その前で目を閉じてひたすら座っていた。忠政先生が松山の風早署の署長をしていたころ、親しくしてくださり、時間があれば、いろいろな話を伺いに訪ねたものだった。

宇和島藩の藩士から、松山の風早署まで来て署長をしている忠政は、幕末から明治はじめに青年時代を過ごした後輩の源栄には、同じ藩士の出身として親しく感じられる。天皇陛下がなされていたという秘密の御行の指導をしているという話を聞き、ぜひにと頼み込んで門人に加えてもらった。高濱清七郎が松山に住んでいたころは、清七郎のもとても指導を受けた。

忠政先生が風早署の署長をやめて、郷里である宇和島まで戻られ、和学教授所を設立されて、神伝相承の御道の指導を始めた。源栄は、おりをみて宇和島まで出かけては、和学教授所で、忠政による神伝相承の御道の修行に必死に取り組んでいた。

寒さの中に咲く山茶花の可憐な花のように、いつかは花開くと言われた先生の言葉が感慨深くに思い出されるのだった。

(4) 片山源栄の逝去

片山源栄は、宮内忠政と同じく愛媛県(伊予)の出身であった。和学教授所の本部を、京都から愛媛県の松山市に移した。生活の基盤は松山にあるため、松山の自宅を和学教授所の本部として、時間が許せば京都まで出向いて指導することにしたものであろう。

一〇年あまりの間、神伝相承の御道の道統を継承して、松山や京都の門人に御修行の指導を行った。昭和六年(一九三一)に松山で、七〇歳代の後半から八〇歳ほどで、永眠された。源栄の松山での門人には、御道の跡を継ぐような方は、おられなかったと思われる。

4節　和学教授所を京都に再興した中村新子

1　生い立ちと結婚

中村新子《しんこ》は、宮内忠政の娘であり、明治二〇年（一八八七）ごろに長女として、愛媛県宇和島で生まれている。通常は宮内新子と名乗っていたが、本名は宮内新である。生まれてから一二歳くらいまでは、父母とともに宇和島で生活していた。

明治初めに近代日本の初等教育制度が、小学校令として定められた。最初の小学校令（第一次小学校令）は、森有礼《ありのり》文部大臣により、明治一九年に公布された。明治二三年に、改めて小学校令（第二次小学校令）が公布された。明治三三年には、小学校令が全部改正された（第三次小学校令）。

新が子供の時代は、ちょうど第二次小学校令が公布されていた時期にあたる。第二次小学校令では、義務教育である尋常小学校の修業年限は三年または四年、高等小学校の修業年限は二年、三年または四年となっていた（各学校の修業年限は不定期）。新が高等小学校を卒業（一二歳くらい）するまで、宇和島で生活したと思われる。

新は幼いころから、父である忠政より厳格な教育を受け、神事伝法を伝授されたという。忠政が和学教授所を京都へ移すことに決めたことにともない、家族とともに新も一緒に京都へ引っ越してきている。

忠政が明治三六年に亡くなったとき、新はまだ一六歳の少女であった。父なき後も、新は母や兄弟とともに京都で生活していたもようである。

新は画家の中村大観と結婚し、宮内姓から中村姓となっている。そのため結婚後は、中村新子と通常呼ばれている。結婚したのは、おそらく二〇歳代であった明治四〇年以降のことと思われる。

大観は、大正四年（一九一五）に、『日本大観（京都巻）』（日本大観発行所）の編集者として、京都の産業に関係する風情を表した美術印刷（ポスターのようなもの）の書籍を出版している。大観は、絵画類の刊行を手掛け、京都の名所を紹介したり宣伝したりする活動をして、京都の実業界で活躍していた人のようである。昭和四年（一九二九）ごろまでは、健在であったと思われる。二人は子供めぐまれず、叔父の高濱家から子供をもらい、養女として娘（晴子）を育てている。（正確な血縁関係は不明）

2 和学教授所の京都での再興

中村新子は、昭和七年（一九三二）、京都において神伝相承の御道の道統を継承していくことを目的として、和学教授所を再興した。和学教授所の本部を愛媛県松山に移して道統を継いでいた片山源栄が亡くなった後をうけて、古くからの門人の勧めもあり、京都に和学教授所を再興することになった。

和学教授所を設立した父、宮内忠政の死後三〇年近く（二九年後）が経っており、忠政から直接指導を受けたことのある人は、ごくわずかしか残っていなかった。和学教授所を再興したときの新子は、四五歳ほどの年齢である。このころには、夫は亡くなっていたようで、新子は、比較的自由に御道のための活動に従事する時間を持てたと思われる。

和学教授所の本部は、京都市内で数か所、次のように移転している。

一．昭和七年六月
　平安神宮の南にある岡崎公園のすぐ東（左京区岡崎南御所町）に再興する。

二．昭和一〇年一〇月
　賀茂御祖《かもみおや》神社（下鴨神社）の北西（左京区下鴨中川原町）に移転する。

白峰神宮の宮司である石井鹿之助《しかのすけ》【19】が下鴨署に届出をする。

三．昭和一三年八月

賀茂御祖神社の北西で、京都植物園の近く（左京区下鴨西梅ノ木町）に移転する。

最終的に和学教授所の本部は、賀茂御祖神社（下鴨神社）の北西に移り、京都植物園からあまり遠くない場所に置かれた。

⑳ 教授所の再興

晩秋も押し迫った寒い午前中に、かつての和学教授所の古い門人であった石井鹿之助が、中村新子の自宅を探し出して訪ねてきた。辺りの木々の葉も、黄色く色づいていた。

「中村さん、京都で和学教授所をもう一度、再興してもらえないでしょうか。松山の片山源栄さんも亡くなって、松山では受け継いでいく門人がいません。京都で和学教授所を、また開いてほしいと思います」

「私も父の残した御道を、何とかして京都で受け継いで行きたいと思っています。まだ残っている門人のみなさんが、そうおっしゃるのでしたら、和学教授所を京都で再興できるよう努力します」

「それは、ありがたいことです。ほかの門人も、みな、喜んでくれると思います」

「門人のみなさんも、どうか協力してくださいませ。よろしくお願いいたします」

「中村さん、こちらこそ、よろしくおねがいします」

鹿之助は、新子の屋敷からの帰り道、これからの御道での修行を思って心も軽く、歩く一足ごとに色づいた葉が風に舞っていた。

新子は、どのようにして和学教授所を再興するかを考えて、古くからの門人であった小田垣彦三郎に、連絡を取ってみることにした。

京都に移した和学教授所に書生として住み込み、父と一年ほどの間、生活をともにしたのである。忠政の家族とも、和学教授所でともに過ごし親しかった。

彦三郎が柱人《はしらびと》になってからは、忠政が行う御行に柱人として加わり、門人の御行の様子を身近で見ることができたのである。彦三郎は大学に進み、立命館中学の教授を経て、立命館中学の校長にもなった。今は立命館大学の講師をしているはずである。存命で、京都に住んでいる古い門人に、協力を仰ぐことにしたのである。

愛媛県松山で和学教授所を預かっていた源栄が亡くなった後をうけて、新子は、京都に和学教授所を再興することになったのである。

補足

【19】石井鹿之助

石井鹿之助は、白峰神宮の宮司であり、皇學館大学教授も兼任した。京都に再興された和学教授所の最初期の門人である。白峰神宮は、明治元年（一八六八）に造営され、官幣中社を経て、昭和一五年（一九四〇）に官幣大社に昇格した。鹿之助は、戦前に神祇官の再興のために尽力したが、終戦となり果たせなかった。神祇官の再興についての建白書を政府に提出した。スタンフォード大学に文献が残っており、二〇ページほどの冊子である。

原文

國家ハ宣シク祭祀ニ關スル調査機關ヲ設置スベキコト：コレ即チ救國ノ根本大策デアリ、軈テ昭和ノ精神的維新ノ大成デアル

現代語訳

国家は、よろしく祭祀に関する調査機関を設置すべきこと。これすなわち、救国の根本勝策であり、やがて昭和の精神的維新の大成である。

3　中村新子の門人

太平洋戦争前の門人の中には、政治、経済、陸軍、海軍の有力者もいたという。門人には軍人の有力者もおられ、山本英輔《えいすけ》【20】、秦真次《はたしんじ》【21】、真崎甚三郎《まさきじんざぶろう》【22】なども門人として名前が挙がっている。初期の門人には前述した小田垣彦三郎（小田垣蘇堂。【14】参照）、白峰神宮の宮司であった石井鹿之助がいる。松尾大社の神職であり、後に分かれたが大和本学を開設した小笠原大和、佐々木富久子も、はじめのころの門人である。

㉑新子と彦三郎、共に再興を思う

小田垣彦三郎は、中村新子の和学教授所で御行を手伝った帰りに、しばらくぶりに賀茂御祖神社（下鴨神社）に寄ってみることにした。もうすぐ冬になろうかという晩秋、京都の町中も冷え込みがきつくなったころであった。

下鴨神社の銀杏の大木も、黄色く色づき、黄色い銀杏の落ち葉が、参道のそこここに散り敷いていた。神社の境内林である糺《ただす》の森も、木々が黄色く赤く色づき、すでに秋の気配を色濃く漂わせていた。

彦三郎は、糺の森を散策しながら、森の中でかたわらに小川を見つけると、鴨長明の

『方丈記』を思い出していた。下鴨神社は、『方丈記』で有名な鴨長明に関わりのある神社で神職の家系に生まれている。『方丈記』は、次の言葉で始まっている。

「ゆく河の流れは絶えずして、しかももとの水にあらず。よどみに浮ぶうたかたは、かつ消えかつ結びて久しくとゞまることなし。世の中にある人とすみかと、またかくの如し。」

彦三郎は、『方丈記』の言葉のように、親しく教えを受けた宮内忠政が、まだ五〇歳代半ばという若さで亡くなられて、世の中の変転の儚《はかな》さに、今更ながら思いを馳せた。

下鴨神社の境内林である糺の森は、秋の色を濃くしていた。長い参道には、広い林の中から神聖な山の波動が感じられた。参道を外れた林の中では、丈の高い欅《けやき》や榎《えのき》の木々の梢が風にざわめいていた。

新子は、春の日差しが強くなるころ、近くの糺の森を門人とともに訪れてみた。長い参道を歩いていると、広い林の中から神聖な山の波動が感じられた。参道を外れ、林の中へ入ってみると、丈の高い欅《けやき》や榎《えのき》の木々の梢が風にざわめいていた。

父、忠政は、不言惟神の大道、審神者古伝の神事を伝えるために、京都の地へとやってきた。新子は、今ふたたび奈良時代以前から朝廷の崇敬を受けた、縁の深い下鴨神社の近くに和学教授所を再興できたことに深い感慨を感じるのであった。

和学教授所の門人は、御道を学び、御修行を受けていることを公にはせず、秘かに行を受けられたと伝えられる。王子製紙の社長、宝塚音楽学校の校長、伏見稲荷大社の宮司（いずれも当時の肩書）なども居たと伝えられる。

補足

【20】山本英輔《えいすけ》（一八七六〜一九六二）

山本英輔は、日本の海軍軍人。最終階級は海軍大将。鹿児島県出身。英輔は、山本権兵衛元内閣総理大臣の兄吉蔵の息子（甥）。権兵衛は、大正初期に山本内閣を作り政友会と海軍の薩閥とを提携、第二次内閣も組閣したが大震災と虎ノ門事件で総辞職した。薩閥の巨頭、海軍閥の中心にいた。英輔は、大将になるまでと包んでいた母手製の袴を着て「封じ袴の大将」と呼ばれた。若いころから神道に関心があり、『真理の光』『七転び八起きの智仁勇《ちじんゆう》』などの著作も書いている。京都綾部の大本教に出向き、浅野和三郎による鎮魂帰神法を受けたこともあるそうである。御行もある段階まで進んでいた。

【21】秦真次《はたしんじ》（一八七九〜一九五〇）

秦真次は、陸軍の軍人で、最終階級は陸軍中将。皇道派の中心人物である。昭和一二年に神宮皇學館の研究生となり、神職となっている。『マコトの道』『天壌無窮《てんじょうむきゅう》の真理』などの著作もある。神職となったことからわかるように、真次は軍人とはいえ、神祇への崇敬の念が厚く、古史古伝にも関心が深かった。竹内文書《たけうちもんじょ》で有名な竹内巨麿《たけのうちきよまろ》（一八七五？〜一九六五）が開いた天津教の神主になっている。竹内文書とは、神代文字で記された文書と、それを武烈天皇の勅命により、武内宿禰《たけのうちのすくね》の孫の平群真鳥《へぐりのまとり》が漢字とカタカナ交じり文に訳したとする写本群と、文字の刻まれた石や鉄剣などの一連の総称である。古史古伝と呼ばれる書物の一つである。

【22】真崎甚三郎《じんざぶろう》(一八七六〜一九五六)

真崎甚三郎は、陸軍の軍人で、最終階級は陸軍大将になっている。陸軍士官学校長、教育総監を歴任しており、皇道派の中心人物の一人で、二・二六事件にも関係したのではないかといわれたりした。甚三郎は人望のある人物で、情に厚く部下思いで皇道派の青年将校の信望を集めたという。ただ評価は、「二・二六事件に関して二つに分かれる。

4　和学教授所の関係者

中村新子が、昭和一五年(一九四〇)に出した『和学教授の要旨』には、総監として白川資長《すけなが》子爵【23】、神事長には中村新子、代理として安見晴子《やすみはるこ》、相談役に吉田茂《よしだしげる》【24】、理事に新宮幸勝らの名前がある。晴子は新子の養子で、血縁的に従妹にあたるようである(正確な血縁関係は不明)。中村晴子であったが、滋賀県八日市の松尾神社の宮司安見粘一に嫁ぎ、安見姓となっている。吉田茂は、首相になった政治家の吉田茂ではなく、内務省官僚であった同姓同名の吉田茂と思われる。吉田茂は神道にも造詣が深く、神社界にも影響力が強かった。

子爵となっていた最後の白川家の当主である資長も、幾度か和学教授所を訪れたという。

総監　子爵　白川資長
相談役　厚生大臣　吉田茂
相談役　興亜院総務長官　陸軍中将　柳川平助
相談役　陸軍中将　秦真次
相談役　官幣中社　白峰神宮宮司　石井鹿之助
所長、神事長　中村新子
神事長代理　安見晴子
理事長　市田英三郎
以下、理事、幹事

（出典『和学教授の要旨』）

この時代には、白峰神宮の宮司であった石井鹿之助が健在であったことがわかる。

【23】白川資長《すけなが》（一八七一～一九五九）

白川家三二代の最後の白川家当主である。白川家は、すべての宮中祭祀よりはずされ、子爵となった。伯王という王号を返上し、すでに王を名乗らなくなっていた。昭和三四年に九〇歳で永眠。

【24】吉田茂（一八八五～一九五四）

吉田茂は、内務省の官僚であり、後に貴族院議員となった。首相となった政治家の吉田茂とは、別人である。東京帝国大学法科大学独法科を卒業し、内務省に入省している。

大正六年（一九一七）に明治神宮造営に伴う内務省勅任官になり、東京市助役、関東大地震後の復興局長官官房などを経て、内務省神社局長、社会局長官、内閣書記官長、内閣調査局の長官を歴任した。戦前の米内光政《よないみつまさ》内閣で厚生大臣、東條英機内閣で福岡県知事、小磯國昭内閣で軍需大臣を務めた。

神社界や神道にも縁があり、國學院大学の基となった皇典講究所の専務理事になっている。戦後に神社が国家の管理を離れて、一宗教法人となる際に、神社本庁の設立に尽力した。昭和二八年に神社本庁の事務総長を務めた。

5　和学教授の要旨

『和学教授所の起源と歴史』という冊子には、「和学教授の要旨」という項目がある。「和学」と呼んでいるものが「御道」のことであり、高濱清七郎が「神事相伝《しんじそうでん》審神古伝の神事伝法」「皇国不言惟神の大道」などと呼んだものである。

これを見ると、和学教授所の本部が、京都の賀茂御祖神社（下鴨神社）の近くに置かれていたことがわかる。

和学教授の要旨

抑々《よくよく》和学の道は、旧神祇官統領白川伯王家に伝はりたる、恐れ多くも天照皇大神の大道にして、惟神に、各自の心身に修業体得するものなれば、常に身心を清浄に修業し、実践躬行を以て専一とすること肝要なり。

一. 和学神事を修得するものは、気、血を潔清にして、心身強健なるを得べく、更に感覚を蕩尽し意念を断滅して、所謂天照民族本有の真性を自覚するを得べし

二. 和学神事を修得するものは、精神神明に通じて幽理を会得し、総て学修に係る一切のものの蘊奥《うんおう》妙境に達するを得べし

三．和学神事を修得するものは、邦家の顕祭幽祭を熟知し、祭祀の大本を了悟すると共に既往将来に於ける非類の淫祀を判別し皇国体の体面を潔清にするを得べし

四．和学神事を修得するものは、日本魂を修成し、神智を啓発して、之れを政治教育軍事外交経済等の万事万行に発揮し、小は修身斎家より、大は皇国的世界の建設に到るを得べし

昭和一五年四月一六日刊行　京都市下鴨　和学教授所本部　中村新子

（出典『和学教授所の起源と歴史』）

『和学教授の要旨』にも、要旨が載っている。

和学教授の要旨

謹みて按ずるに、十種神宝御法の修行に基づける和学の道は、旧神祇官白川伯王家に伝はりたる、掛巻も畏き天照皇大神の大道にして、儒仏の教法の渡来せざる、神代に於ける神伝故実を、全く書籍に依らず言説を用いずして、惟神に各自の精神に修行体得するものなり、蓋し是れによりて、恐れながら祖神垂示の三大神勅の大御心を体察し以て、祭政一致の皇国体の真諦に徹し得らるるにも係らず、斯道の明らかならざること実に久

しきなり、是の故に吾人は、上に天祖の勅らせ給へる天津神籬天津磐境の御神勅のままに「為吾孫」めに、皇国体に相応しき神祇官の復興を提案し、下は家庭祭祀の根本策を樹立せんと欲す、希くば天下盡忠同志の人士は来って、我国固有の純粋無雑、不言惟神の大道を実践修行体得体顕せられんことを。

昭和一〇年五月

和学教授所本部　神事長　中村新子

（出典『和学教授の要旨』）

現代語訳

つつしみて考えるに、十種神宝御法の修行に基づける和学の道は、旧神祇官白川伯王家に伝はりたる、かけまくも畏き天照皇大神の大道にして、儒仏の教法の渡来する前の、神代における神伝故実を、全く書籍に依らず、言説を用いずに、惟神《かむながら》に、各自の精神に修行体得するものである。

思うに、これにより、恐れながら祖神垂示の三大神勅の大御心を体得し、祭政一致の皇国の国体の真諦に徹し、得られるにも係らず、この道の明らかならざること、実に久しいことである。

このゆえに、われは、上に天祖の勅《ちょく》らせ給へる、天津神籬、天津磐境《あまついわさか》の御神勅のままに、吾孫《あがすめみま》のために、皇国の国体に相応しき、神祇官の復興を提案し、下は家庭祭祀の根本策を樹立せんとする。願わくば、天下の忠義を尽くす同志の人士は来って、わが国固有の純粋無雑、不言惟神の大道を実践修行、体得体顕せられんことを。

6 近江神宮の創建と斎修会

近江《おうみ》神宮【25】は、天智天皇を祭神として、昭和一五年（一九四〇）一一月に創建された。

惟神謂随神道亦自有神道也
かんながらとは かみのみちに したがいて またみずから かみのみちに あるをいうなり

近江神宮の初代宮司として赴任した平田貫一【26】は、天智天皇が大化三年（六四七）に賜われたこの御教えに従う斎修会を継承することにした。中村新子を近江神宮に招き、神宮を拠点として、新子の主宰する伯家神道の御道の斎修会を開催するよう尽力したのである。

貫一は、内務省などの官僚を歴任し、再興された皇學館大学の初代学長にもなっている。貫一は、官僚というだけでなく、神社関係者や大学の神道学者とも付き合いは深かった。平田貫一宮司の後を継いだ二代目宮司である横井時常宮司の時代には、新子は神宮内に一室をもらい、御道を伝える活動をしたという。貫一がどの程度、伯家を学んだか不明であるが、伯家の由来とその伝承されている行法については、説明を受けたと思われる。

貫一が、近江神宮に新子を招いた経緯は詳らかではないが、白峰神宮の宮司の石井鹿之助《しかのすけ》（3章4節2参照）の仲介によるものかも知れない。鹿之助は皇學館大学の教授にも就任し、和学教授所の門人でもあった。皇學館大学の学長であった貫一と教授であった鹿之助は、神社や大学を通した関係で親しく、和学教授所の話もしたであろう。鹿之助のように、個人的に伯家神道を学んだ人は、神社や神道の関係者にもいたのである。白川資長子爵とも縁があり、伯家を学んだと思われる。

新子は、和学教授所だけでなく、近江神宮でも斎修会を開催するようになる。新子の理解者の中には、神社界の関係者もおり、新子は戦前から戦後へかけて近江神宮、石上神宮、そのほかの会場で、斎修会を開催したという。

補足

【25】近江神宮

近江神宮は、天智天皇を祭神として、昭和一五年一一月に創建された。

御祭神：天智天皇（御神名：天命開別《あめみことひらかすわけの》大神）
御製碑：秋の田のかりほの庵《いほ》の苫《とま》をあらみわが衣手《ころもで》は露にぬれつつ（「小倉百人一首」1番）

天智天皇は、天智称制六年（六六七）に、都を奈良の飛鳥より、近江大津宮へ遷された。近江令を制定、戸籍の制定、土地制度の改革、産業振興などの政策を推進し、政治経済の改革、学芸文化の発展に寄与した。この由緒により創祀されたのが近江神宮である。

【26】平田貫一（一八八三〜一九七一）

内務省などの官僚から、近江神宮の初代宮司、再興された皇學館大学の初代学長になる。明治一六年（一八八三）、鹿児島県生まれ。東京帝国大学法科大学政治学科を明治四二年に卒業し、高等文官試験を経て農商務省の官僚となる。兵庫県産業部長、岐阜県・栃木県・福岡県の各内務部長などを経て、昭和五年（一九三〇）から第一〇代の神宮皇學館館長となる。神道教育の改革のために、昭和七年に本科に神道科を設置。諸制度や施設を整備して、学生の神道教育の充実を図った。大学昇格に向けて尽力し、昭和一四年、修養施設として惟神道場を建設。神宮皇學館への赴任は、「青天の霹靂」であったという。神道との縁を結ばれ、木村春太郎教授に教えを受け、自らの神道観を育成した。後に『神道の本義とその展開』を出版する。昭和一五年に、神宮皇學館の大学昇格が実現し、同年、新たに建立された近江神宮の初代宮司に就任した。

戦後の困難な時期には、昭和二八年と昭和三〇年の二度にわたって、第四代、第六代の神社本庁事務総長を務めて、神社界に大きく貢献した。戦後、一時廃止された皇學館の再興にも尽くし、昭和三七年、皇學館大学が再興されると、初代学長に就任した。昭和四一年、第一回卒業生を社会に送り出し、皇學館大学の学長職、近江神宮の宮司を退いた。

貫一の教育観に大きな影響を与えたのは、大正一二年(一九二三)から一三年にかけての英国視察であったという。ケンブリッジ大学では、一七のカレッジがいずれも礼拝堂を有し、学生が週一度必ず礼拝に出席すべきことを定めるなどして宗教心を涵養し、精神的教育に資していた。英国大学における学生の品性陶冶、厳格な指導に大きな感銘を受けたという。こうした貫一の理想が、神宮皇學館の諸改革や学風確立に大きく活かされている。

7 神祇院の復興と宮中への返還活動

昭和一〇年代には、中村新子は何とかして御道を宮中にお返ししようと、門人たちとともにまずは神祇官の再興に奔走した。再興に協力した門人の中に、白峰神宮の宮司である石井鹿之助や、松尾大社の神職であった小笠原大和がいた。

神祇官の復興活動の結果として、近衛文麿など政治家の支持を取り付けることができた。神祇官の復興の先駆けとして、まず神社局を神祇院に改組することができた。しかし、太平洋戦争の敗戦の時期と重なってしまい、戦後の占領政策の中で、神祇院は何ら有効な活動実績を残せないまま、結局廃止となってしまった。御道を宮中にお返しするという目的は果たせずに、復興活動によりできた神祇院は終了し、解散することになってしまったのである。

8 太平洋戦争での神示

太平洋戦争をめぐっては、戦況の予想を聞くために複数の軍人が中村新子の元を訪ねた。秦《はた》真次《しんじ》中将（憲兵隊司令官）、荒木貞夫中将など陸軍の高官が、新子を訪ねたという話が残っている。馬場剛【27】の『明治・大正・昭和の日本』によると、太平洋戦争の危機が迫っている時分、秦中将が神の意思を知るために、御行による神占を新子に願い出た。

また、由利渓【28】の「蘇る源の道」によると、太平洋戦争の戦雲危急を告げる昭和一七年（一九四二）の前半には、荒木中将あるいはその使者が、米英両国と開戦すればどうなるかを伺いに訪れたという。「蘇る源の道」では、短冊形、三角形の紙を使って、神意を伺ったように述べているが、記事には、思い違いも見られる。このような占断方法は伯家に伝わってはおらず、これは由利の想像と思われる。九星で占断したわけでもない。何かの占いで、戦況を判断するのではない。神意を伺うには、高等神事を使うのが伯家の伝統的な方法である。

荒木中将の使いは、開戦の準備を始めているが、御神意による開戦の時期を決めてほしいと言う。神意を伺うには、そのための高等神事を行わなければならない。御行を行う時間が必要なため、しばし待ってもらうことにした。御行が終わり、新子が奥の部屋から出て来て、使いの者に面した。はたして神意はどうであったか。アメリカやイギリスと戦争を始めれば、必ず敗れるとでた。戦争をすれば、大日本帝国は滅びるという。使いの陸軍高官は納得しなかったが、新子は、神意を変えることなどできないとつっぱねた。その毅然とした態度に使者たちは、あきらめて帰っていった。

秦中将による願いにもこたえて、神事を行った。神事による結果は、陸軍の主流の考えとは異なり、意外にも英米と協調せよということであった。残念ながら当事の陸軍の強硬派にとっては、英米と協調するなどということは、到底受け入れられるはずもなく、神の意志を伺うという神示の結果は、全く生かされることがなかった。

これ以外にも、海軍が神事を伺いに来たという伝聞が残っている。昭和一七年の前半には、海軍の将校たちが、ミッドウェー海戦の結果を教えてほしいといって新子の元を訪れたという。海軍はこの海戦に勝利することにより、講和に持っていこうと考えていたのである。将校たちは、海軍の戦闘能力は、ここまでしか続かないことをよくわきまえていた。新子の御行による審神《さに》者《わ》では、戦いの結果は必ず負けるとなった。これを聞いて海軍の幹部は驚き、何とか良い結果がでないものかと、しつこく何度もやり直しをさせたという。しかし、神示として御行に表れた結果を変えることは、最後までできなかった。

省みると、神へと向き合う人の態度という点で、考えるべきことがあるように思う。海軍の幹部は、御行による結果が自分の望んだものとは違うという理由でやり直させた。例えどのような結果が出ようと神の意に沿おうということではなく、人間の意志に沿うように、神に修正させたいということである。神の意を尊重するという気持ちが、最初から抜け落ちていることが見て取れる。神への敬いの気持ちがないか、薄いのである。人間の意志に、神を沿わせようということは、ある意味では神を使役しようということと同じではなかろうか。神の意を体現するような人間でありたいということからは、かけ離れた態度であるといえるだろう。

結局、訪れた海軍の将校たちは、ミッドウェーでの海戦を止めることはできず、海軍は昭和一七年六月五日、ミッドウェー海戦で大敗してしまうこととなった。その後も戦局は悪化する一方で、海上での戦いも、陸上での戦も負け続け、最後には敗戦となった。

補足

【27】馬場剛《つよし》（一八九三〜一九六五）

馬場剛は、明治二六年生まれで、京都大学文科哲学科を卒業している。毎日新聞、雑誌「解放」「表現」などに執筆し、戦後に帰農した。昭和一九年(一九四四)、白川神祇伯王家の伝承を白川資長子爵から聞く機会があり、京都の和学教授所で開かれた中村新子の斎修会に参加した時の体験を語っているので、『明治・大正・昭和の日本―その戦争と平和の歴史』から引用したい。

大正一五年春、知人の家の結婚式があったとき、都ホテルの休憩室ではからずも伊吹という人から不思議なことを聞いた。それは白川神祇伯王家の御道《おみち》のことである。(中略)

それから三年経って私は伊吹氏を訪い、和学教授所の中村新子先生を紹介してもらった。(中略)当時貴族院議員白川資長子爵は折々和学教授所へ来られた。(中略)白川神祇伯王家が八百余年間神祇官統領として八神殿に御奉仕せられたことは、中村先生から聞いて居った。ここで私が白川子爵から聞いたことは、明治になって八神殿の八の字が除かれて神殿となり、他の神々と共に合祀せられたことである。その上八神殿に付属する祝殿《はふりでん》は今も白川家に残って居るとのことであった。(中略)

明治遷都以後は、神武天皇以来の伝統に重大な変化があったことになるのである。和学教授所でやることは御祓《おはら》い行事と御修行である。(中略)

御修行は天のウズメの行といわれるが、これは陰になって陽を迎えることであり、やがて限りない旋回の中に陰陽は合一する。旋回は宇宙の本元の姿であって、もはや陰でもなく、陽でもなく、すべては旋回の中に溶け込む。身体が本年の姿に帰るから、不完全なところが治り、病がなくなるのは当然である。さらに重要なのは精神のゆがみが取りはらわれることである。(中略)

ここにこそ天皇神格化の原理がある。御修行は天皇神格化に欠くべからざる行事である。前に述べた明治遷都と共に神武天皇以来の伝統に重大な変化があったこと、及び天皇神格化にもっとも必要である御取立行事が明治以降、宮中へ伝わらなかったことは日本国体の上からもまことに遺憾なことである。(中略)天皇神格化には多くの不備はまぬがれない。私が明治の天皇制が権力化、軍国主義化であって、神格化でないという根拠はここにある。(中略)

日露戦争後に明治の天皇制が、軍国主義を脱皮出来なかったことはまことに遺憾であった。そのために天皇はしばしば戦争を防ごうとせられたにかかわらず、ついには戦争に利用せられる結果となった。それは天皇の権力化、軍国主義化のためであって、天皇の神格化のためではない。(中略)外国人に解らないのは無理もない。日本の国民にも少数の人を除いては大学教授や博士にも解らないのである。(中略)

戦前にも二大政党の時代があった。しかし形式上の民主主義だけでは戦争を防ぐことは出来ない。国民が日本平和の伝統を知らなかったから、軍部の抑圧やクーデターに政党政治はもろくも壊滅したのである。敗戦の結果国体に変化のあったことは、まことに遺憾であった。普通は神格化の天皇が人間天皇になられたと思って居る。しかし天皇が軍服を脱ぎ、サーベルを捨てて、平和の象徴になられたことこそ、権力化、軍国主義化を脱して神格化に近づかれたのである。（中略）

普通の人間と同じ意味で尊敬すべき方であるというだけでは象徴の意義は成り立たない。日本平和の伝統を体現せられる方であるから、象徴の大君である。宮中祭祀こそが平和の源泉である。

（出典『明治・大正・昭和の日本―その戦争と平和の歴史』「第三部（14）天皇の神格化は戦争につながるものでなく平和主義 民主主義である・神格化の天皇は戦争に利用することは出来ない」 改行などは引用者による）

【28】由利渓《ゆりけい》

由利渓は、昭和六年（一九三一）兵庫県生まれ。京都工芸繊維大学卒で、画家としての師は、須田国太郎（一八九一～一九六一）である。モダンアート協会会員画家。晩年の中村新子と付き合いがあったが、和学教授所の門人とはいえない。まして神祇伯や伯家神道の継承者ではなく、御行についてはほとんど知らないと思われる。「蘇る源の道⑴⑵⑶」は、一九〇七～二〇〇四年まで版元を変えて発行されていた雑誌「日本及日本人」の通巻第１６３６～１６３８号（一九九九～二〇〇〇年）に掲載された。

9　石上神宮での鎮魂行法の講習会

石上《いそのかみ》神宮【29】でも、伯家神道の鎮魂行法の講習会が開催されている。石上神宮での神道行事講習会（昭和二九～三一年）では、伯家神道の清祓とともに、石上神宮の鎮魂行事の指導も行っている。

石上神宮の鎮魂行法と伯家神道の清祓行の両方が行われ、どちらを一般の神職向けの行法として採用するかが諮られ、結局のところ石上神宮の鎮魂行法が採用された。現在でも、石上神宮の鎮魂行法がいろいろな講習会で教えられたりしている。

石上神宮の鎮魂行法は、饒速日命《にぎはやひのみこと》が十種神宝とともに、天津神から授かり、宮中と石上神宮に伝えられた鎮魂法といわれる。

神社本庁では、公式には、石上神宮の鎮魂行法を採用している。

石上神宮で行われた講習会の趣意書

斯界に古くから伝来する石上神宮の鎮魂並伯家神道の清祓行事を実修し、これが真義を体得した上で、祭祀に奉仕し、教化宣布に当ることは緊要のことと考へられますので、左記要領により講習会を開催することに致しました。

目的
石上神宮の鎮魂と伯家伝来の清祓《みそぎ》行事とを実修し、併せて神典講読を行ひ、以つて深き省察と体得とを目的とする。
（筆者の手書きの写しより）

神道行事講習会の講師として、石上神宮の宮司である青山重香（一九一二～一九七二）、同じく神宮禰宜である森武雄（一九一八～？）、後の宮司）が石上神宮の鎮魂行事を行う。伯家神道学頭の末裔である中村新子、門人であった長等《ながら》神社宮司の新宮幸勝（一九〇二～一九九三）が、伯家神道清祓行事を行う。

石上神宮での神道行事講習会の募集要項はつぎのようなものであった。

第一回 神道行事講習会
会場　石上神宮
期間　昭和二九年七月二日～九日（八日間）
趣旨　斯界に古くから伝来する石上神宮の鎮魂並伯家神道の清祓行事を実修し、これが真義を体得した上で、祭祀に奉仕し、教化宣布に当ることは緊要のことと考へられますので、左記要領により講習会を開催することに致しました。

目的　石上神宮の鎮魂と伯家伝来の清祓《みそぎ》行事とを実修し、併せて神典講読を行ひ、以つ
て深き省察と体得とを目的とする。

講師　石上神宮宮司　青山重香先生（石上神宮鎮魂行事）
石上神宮禰宜　森武雄先生（石上神宮鎮魂行事）
伯家学頭の裔　中村新子先生（伯家神道清祓行事）
長良神社宮司　新宮幸勝（伯家神道清祓行事）

経費　受講料不要。但し宿泊料・諸経費は一日三百円の割。別に米二升五合持参。

修了者　三〇名

（筆者の手書きの写しより）

石上神宮での講習会に参加し学んだのが、梅田開拓筵《うめだかいたくえん》を主宰した梅田伊和麿《いわまろ》【30】である。伊和麿は、御道の修行の方法を取り入れ、独自の古神道行法として体系立て指導を行っていた。

補足

【29】石上神宮

奈良県に鎮座する日本最古の神社の一つである。古くは石上振神宮《いそのかみのふるのかみのみや》とも称されていた。御祭神の石上大神（布都御魂大神《ふつのみたまのおおかみ》、布留御魂《ふるのみたまの》大神、布都斯魂《ふつしみたまの》大神）は、神剣の霊力を象徴する国家鎮護の神でもあり、鎮魂の神でもある。三柱の祭神のうち、特に布都御魂大神と布都斯魂大神は武神としての性

格を、布留御魂大神は鎮魂の神としての性格を担っている。

【30】梅田伊和麿（一八七七～一九五五）と梅田開拓筵

石上神宮で講習会を開催しているころに、筑波山に梅田開拓筵を開いた梅田伊和麿は、石上神宮の講習会に何度も参加したと伝えられている。石上神宮の鎮魂法と伯家神道の行法の清祓を合わせて学んだようである。伊和麿は、妻である梅田美保《みほ》とともに、川面凡児流の禊、自修鎮魂、他修鎮魂などの鎮魂行法、振魂行法などを、梅田開拓筵で修行しようとする青年に指導した。

10　宗教法人の認証と九重敬神会の結成

戦後、昭和二六年（一九五一）四月に、宗教法人法が新しく成立した。それに伴い和学教授所を、「宗教法人神道古伝和学教授所本部」として、昭和二七年八月に京都府知事の認証を得た。昭和二七年に『宗教法人神道古伝和学教授所本部』という冊子が出されており、その経緯と役員人事が書かれている。

宗教法人法の認証を得ると共に「九重敬神会《ここのえけいしんかい》」というかむながらの道を学び、家庭祭祀を行うための団体を結成している。祝の神事の御行を行うだけでは、多くの人に伯家神道のかむながらの道を伝えることは出来ないと考えたためか、かむながらの道を学び、家庭祭祀を行うための団体を結成したのである。一般の人たちにも、かむながらの道を伝えたいと考えたためであろう。

敗戦後の日本では、戦争前の社会体制に対する反発からか、神道的な思想そのものが否定的にみられることが多くなった。これからの日本が進むべき方向として、運命づけられたともいえる、民主主義、自由主義においては、人々の利己主義的な行動が多くみられるようになってしまう。社会的にも家庭的にも、至るところで個人の自我の対立が起こり、敬神の念は減退してしまったといえる状態となった。そのため社会的にも人々が相争い、社会の不和と葛藤が生まれるようになってきた。

日本は、敗戦により、個人だけでなく、社会的にも多くの創痍《そうい》を受けている。日本の国家としての再建のためには、日本独自の努力によって、国の運命を切り開いていく必要がある。日本の国体を維持するための精華ともいえるかむながらの道、つまり神祇道は、宇宙の構成している、一つの真実が顕現したものとみることもできる。日本において長い間に精錬させられ、今日まで続いてきたものであり、捨て去ってよいような旧思想ではないのである。中極の道ともいえ、偏狭なる道ではなく、古今東西の思想などに比べてみても、見劣りするものではない。宇宙真理の顕現といえるので、将来には世界の指導原理として発展すべきかむながらの道といえる。自己の生命と息の根源を極めるため、自己と祖先と一体の理解と意義を悟るならば、神人合一の境地も開ける。ここから親子、兄弟、夫婦、一家一体の平和なる家庭が実現していく。しいては天皇の御本質も明らかとなり、国体の意義も理解できるようになるであろう。

家庭祭祀の実習には、神祇道の神祇伯王家に神伝相承せられたるうちの祓い清めの修法を修得させて、家庭円満の基礎を固め、さらに社会へと拡張して、日本国の再建と世界平和に貢献したいと考えたのである。

「宗教法人神道古伝和学教授所本部」の事業として、一般に敬神宗祖の本義を探求する人々の団体として、「九重敬神会」を結成することにしたのである。かむながらの道の育成発展は、神祇道における祭祀の実践により、自ずと体得できるようにしようとした。家庭祭祀を正しくして、実践することを目的として、「九重敬神会」という団体を結成した。これは昭和二〇年代の後半のことである。「九重敬神会」としてどの程度活動したかは、ほとんど記録がないので不明である。あまり活発な活動ではなかったのではなかろうかと思われる。

戦後の和学教授所の相談役としては、吉田茂（神社本庁顧問）、平田貫一（近江神宮宮司）、岡田米夫【31】（神社本庁調査部長）、理事長には引田一郎（宝塚音楽学校校長）などがいる。

冊子『宗教法人神道古伝和学教授所本部』には、「由緒沿革」（306ページに掲載）、「和学教授の要旨」（286ページに掲載のものとほぼ同文）、「九重敬神会」、役員人事が掲載され、役員人事は次のようになっている。

総監　　元子爵　白川資長
会長　　　　　　中村新子
副会長　　　　　高浜浩
神事長　　　　　中村暄子
相談役　神社庁顧問　吉田茂
同　　近江神宮宮司　平田貫一
同　　神社庁調査部長　岡田米夫
理事長　　　　　引田一郎
以下　理事

（出典『宗教法人神道古伝和学教授所本部』）

このなかで神事長が中村暄子となっており、中村新子との繋がりが不明である（新子に養子に入った安見晴子がいたので、中村暄子は旧姓の中村晴子の誤植ではないかと思われる。なぜ結婚した夫の姓ではなく、旧姓なのかは不明）。理事長の引田一郎は、宝塚歌劇団の理事長を務めた人である。

由緒沿革

神道古伝和学教授所は旧神祇官統領白川伯王家に伝承せられたる国体の基礎たる神祇道即ち惟神なる古伝神事の実践を目的とし、祖父高浜清七郎と父(清七郎女婿)宮内忠政に依りて明治二五年五月に創設せられたものであります。抑も白川家は人皇六五代花山天皇の皇孫清仁親王の御子延信王を祖とし、王は人皇六八代後一条天皇の万寿二年三月源朝臣の姓を賜り、臣下に降り、王称を許されて、神祇伯王に任せられ給ひました。爾来明治維新まで連綿代を重ねること五十余代年を経ること八百余年の間、神祇官の長官として、禁裏に御奉仕あらせられ、同家伝承の惟神の本道本教とも言うべき貴重なる門外不出の古伝神事秘法を伝奏あらせられたのであります。

祖父清七郎は幕末に当り白川伯王家の学頭を承り内侍所並に神祇官御印書を拝受して、斯道最高の栄誉を負ふたのであります。かくて伯王に代って御奉仕を致し、又神祇道の講説、御修業御取立を為し、兵学をも講じ敬神尊皇の大義を唱道致して居たのでありますが、明治の御代になりて、皇道宣布の必要を感じて、父忠政と図りこの教授所を創建致したのであります。私は幼少より、この道の伝授を受けて、父の没後此の教授所を引続き主管致して参りましたが、此の度宗教法人法が新しく成定せられましたので、この教授所を宗教法人として認証を得、此の時運に即応して発足することに致した次第であります。

（出典『宗教法人神道古伝和学教授所本部』）

高濱清七郎と宮内忠政によって、和学教授所が創設せられたことが書かれている。この御道の修行は、古伝神事秘法である。戦後、新たに法律が制定されたので、宗教法人とした経緯が書かれている。

補足

【31】岡田米夫《おかだよねお》

岡田米夫は神社本庁に勤めていた神道学者であり、神社本庁の調査部長、教学部長に就任している。

11　東京での御行の指導

昭和三〇年代には、大成教《たいせい》に所属していた神道禊大教会（唯一神道禊教、梅田神明宮）の教長であり、梅田神明宮の宮司でもあった関口鉄三郎（鐵三郎）【32】が、中村新子を招き、祝之神事の御行をしたという話が残っている。

井上正鐵（正鉄。一七九〇〜一八四九）の影響を受けた教団がどうなったかを見てみよう。正鐵の生きていた時代は、白川家も存続しており、白川家以外で、祝之神事を行えるような状況ではなかった。そのような畏れ多いことは、正鐵も行おうと考えてもいなかった。

正鐵は、江戸時代には寺社奉行による取り締まりを受けながら布教活動を維持した。天保一一年(一八四〇)四月、日光街道千住宿に隣接した梅田村の神明社(梅田神明宮)の神主となった。妻の男也《おなり》、門人の三浦隼人・采女夫妻、野沢麁鉄《あらかね》(後の鉄教)とともに布教を行った。村越正久をはじめとして、坂田正安、水野弥三郎、河内武胤などを教化した。これにより、信徒(禊教の信徒のことを「門中《もんちゅう》」と言う)が増えてきた。

天保一二年閏正月には、幕府の密偵から門中に転向した伊藤祐像《すけかた》に皆伝を授け、信濃国伊那に帰らせた。開教してから、一年半後の天保一二年一一月には、寺社奉行による取締により、井上夫妻と三浦夫妻が捕らえられ、三浦隼人は獄死した。

一旦、正鐵は帰村が許され、「唯一問答書」を執筆した。しかし幕府には受け入れられず、正鐵は、天保一三年一一月の再度の取締によって遠島となった。天保一四年六月に、正鐵は三宅島へ流され、嘉永二年(一八四九)二月に没するまでの六年間に渡って、教導を続けた。

嘉永二年二月に正鐵が没すると、布教活動は衰微してきた。文久二年(一八六二)三月に、二十年ぶりの取締を受けて、杉山靭負《ゆきえ》など二六名の教師が寺社奉行に召し出され、坂田正安とその息子坂田鐵安(鉄安)など五名ほどが、江戸所払いとなった。坂田正安と鐵安は、京都へ行き、白川家家来となった。

江戸時代は、各弟子たちが、それぞれ布教活動を続け、正鐵の教えを広め、独自の信徒集団が形成された。

明治に入ると、幕府の取り締まりはなくなり、明治五年に教部省より「吐菩加美講」という名称で布教の公認を得ることができた。幕末に形成された正鐵を開祖とする、いくつかの集団が集まって、「吐菩加美講」となった。

後に大成教の管長ともなった平山省斎【33】は、氷川神社（埼玉県）の大宮司であり、東宮千別が権禰宜《ごんねぎ》、村越鉄善《てつぜん》（鐵善。一八二五〜一九〇八）が主典《しゅてん》という役職にあった。東宮千別《とうぐうちわき》（一八三三〜一八九七）と鉄善は、正鐵の門中であり、有力な教会を持っていた。なぜこれほど大成教と禊教が関係あるのかというと、省斎も正鐵の修行を学んだと考えらる。大成教は、吐菩加美講（身禊講社）の関係者が中心であった。身禊講社は、禊教社と改めた。

有力教師の連合体である「吐菩加美講」の後身の「禊教社」から、明治一二年（一八七九）に坂田鐵安の教会が離脱した。後に「大成教禊教」となる流れとは別に、「禊教」として独立する流れとなった。

残りの「吐菩加美講」に属していた教会は、この明治一二年を分岐点として、大成教禊教が成立した。明治一五年五月に省斎を管長とする「神道大成派」として独立が認められた。大成教は諸教会の大成を目指していた。創立の直後は、禊教社と御嶽信仰の諸教会が主要な構成員であった。御嶽教が特立すると、禊教は事実上、大成教の本部機能を担う組織になった。

鐵安の「禊教」は、宗教的な求心力を持たせるため、正鐵を祭神とする「井上神社」を建立し、組織に管長職を設置し、「禊教本院」が教会や教師を一元的に管理することになった。神道教派としての「禊教」が正鐵を代表する教団となった。

大成教禊教は、次第に衰微していき、求心力を失ってしまった。広い意味での大成教禊教は、神道教派としての「大成教」の本部機能、中間包括組織としての「大成教禊教」、所属教会としての禊教各教会と、三層の展開を持っている。「大成教禊教」は、大成教の中核としての立場から、繰り返し統一への試みがあったが、明治後期以降は統一しようとする意志が薄らぎ、別個の教会として展開し、衰退していった。

正鐵が、梅田神明宮の神主となって以来、梅田神明宮は、井上家と大成教禊教の関係者によって管理されてきた。安政六年(一八五九)一二月に、靭負が、白川家より跡目を認められた。荻原稔は「大成教禊教の成立過程と変遷」(「明治聖徳記念学会紀要」復刊第49号)で、靭負は井上家の戸主となった井上善彌であると推定している。明治一一年(一八七八)四月に、善彌が没し、その後は、正鐵の甥の井上祐鐵《ひろかね》(祐鉄)が継いだ。大成教禊教総本院長にもなり、明治三三年一月に没した。

その後は、横尾信幸が、昭和一六年（一九四一）に没するまで社掌を勤め、昭和二十年代までを梁島正一郎、その後を「禊神道本院」教師で禰宜であった、鉄三郎が宮司となった。老朽化した社殿や井上家の修復などを行った。

現在は、「唯一神道禊教」「唯一神道禊教川越分院」「神道大成教禊教会本院」「禊神道教会」の旧大成教系の四教会が合同して、維持している。

鉄三郎が宮司の時代に、新子を東京に招聘し、斎修会を開催したということである。一般に開かれた斎修会とは思われないが、東京でも御行の指導を行っていた。（参考文献「『禊教本院』の展開」同紀要復刊第45号、「大成教禊教の成立過程と変遷」）

禊教の坂田安儀（惟神教会禊社を設立した坂田鐵安の子孫）も、この場に参加したという。当時は新幹線（昭和三九年一〇月から）が開通する少し前であり、東京と京都の往復は時間的に大変であった。東京まで出向いた新子は、東京にしばらく留まって、鉄三郎らの御行の指導をしたものであろう。新幹線が開通した後は、京都から東京へ出向くのも、かなり便利になったと思われる。

坂田安儀はここで初めて祝之神事の御行に触れた。新子が亡くなった後も、別の師について、御行を続けたという。新たに建立した身曽岐《みそぎ》神社（山梨県）において、十種神宝御法として御行の指導をするようになった。

【32】関口鉄三郎《てつさぶろう》（一九〇八〜二〇〇二）

関口鉄三郎は、明治四〇年ごろの生まれで、正鐵の流れをくむ前橋庄三郎（?〜一九四八）に入門し、教会の教師として教務に従事した。大野新太郎を継いで教会長に就任した。戦災で焼失した車坂の教会を谷中に移転して再建し、西日暮里駅の新設に伴い、梅田神明宮の隣地に教会を移転した。梅田神明宮の梁島正一郎宮司の没後は、梅田神明宮宮司となり、梅田奥津城、梅田神明宮本殿拝殿、社務所（正鐵旧宅）の補修工事を行った。さらに谷中奥津城の補修工事を完成させた。戦中戦後を経て、門中の減少や、教会の消滅などに伴って、放置されてきた禊教の遺跡を後世に残す事をされてきた。平成一四年四月（二〇〇二）に、九四歳で亡くなる。

【33】平山省斎《せいさい》（一八一五〜一八九〇）

平山省斎は、前半生は幕府の役人として、後半生は神道家として過ごした。陸奥国三春藩（福島県）、藩士黒岡活円斎の子であり、江戸に出て、漢学や国学を学んだ。嘉永三年（一八五〇）、平山源太郎の養嗣子となった。安政元年（一八五四）、ペリーが再来航した時、応接掛となった。貿易事項取調のため、長崎奉行であった水野忠徳らと長崎へ赴き、日露追加条約を審議した。安政五年、安政の大獄で免職となった。将軍徳川慶喜の側近として補佐し、慶応三年（一八六七）、若年寄並兼帯外国惣奉行となるが、慶応四年、鳥羽・伏見の戦いで、幕府軍が惨敗したおり、薩長勢力に強硬論を主張して免職となる。ここまでが幕府の役人としての半生である。

明治維新後は、慶喜に従って一時、静岡に移ったが、その後は神道家として活動した。明治五年（一八七二）に教導職となり、明治八年、日枝神社祠官、翌年には氷川神社大宮司となった。明治一二年に、大成教会を結集して、教長となった。明治一五年、神道大成派として独立し、初代管長となる。御嶽教の別派独立に伴い、御嶽教の管長をも兼ねた。つまり大成教と御嶽教の二つの教派神道の管長となったのである。どちらの教派神道も、既存の各教会が集合したものであり、管長の打ち出した教義を基にした教団とはいえない。

12　戦後の宮内庁への働きかけ

戦後も何とか宮中へ御道をお返しできないかと、中村新子は神社関係の伝手を頼り、いろいろな働きかけを行ったという。近江神宮や石上神宮の宮司、神社本庁の岡田米夫らを通して、神社本庁に伝手を探し、宮内庁へと働きかけをお願いした。

昭和三八年（一九六三）ごろに、神社本庁を通しての宮内庁への働きかけが功を奏し、関係者に会えるところまでいった。宮内庁の関係者に、新子が話をする場を設けてもらえることになり、この機会を生かそうと大きな期待を抱いて、宮内庁へと向かったのである。

宮内庁を訪れ、そこに集まった宮内庁長官、式部職職員らの出席者に、江戸時代までの旧神祇官白川家で行われていた御道がどのようなものなのか、理解してもらえるように説明を行った。高濱清七郎から、どのような経緯で伝承されてきたかについても、精一杯の話をしたのである。新子は、神伝相承の御道の内容や行法にまで、口頭で説明できるところは、できるだけ立ち入って説明を行った。宮内庁の職員達に理解してもらおうと、勇んで話をしたのである。

集まった宮内庁の職員達は、話の内容には、あまり興味を持ってもらえず、真剣には取り合ってはもらえなかったという。神秘的な神事や行法などには、宮内庁の職員は興味なく、話は聞いてもらえたが、神事には興味を抱かなかったようで、質問もあまりなく、聞くだけで終わってしまった。

太平洋戦争の後は、物質中心主義的で、利己主義的な考え方は、ますます日本人の心の深くに根付いてしまい、日本人の精神性をおとしめることになった。霊性よりも、経済的な物質的な豊かさだけを求めることが、人々を支配する原動力となってしまった。日本人の豊かな精神性を育んできた、宗教的伝統は、崩壊の危機に陥ることになった。昔から伝わるという神秘的な神事や行法には、一般の公務員は、興味など持ってはいなかったのである。

神秘的な神事や、神に直接かかわる修行、御道の修行に興味を持つ人自体少なく、自分でそれを学んでみようという人も少ない状況であった。神伝相承の御道での修行は、国家公務員の官僚制度には、なじむものではなかったであろう。

13 続けられた斎修会の開催

中村新子は、戦後も京都の和学教授所、近江神宮、梅田神明宮、石上神宮などへ出かけていき、斎修会や講習会などで御行の指導をしている。東京へも、梅田神明宮の宮司の招請によって、御行の指導に出かけていた。激しい太平洋戦争の後では、物質主義が隆盛し、秘められた神道の修行に興味を寄せる人はほとんどいない時代へと変化してしまった。戦後の間に、民族の価値観の柱が消えてしまい、世代間の断絶が起こり、文化や国体がとらえにくくなった。神国日本を看板に掲げて、戦争の中で、軍人らをはじめとする指導者層の暴走を身近に体験すると、神道や神というものへの反発や拒否感が広がり、信じられなくなる。

この時代には、一部の人を除いて伯家神道という言葉は、ほとんど知られていない。専門的な神道用語といえる伯家神道、白川神道という言葉も、世間一般には知られてはいない時代である。神道の修行に興味を抱いている一部の好事家だけが、伯家神道という言葉を知っていた時代である。限られた範囲の修行に興味を持つ人にしか、御道の斎修会の情報は伝わらず、参加者は少なくなる一方であった。それでも神道の修行に熱心な人や、何かの縁で伯家神道の御道のことを聞きつけて、斎修会に参加する人がいたのである。

新子は、佐々木富久子ら数人の高弟と呼べる門人たちと御道の指導を行っている。神事長代理を務めていた安見晴子は御修行の指導にかかわっておられたが、そのほかの縁者の方は門人の指導には、ほとんどかかわってはいないと伝えられる。

昭和三〇年代に、神道大成教に所属していた神道禊大教会(唯一神道禊教)教長であり、梅田神明宮の宮司であった関口鉄三郎が、新子を招請して斎修会を行った。斎修会には、いろいろな方面の方が参加しており、最晩年の昭和四〇年代の門人の中には、教派神道の宮司(管長)なども伝えられる。画家の由利渓も知己ではあったが、御行そのものについては、門人として学んでいたとは思われない。昭和四〇年には、近江神宮の宮司も平田貫一初代宮司から、二代目の横井時常宮司へと変わっていた時代である。この頃、新子は近江神宮の一室をあてがってもらい、神宮内で生活していた。

㉒ 斎修会

斎修会には、ごく稀にではあるが、俗に狐憑きと呼ばれるような霊的影響が強い人が来ることがあった。そのような人には、御修行を受けさせなかったという。
「あなたは、今日はお客さんを連れてきていますね。お客さんがいると御行はできません。どうぞ、お引き取りください」

中村新子は、お客さん(動物霊)が憑いている人の御行は断ったという伝承が残っている。

修行者に何か霊が憑いていると、修行者からその霊が離れるまで、伯家の本来の御行にはならないのである。憑依とは、蛇霊、狐霊、狸霊などのことである。これらの憑依霊の意識は、とても御行ができるような段階ではない。天狗霊でも難しい。外部からくる憑依霊では御行はできない。憑依霊は、御行の中では正体を隠せず、騙し通すことはできずに姿を現してしまう。

憑依霊の意識は、神の意識ではない。憑依霊は御行ができるような意識ではなく、御行を行うことはできない。人間の魂には、神と直接繋がる直霊《なおひ》があるが、憑依霊は直霊を持っていないので、神と繋がれない。憑依霊の意識では、御行を行うことはできず、神と同調することができない。憑依の意識では、伯家の御行とはならない。憑依を持っていると本来の御行とは別のものとなってしまい、御行の世界になかなか入れない。だからお客さんを連れている人では、祝之神事の御行は難しいのである。憑依霊の意識は神ではないから、憑依霊の要求を受け入れてはいけない。憑依霊は巧妙であり、要求を受け入れたが最後、次の人生(すなわち来生)にまで影響していく。

お客を連れてきた人には、御修行が全くできないかというと、実はそのようなこともない。何度も何度も、あきらめずに根気よく御修行を受けていると、霊的な影響を祓い清めることができるかも知れない。強い憑依でなければ、御行は可能である。

潜在意識に潜む霊的な影響を薄めていき、それを乗り越えることができて、はじめて御修行が進んでいくのである。ただし憑き物が見せていた霊能力はなくなるかも知れない。普通の人より、御修行が進むのに時間がかかる場合が多く、個別に対処する必要もでてくる。霊的影響など受けないように、自分自身を清浄に保つようにする心構えや浄心も必要である。指導に手間も時間もかかり、対応するのが大変であることは確かである。

14 中村新子の逝去

中村新子は、京都の和学教授所と近江神宮を拠点として活動を続けていたが、昭和四八年(一九七三)ごろに亡くなっている。

昭和四七、四八年(新子八五、八六歳)ごろのこと、御行の指導をしていた新子にある不測の出来事があった。滋賀県の神社の会場での御行での出来事のようである。東京での御行ではなく、関西で行った御行であったが、東京で行った御行での参加者もいたもようである。御修行の指導の最中に、急に修行者に倒れ掛かられたのである。急なことで新子は気を抜いたか気付くのが遅れたかで、御行の場から外に蹴り出されてしまった。御行の中では、何が起こるかわからないので、気を抜いてはいけない。柱人がしっかりしていなければ、どんな不測の事態が起こるかも知れないのである。この事件により、新子は老齢でもあったので、背骨か腰を痛めることになった。それが原因となり病床に臥すことになり、奈良の病院に入院されたという。すでに高齢であり、そのまま昭和四八年の終わりごろに永眠された。養女である安見晴子が嫁いでいた松尾神社(滋賀県八日市)で、昭和四九年初めに葬儀が取り行われた。

亡くなる一週間ほど前に、横井時常宮司の立ち合いのもと、若い神祇関係の有望な門人であった禊教の坂田安儀《やすよし》【34】に後事を託されたという。安儀は、東京の梅田神明宮で催された伯家神道の斎修会に初めて参加しており、関西で催された斎修会にも参加することがあった。安儀は伯家の修行については、まだ途中までしかなされていなかったので、小笠原大和(義人)に再入門して、御修行を継続して学ばれた。当時残っていた新子の弟子には、御行を指導できるような弟子は、ほとんど残っておられなかった。安儀が大和を探し出し、再入門したということは、当時残っていた弟子には、御行を指導できる方はいなかったということである。新宮義勝も、弟子を指導できるほどではなかったと思われる。御行もせずに、高等神事を行うことはできない。必ずしも、秘伝書にすべて書き記すことはできない。御行について知らないから、いい加減な指導になる。まともに御行を行っていれば、そのような指導を行うはずはない。

和学教授所の後継者と目される人はおらず、そのまま和学教授所は解散となり、高濱清七郎の義理の息子、宮内忠政に始まった和学教授所の歴史は、ここにおいて終焉を迎えることとなった。清七郎からの血縁者や近親者による御道の継承も終わりを告げた。その後の御道の継承は、また別の機会に述べることとしよう。御修行を受ける門人を集め、神伝相承により伝えていくという和学教授所の役割は、ここに終幕を迎えることになったのである。

白川神道、伯家神道が、どのように終わりを迎えたかも、ここで確認しておこう。白川家は、第三二代の最後の当主、白川資長《すけなが》が昭和三二年に亡くなったことをもって断絶している。白川家がなくなったことにより、「白川神道」という呼び名も過去の歴史となった最後の神祇伯であった第三一代の資訓《すけのり》王が、神祇伯の「王」号を返上し、神祇官の職制に神祇伯がなくなり、神祇官もなくなったことにより「伯家神道」という名前も過去の歴史となっている。もうすでに存在しない過去の権威に頼るのではなく、権威に捕らわれるのでもなく、宮中深く秘かに伝えられた、皇《すめら》の御道（御修行、御行、十種神宝御法、祝之神事、御簾内の御行など）

をどれだけ正確に正しく伝えていくか、ということにかかっているのである。

補足

【34】坂田安儀《やすよし》

坂田安儀は、禊教の第六代教主で、昭和三二年(一九五七)に禊教の第五代管長となる。東京都上野にあった井上神社の宮司でもあった。

昭和九年、東京で生まれ、令和四年(二〇二二)に亡くなった。東北大学文学部卒。

井上神社は昭和四九年一一月に火事で焼失したため、山梨県小淵沢町に、新たに古神道本宮、身曽岐神社を建立した。同神社に井上神社を遷座し、身曽岐神社の宮司となった。

安儀は中村新子の最晩年の門人であり、最後の弟子ともいえる。新子が亡くなる一週間ほど前、安儀は新子の入院している奈良の病院を訪れた時、新子から伯家神道のことを頼むと依頼されている。当時の近江神宮の横井時常宮司が立会人であった。

当時、安儀は教派神道系の宮司とはいえまだ若かったが、学識もあり、弁舌も優れ、神道界の期待の新進気鋭の神道家であった。安儀は祝之神事の修行が途中までであったため、小笠原大和(義人)の元を訪ね、再入門を願い出た。安儀が大和のもとで学んだことにより、小原昭子も柱人として安儀の御行に携わった。昭子は祝之神事について、安儀を助けている。

4章　神祇官の歴史

1節　明治以前の神祇官

1　神祇官の創設

神祇官《じんぎかん》がどのような役割を担っていたのか、あまり知られてはいない。神祇官がどんな制度なのか、何をしていたのか、ここで説明しておこう。

神祇官とは、奈良から平安時代の律令《りつりょう》制度において、神祇行政を管掌した中央官庁のことである。神祇官は、行政を司る太政官の外に置かれた特別官衙《かんが》(官庁)であり、律令のもととなった唐の律令制度にはない日本独自の制度である。元となった中国の律令制度は、中国大陸において、隋に始まり、唐へと引き継がれた制度である。ちなみに律令の、律とは刑罰を定めて犯罪を防ぐ刑法のことであり、令とは政治運営の方途を定める行政法のことである。

日本で神祇官という名前の役所が置かれたのは遅くとも、七世紀末、律令制の導入時に唐の「祇令」を参考に、日本の神祇信仰を整理したときからと考えられている。

前身となったと思われる役所は、神官《かみづかさ》や祭官《まつりつかさ》などがある。『日本書紀』では、天武二年(六七三)

に神司の名前が現れている。神官の長官としては、古語拾遺に神官頭《かみづかさのかみ》という名称が見受けられる。『日本書紀』には、持統八年（六九四）に神祇官頭という名称が見られる。これが飛鳥浄御原《あすかきよみがはら》令施行の反映であると考えられる。大宝一年（七〇一）の大宝令以降、神祇官の長官名は、伯《はく》となる。

2 神祇伯の世襲

神祇伯《じんぎはく》は、神祇官の長官のことであり、神祇行政の最高位であった。当初は、中臣《なかとみ》氏が多く任じたが、伯の家系は特に決まっておらず、いろいろな氏族の諸氏が任ぜられた。

花山天皇の皇孫清仁《きよひと》親王の御子、延信王《のぶざねおう》が、万寿二年（一〇二五）に源姓を賜い（源延信）、臣籍降下して白川家となり、神祇伯に任ぜられた。その後は、延信王の子孫が、代々この神祇伯に任ぜられる慣例となり、伯家とも称した。

白川家は、江戸時代の終わりまで、実に約八百年に渡って宮中祭祀に携わってきたのである。白川家の当主は、神祇伯に任ぜられると、臣下でありながら姓を棄てて、「王《おう》」を称する習いが生じた。

伯家が「王」を称することを許されたのは、朝儀においては、「王」を称するものが必要であったからである。白川家は白川伯王家とも呼ばれている。なお花山天皇の子孫の源氏である花山源氏に該当するのは、白川伯王家のみである。

3 神祇官の衰退

室町時代に吉田神社を中心とした吉田家が、唯一神道（吉田神道）を唱え、足利将軍家および公家に広めた。そのため一般神社には吉田神道の影響が強くなってくる。吉田神道が隆盛となっても、宮中祭祀はあくまで白川伯家が掌っていた。京都御所の隣に白川邸は存在し、江戸時代末までの八百年に渡り、白川家を中心に宮中祭祀は行われてきたのである。

宮中の八神殿は、もともとは宮中内の神祇官西院に祀られていた。しかしながら応仁の乱で焼失してからは、宮中では再建されず、江戸時代に吉田家が吉田神社境内に、白川家が邸内にそれぞれ八神殿を創建して、それぞれ宮中の八神殿の代替としていた。吉田家の八神殿は勅使《ちょくし》発遣の儀に用いられ、白川家の八神殿は鎮魂祭の祭場とされた。

2節　明治時代の神祇制度と白川家

1　神祇官制度の変遷

明治になり、明治天皇陛下が旧江戸城跡に新しい皇居を建設し、明治二年(一八六九)に東京へお移りになった(東京遷都)。数百年の間、宮中祭祀を司ってきた白川伯家も、明治時代の文明開化により、大きな変革の波にさらされることとなる。

王政復古と祭政一致を基本理念とする明治政府は、大宝令の制度をまね、明治元年、太政官の七官の一つとして神祇官を設置した。翌年には官制を改め、太政官のほかに神祇官を置き、長官を神祇伯とした。明治にあらためて設置された神祇官では、白川家による神祇伯の世襲制は廃止された。神祇伯に中山忠能が就任し、白川資訓《すけのり》は神祇大福となった。すでに、この時点で伯家神道の奥儀であった祝之神事の伝承は失われていたといえよう。

明治四年に、神祇官は神祇省となり、太政官の下に置かれた。

明治五年には神祇省も廃止され、神祇省が担っていた天皇の祭祀業務は、宮内省の式部寮があたることとなり、宮内省の公務員として、掌典職が置かれ、宮中祭祀を行うこととなった。

明治はじめの数年の間に、神職の世襲制の廃止、神官職制、神社規則などの神道に伝統に大きく影響する重要な施策が決められている。国民教化を行う機関としては、教部省が設置された。その教部省も廃止されて、内務省の社寺局などに受け継がれた。明治三三年に社寺局より、神社局が独立した。神社局は、神社、神官、神職に関する行政事務を司った。

明治から七〇年以上経過した昭和一五年（一九四〇）には、内務省の神社局に代わり、内務省の外局として神祇院《じんぎいん》が設置された。これは、古の神祇官を復興してほしいとの要望が強くあったためであろう。神祇院は目立った成果も挙げないまま終戦となり、昭和二一年に神祇院は廃止された。終戦後には、神社は明治以降に施行された国家による管理体制を離れることになり、全国の神社の総意のもとに、新たに一宗教法人としての神社本庁を設立したのである。

天皇陛下に関係の深い近代の宮内省は、明治二年に太政官制により、大宝令の制に準じて設置された。明治一八年に太政官が廃止され、内閣が設置されると、皇室が内閣総理大臣に制約されないようにするため、内閣から独立して、長官として宮内《くない》大臣が置かれた。

明治二二年の大日本帝国憲法発布とともに、皇室典範が制定されると、宮内省は皇室自立の原則にしたがって、独立官庁として拡充されていった。

明治より七〇数年経ち、太平洋戦争を経て、宮内《くない》省は、宮内庁となった。宮内省が管轄していた業務も縮小されることになり、大部分の業務はほかの部局に移管された。旧宮内省で宮中祭祀を行っていた掌典職《しょうてん》も、公務員ではなくなり、公務員に準ずる天皇陛下の私的使用人という位置づけとなった。

2 白川家と伯家神道

明治二年（一八六九）に、天皇陛下が東京（東京遷都）へお移りになるにともない、白川家も東京へ移ることとなった。京都御所の隣にあった白川家の屋敷も取り壊された。現在は、その白川家の屋敷跡のみが残っている。

幕末から明治にかけて、神祇官の制度が変遷していく中で、宮中祭祀を中心とした御道を伝えていた白川家による神祇官制度から、新たに設置された官庁として、祭祀を行う神祇官へと制度も内容も変わっていった。新しい神祇官制度の確立とともに、白川家による神祇伯の世襲制も廃止された。

幕末から明治へかけて白川家は、第二八代資延《すけのぶ》王、第二九代雅寿《まさひさ》王、第三〇代資敬《すけたか》王、第三一代の資訓《すけのり》王と続いていた。明治になったときには、第三一代の資訓王の時代となっている。明治の初めに、神祇伯に就任した時に名乗ることが許された「王号」の返上を行い、以降は使用していない。白川家の家系は存続していたが、祝之神事の伝承を伝える学頭はなく、神伝相承の御道の内容はこの時点で失われていたといえよう。時代の変遷の中で、神祇伯白川家を中心として伝承されてきた尊い御行である祝之神事の、伯家学頭による伝統も途絶えてしまったのである。

祝之神事は、もともと部外者には、一切口外無用とされていた極秘の門外不出の秘密の御行である。祝之神事の重要性について理解している人も少なく、意義が正しく伝わることはなかった。明治時代の新しい神祇官の設立にかかわった、国粋的な思想を持つ人々には、神秘的な神々との交流などということの重要性は理解できるものではなかった。

皇太子や摂家への御行やそれに伴う作法は、白川家邸内にあった八神殿に附属する祝部殿《はふりでん》で行はれていた。祝部殿は白川伯家の邸内にあり、祝之神事は秘かに限られた門人たちにより、代々受け継がれてきた。

最後の神祇伯となった資訓王は、明治五年のそれまでの神祇制度廃止により、白川家の伝承として今まで伝えてきた作法(有職《ゆうそく》故実《こじつ》)を返すように求められた。白川家の神祇官の邸内で行はれていたものを返還しろというのである。白川家邸内に祭られていた八神殿は、返還するようにということで、宮中へと返還された。後に宮中の神殿《しんでん》の元となった。

御修行と関係の深い祝部殿は、そのまま白川家邸内に残されたままであった。祝部殿で行はれていたという神事は、白川家の門人たちの中でも、一部にしか知らされていない皇太子のための御修行であった。今まで受け継がれてきた有職故実の中で、いくつかの拍手の方法や伝承は伝えることができたかも知れない。御道の指導をしていた学頭などの門人がいなければ、資訓王だけでは伝えることは不可能なことであった。習得するには、長い時間のかかる御道に、いままで取り組んだこともない者に、すぐに、すべてを伝えろといっても無理なことである。

資訓王の嫡子、第三二代の白川資長《すけなが》は、華族制度の成立にともない子爵《ししやく》の位を受け、東京に住むことになり、貴族院議員になった。それに伴って邸内の祝部殿も京都から東京へ移転した。祝部殿が無視され、その前で行われていた伝承が失われるとともに、秘められた神事も継承されることはなかったのである。資長には実子がなく後継ぎがいなかったため、白川家は断絶した。

神伝相承の御道を伝えていた唯一の学頭である高濱清七郎も、京都は幕末の混乱時であり、田舎へと避難していたため、消息を知る人もいなかった。新政府内には、御道の重要性を知る人も、それを理解する人もおらず、結局、祝之神事の伝統が宮中では途絶えてしまうこととなったのである。

3 神祇制度と政策

明治政府は、神祇官を復活させて、太政官よりも上位とし、神仏分離令(神仏判然令)を施行して神仏混淆《しんぶつこんこう》を禁止した。神仏分離令は、神道を新しい政府のもとで、国民(臣民)を教化のするための方法として位置付けようとしたものである。結果として、激しい廃仏毀釈《はいぶつきしゃく》運動が勃発《ぼっぱつ》した。全国的な規模で激しい廃仏毀釈が行われ、残っていれば国宝級であった貴重な文化財が、実に多く失われたのである。江戸時代までの有力な寺院でも、神社を管理していたような寺院は廃寺となり、建物、楼門、仏像なども破却されたものがかなりある。

薩摩藩の菩提寺なども、廃寺とされた。九州地方には、大規模な仏教寺院があまりない。薩摩藩では、曹洞宗が優勢であったが、ほとんどの曹洞宗の寺院は壊され、僧侶は還俗させられ、着の身、着のままで、寺院から追い出された。島津家の菩提寺を含め、数年間はすべての寺院が廃寺となった(一〇六六か所の寺院が廃寺)。歴代藩主が、菩提寺に奉納した数多くの寺宝も、多くが破壊され、行方不明となった。薩摩藩の寺院では、釣り鐘や仏具などが没収され、溶かされ、大砲などの武器の鋳造に当てられた。鹿児島県は、今でも大晦日に、ほとんど除夜の鐘が聞こえない。鹿児島県には、国宝や重要文化財のような、歴史的に重要な文化財も極めて少ない。

禅宗の寺院が破壊されても、葬式などをする必要があるため、鹿児島では神社で葬儀を行う神葬祭になった割合が多い。隙間に浄土真宗が入り込み、浄土真宗の寺院が作られたりした。逃げ出した曹洞宗の僧侶は、着の身着のままで追い出されたことが怖くて、二十年以上、鹿児島に戻ることはなかった。江戸時代の薩摩は、曹洞宗の寺院が多い地方であったが、今は曹洞宗の寺院は極めて少ない。一時期、仏教界は衰退し、かなり後になって、仏教宗派から、立て直しのために有力な人物が表れて復興に努めた。

皇道宣布運動の一環として、神仏分離令と同様の目的で下されたものに、大教宣布の詔《みことのり》がある。教部省を設置することが規定され、教部省の内部に大教院を設置して、神官や僧侶を教導使に任命し、国民(臣民)を教化していく方針が示された。明治政府は、神道一三派を神道の教派として認め、神社は国家神道として保護する政策を取った。官幣社や国幣社などの神社への社格制度を定めて、全国的な神社制度を制定した。

明治政府の神祇への政策は、神仏習合の状態にあった修験道に対して行った厳しい政策に端的に表れている。江戸時代末には、山伏の数は一七万人もいたともいう。修験道は、日本古来の神道を濃厚に受け継いだ山岳信仰と仏教が習合し、さらには道教、陰陽道などの要素も加味されて確立した日本独特の宗教である。修験道の代表的な霊山には、近畿では大峰山《おおみねさん》(奈良県)、東北では出羽三山(山形県)、九州では英彦山《ひこさん》(福岡県)などがある。それ以外にも、石鎚《いしづち》山(愛媛県）、御嶽山（長野県）、富士山（静岡県・山梨県）、大山（鳥取県）などが修行の山として有名であった。

日本各地の霊山を修行の場とし、深山幽谷《しんざんゆうこく》に分け入り厳しい修行を行うことによって超自然的な能力である験力を得て、衆生の救済を目指す実践的な宗教である。山岳修行者のことを、修行して迷妄《めいもう》を払い、験徳《げんとく》を得ることから修験者、または山に伏して修行する姿から山伏とも呼ぶ。修験道は奈良時代に成立し、平安時代くらいから盛んに信仰されるようになった。伝説的な役小角《えんのおづぬ》（役行者《えんのぎょうじゃ》）を開祖と仰いでいる。平安初期に伝来した密教との結びつきが強く、鎌倉時代の後期から南北朝時代には、独自の神仏習合的な立場を確立した。密教との関係が強かったことから、独立した宗教ではなく、仏教の一派という一面も合わせ持っていた。山岳修行で体得した験力を用いて行う呪術宗教的活動を中核としている。

明治初めの神仏分離令に続き、明治五年（一八七二）に、修験道廃止令が出された。修験道を廃止し、本山派修験と羽黒修験は天台宗に属し、当山派《とうざんは》修験は真言宗に所属するものとした。大峰山に関係の深い熊野三山（和歌山県）、羽黒山《はぐろ》（山形県）、白山《はくさん》（石川県）、立山《たてやま》（富山県）、英彦山などの修験道の寺は神社となり、在地の修験者は還俗し、氏神や鎮守の神社の神職となった。修験道廃止令以降、公《おおやけ》には、山伏は存在しなくなり、真言宗か天台宗のいずれかに属する僧侶となるか、神職となるか、一般人として帰農するしかなくなった。修験道が盛んだったところへ旅行などすると、昔は山伏であったところで、宿坊などの宿屋を経営しているところを見かける。山伏は、信仰する霊山へ、信者を引き連れて参拝した。山伏は信者を組織すると、御師《おし》(おんし)とも呼ばれ、組織した団体は、講《こう》と呼ばれる。

御嶽山の講を引き継ぐ御嶽教、富士山の講を引き継ぐ扶桑教、実行教などが主で、教派神道にもかかわらず不動尊の真言や般若心経の読誦など、神仏習合時代の名残も見られる。

神仏習合の修験道の一大本拠地であった大峰山でも、明治七年に金峯山寺《きんぷせんじ》(大峰山の山上の大峯山寺《おおみねさんじ》、吉野にある山下の蔵王堂)も、一時は廃寺となってしまう。羽黒山や英彦山では、仏教的な堂宇《どうう》や仏像などがことごとく破壊され、僧侶は還俗し神社となった。

修験道などで行われていた、呪術、占い、修行による各種能力の獲得、霊界との交流などを内容とするものは、明治政府にとって近代化を妨げる迷信の源と見做されたのである。

大峰山の修験道は、信仰の長い歴史があり、人々の心の中から消し去ることはできなかった。山伏、修験者などの根強い地道な努力により、吉野と大峰山の修験道は、長い時間をかけて復興した。修行の中心となる寺院も、山上にある大峰山寺と、麓にある金峯山寺(蔵王堂)として再興された。

第二次世界大戦後には、旧本山派の本山修験宗、当山派の真言宗醍醐派、金峯山修験本宗、羽黒山修験本宗、石槌本教など数多くの修験道教団が独立した。出羽三山神社、英彦山神宮など修験系の霊山においては、峰入などの修験道的な行事を行っている。近年は、これらの地でも修験道の復興が見られるようになっている。

明治政府は、山伏や巫女の収入源であった行為を禁止する命令を、相次いで出している。

- 明治六年(一八七三)一月に出された教部省の通達。

 狐憑きを落すような祈禱をしたり、玉占いや口寄せを業としている者が庶民を幻惑しているので、そのような行為を一切禁止。

- 明治七年六月の教部省の通達。

 禁厭《きんよう》、祈祷などを行い、医療を妨げ、湯薬を止めることの禁止。

- 明治一三年七月の太政官布告、旧刑法。

 妄《みだ》りに吉凶禍福を説き、又は祈祷、符呪《ふじゅ》などを為し、人を惑わして利を図る者を拘留または科料に処す。

- 明治一五年七月の内務省の通達。

 禁厭、祈祷などを行って病人の治療、投薬を妨げる者がいれば、そのことを当該省に報告すること。

明治政府は、中央集権的な国家を確立するために、天皇を中心とした、祭政一致の国家建設を図ろうとした。そのために今まで連綿と続いてきた、民衆の神祇《かみがみ》への信仰を無視して、形作られたのが「国家神道」といわれるものである。

基盤となる尊王思想を普及させ、神社による神道を国家の宗祀とするための政策が、明治政府によって進められた。神仏習合的な山伏や修験道の存在は、時の政府には不都合なものに過ぎなかったのである。国家に不必要な山伏の存在を、強引ともいえる方法で、修験道に関係する仏教建築物や施設、仏像や仏具とともに廃滅させようとした政策である。

明治時代の政策の基では、白川伯家に伝わった神秘的な神伝相承の御道が、生き残る術《すべ》はなかったといえる。日本の神道は、本来、国家の管理下にある存在ではなく、自然現象を敬い、その働きの中に八百万の神を見出すものである。

明治期の国家神道は、神々の世界とは異なってしまったのである。江戸時代のわが国において、神々の世界は地域社会の人々の生活に欠かせない存在であった。

5章　語らずも知る神への道

1節　神と人のむすび

1　天之細女の舞

神がかり（神懸り、神憑り）という言葉を聞くと、どのように思われるであろうか。いかがわしい霊能者のような者が行う、不気味な現象のように感じられているのであろうか。

巫女か、シャーマンのような人が、急に狂ったように動きはじめ、忘我の状態でくるくる回り、急にパタと倒れて、全身が痙攣して、言葉を語りだすとでも思っているのではないだろうか。

誤ったイメージだが、実際の神がかりは、何も特別なものではなく、古来、洋の東西を問わず、かなり普遍的な現象としてみられる。神霊が伝えようとする意思を、人間が受けとめる、知るための手段である。

『古事記』や『日本書紀』などの古典にも、神がかりや巫女舞の話が載っている。『古事記』『日本書紀』には、天照大神《あまてらすおおみかみ》（天照大御神）が、天の岩戸にお隠れになる話が出ている。

岩戸の前で、天之細女《あめのうずめ》（古事記では天宇受売命）が舞を舞う話である。この話が、最初の巫女の神がかりとして取り上げられることが多い。天之細女は、宮中の祭りで巫女の役をした猨《さる》女《め》の祖先の女神とされる。神話であるが、高天原での狼藉《ろうぜき》に怒り、天照大神が天岩戸に隠れて、世界が暗闇になってしまった。神々は大いに困り、天の安河《やすかわ》に集まって会議をし、思兼神《おもいかねのかみ》の提案で、岩戸の前で、舞を舞う儀式を行った。

岩戸の中に身を隠し、高天原《たかまのはら》も、葦原《あしはら》の中国《なかつくに》も、真っ暗になってしまう。その結果、国中にさまざまな災いがはびこることになる。そこで神々が集い、対策を考えて天之細女に舞をまわせることにしたのである。鏡と勾玉を造らせ、榊の枝に勾玉《まがたま》の玉飾りと、八咫《やたの》鏡をかけ、さらに白い幣《へい》と青い幣とをかけた。

天之児屋根命《あめのこやねのみこと》が祝詞をあげ、岩屋の戸の側に天之手力男《たじからお》の神が潜んで待ちかまえる。

槽伏《うけふ》せて、踏み轟こし、神懸かりして、胸乳《むねち》かきいで、裳緒《もひも》を陰《ほと》(女陰)に押し垂れき。

その時、天之細女命が、日陰蔓《ひかげかずら》で編んだ襷《たすき》をかけて、正木《まさき》の葛《かずら》を髪飾りにし、天の香具山にある笹の葉を束ねて手に持ち、岩屋の前に桶を伏せ、その上に立って、桶を踏み鳴らしながら、神がかりして肌を脱ぎ、半裸の状態で露わにして、神がかりし、舞い歌い踊り出した。

岩屋の中にいた天照大御神が、どうして賑やかに踊って神々が笑っているのだろうといぶかって、岩屋の戸を少し開けた。目の前の鏡に自分の姿が映っており、驚いてその姿をのぞき見ようとしたところを、天之手力男が、その手を取って外へ引き出した。大笑いする様を不審に思い、戸を少し開けた天照大神を天手力雄神に引き出して貰って、再び世界に光が戻った。〈以上、要旨〉

さまざまな災いを祓ために、歌舞の祭儀が行われ、そこに神が降って巫女が神がかりになり、再び世の中が明るくなったということをあらわしている。

天之細女命の神がかりの話と、天の岩戸隠れの話を述べたのは、伯家の御簾内の御行は、岩戸の中での天照大御神が行った御行とも言われるものだからである。

伯家の御簾内の御行＝岩戸の中で天照大神のなされた御行

秘かに伝えた十種神宝御法は、祝之神事《はふりのしんじ》とも呼ばれ、幽世《かくりよ》の御行とも、あちらの世界での御行ともいわれている。

2 神功皇后による神託

神功皇后《じんぐう》、仲哀《ちゅうあい》天皇、武内宿禰《たけうちのすくね》（建内宿禰）の三人で、神託を請うた話も有名である。仲哀天皇が琴を弾きながら、神功皇后が神がかりして託宣を述べ、武内宿禰が判断するのである。

仲哀天皇の皇后である息長帯比売命《おきながたらしひめ》（神功皇后）が、天皇の筑紫《ちくし》（九州地方）巡幸の際に、神がかりされた話である。

天皇が熊襲《くまそ》国の討伐のために遠征し、筑紫の香椎《かしい》の宮に滞在していたおりのこと、神意を伺うために神がかりの儀式を行った。

神おろしの場所で、明かりを消して暗がりの中で、天皇が琴を弾き（琴師である）、建内宿禰の大臣《おみ》が神託を請い求めた。にわかに神功皇后が神がかりし、神託を語り始めた。

「西の方に国がある。その国は、金や銀を始めとして、目もくらむようないろいろの珍しい宝物がたくさんある。私は今、その国を服属させようと思う」

ところが、これを聞いた仲哀天皇は、この神託に疑問を持った。

「高い所に登って西の方を見ても、国土は見えない。ただ大海があるだけである」

これは偽りであると思い琴を弾くことをやめた。それを見た建内宿禰が天皇に助言した。

「おそれ多いことです。我が天皇様よ。琴をお弾きなさいませ」

天皇は、再び琴を引き寄せて、再度弾きはじめた。ところが、まもなく琴の音が聞こえなくなった。すぐに明かりを点して見てみると、天皇はすでに亡くなっていた。〈以上、要旨〉

神託では、このとき降りた神は、底筒之男《そこつつのお》、中筒之男《なかつつのお》、上筒之男《うえつつのお》の三柱の大神（住吉三神）であるという。

神功《じんぐう》皇后が神がかりする神主の役であり、仲哀天皇が琴を弾く琴師の役、武内宿禰が審神者の役割を行っている。この三者の役割が分担されていたのが、もともとの型であろう。

2節　御巫と神楽の舞

1　御巫の誕生

神の意思を人間が知るには、何が必要なのであろうか。誰が神の意思を知らせてくれるのだろうか。そのためには、神の意思を人に知らせる仲介役、取り持ち役が必要になる。神の意思を知る役割として、御巫《みかんなぎ》、巫《かんなぎ》、神子《みこ》、巫覡《ふげき》など呼ばれる人が生まれた。御巫は、巫に御を付けたものである。御巫や神子（巫女）とは、神に仕えて、神楽《かぐら》を奏したり、神託を伝えたりして、神と人との仲立ちをする者のことである。神子は、主として神に仕える者のことで、女性の場合が多く、巫女と呼ばれた。

御巫や神子は、祭祀を司る中心的役割をもった者であり、神霊や死者の霊魂を招いては、その神意を伝え、呪術的な祈祷を行う役割を担っている。神子は、女性だけとは限らず、男性もいて「祝《はふり》」「おかんなぎ」とも呼ばれた。女性は「めかんなぎ」ともいう。神がかりを指す漢語として、巫覡があり、女性を巫《ふ》（巫女）、男性を覡《げき》と呼んだ。

神社や清められた場所で、神を鎮めるさまざまな儀式がなされ、祈祷師や神職などが、自らの身体や依り代に、神を降ろすことが行われた。神降ろしや神がかりのことであり、儀式のことも巫《かむなぎ》と呼んでいる。儀式を掌る女性が、巫女の発生と考えられる。巫女は、舞姫《まいひめ》、御神子《みかんこ》と呼称される場合もある。巫女は神楽を舞ったり、祈祷をしたり、占いをしたり、神託を得て伝えたり、口寄せなどをする役割であった。女性の巫女は、ミコ、イチコ、アズサミコ、イタコなど地方によって、さまざまに呼ばれていた。

『古事記』『日本書紀』などの日本神話では、天岩戸の前で舞ったとされる天之鈿女《あめのうずめ》(天鈿女命《あまのうずめのみこと》)の話が原型である。古代には、呪術的な儀式が女性の手によって行われた事が伺える。

平安時代には、神祇官に御巫や、天之鈿女の子孫とされた猨女君《さるめのきみ》(猿女君)の官職が置かれており、神楽を舞っていたと推定されている。中世以後、各地の有力な神社では、巫女による神降ろしに加えて、現世利益を祈願し、神楽を奉納するのが恒例となった。現在でも、祈祷や祈願のことを神楽、あるいは「神楽を上げる」と称する例がある。

現在でも、巫女による口寄せと呼ばれるものがある。死者の霊を呼び、その秘められた思いを語らせる術である。今も東北地方に存在するイタコたちは、イタコになるための訓練があり、覚えるべき祭文、祝詞や御経がある。イタコたちは、現代の口寄せを行う例である。沖縄のユタなども、巫女の役割を担っている。

2 神楽と巫女舞

神社で舞われている神楽《かぐら》とは、もともとは何であったのであろうか。神々に対して、どのような役割を担っていたのであろう。

神楽とは、神に奉納して喜んでいただくものであるだけでなく、神と一体になり神と一緒に舞を楽しむ、神遊びの世界でもある。神人合一し、神とともに舞う神遊びの世界が、神楽の原点といえる。もともとの神楽は、神前での降神の儀式、すなわち巫女による神がかりの儀式にあったという。神がかりのための舞が、様式化して、祈祷や奉納のため舞ともなった。神楽の舞人《まいびと》は、女性だけでなく男性も舞う。巫女が舞う神楽は、巫女舞《みこまい》とも呼ばれ、ほぼ同じものである。天の岩戸隠れで、天之鈿女が神がかりして舞った舞いが、神楽の起源とされる。神楽は、招魂《しょうこん》、鎮魂《ちんこん》、魂振《たまふり》に伴う神々の神遊びの舞であった。神社は、神座《かみくら》に、神々を降神させ、祭祀を行う場所であった。神座は神々を降ろし、巫女が神懸かりして、神人一体となって、歌や舞を行う斎《いつき》の場であった。

巫女は、鈴・扇・笹・榊・幣などの採物《とりもの》を手にし、身を清めるための舞を舞う。続いて右回り左回りと交互に回る。やがて旋回は激しくなり、しだいに巫女の神がかりは激しくなり、ついには恍惚した意識状態となる。その状態に至り、神からの神託を降ろすという。舞という言葉は、旋舞の動きが語源である。踊りもここから生まれたとされる。陰陽を意味するともいわれる舞踏の振る舞いには、左や右への旋回などの動作がある。

天岩屋戸の前で舞った天之鈿女の子孫とされる猨女君の女達は、代々神祇官の女官として鎮魂祭で神楽を奉納している。平安時代の宮廷で舞われたとされる貞観儀式の猨女や御巫は、いずれも巫女舞であったものである。『古語拾遺』(平安時代の神道資料。斎部広成が八〇七年に編纂)によれば、延喜二〇年(九二〇)に、春日大社で巫女である八乙女《やおとめ》による神楽が舞われた。

平安時代の末期に藤原明衡の著した『新猿楽記《しんさるごうき》』(一〇六〇年ころ)には、巫女の神遊《かみあそび》は、まさしく神と舞い遊ぶ仙人のようだったという。

巫女に必要な四つの要素として、占い、神遊(神楽)、寄絃《よつら》(魔除けのために梓弓の弦を打ち鳴らすこと)、口寄《くちよせ》をあげている。

中世以降は、各地の有力な神社では、巫女舞が行われるのが普通であった。巫女は神がかりを行うだけでなく、依頼者の現世利益のための祈願や祈祷も目的とした。修験者と巫女が結びつき、祈祷や鎮魂を目的とする巫女舞も行われた。中世の備前国の吉備津彦神社(岡山市)では、神子座《みこざ》があり舞を舞っていたという。

3 神と人のなかだち

神と人との仲立ちをするのが、本来の巫女の役割であった。巫女は、神々や霊を呼び出すための神がかりを行い、神霊や死霊など呼び出し、霊が伝えたい託宣や言葉を得て依頼者へと伝える。巫女たちは霊からの託宣だけでなく、依頼者のために祈祷や祈願なども執り行う。巫女は神々から神託を受けて、人々にその意思を伝えるのが役割である。巫女が交信する相手は、神々や精霊、神界、霊的な自然界に存在するものたちである。巫女は交信する相手に、一時的に自己を明け渡し、その意思を代弁する。神の社《やしろ》には、巫女がいるのが普通であり、祭神による神がかりをし、依頼者のために必要な託宣を降ろしていたのである。

奈良時代に九州の宇佐《うさ》八幡宮(大分県)で、和気清麻呂が神託を賜わったという事があった。弓削道鏡《ゆげのどうきょう》(?~七七二)が、八幡神から受けた神託が本物か偽物かを判断するために、朝廷は清麻呂を宇佐八幡宮まで派遣する。清麻呂は、宇佐八幡宮の神職であった巫女の辛嶋勝与曽女《からしまのすぐりよそめ》に託宣を請う。

詳細な経緯は省くが、最終的に清麻呂は、

「わが国は開闢このかた、君臣のこと定まれり。臣をもて君とする、いまだこれあらず。天つ日嗣は、必ず皇緒を立てよ。無道の人はよろしく早く掃除すべし」

という大神の神託を得て、都へ持ち帰る。神の意を伺うことが、神社の神職としての巫女の役割であった。

神社に属する巫女だけでなく、全国を遍歴して祈祷や託宣、勧進などを行う巫女たちもいた。梓巫女は、関東地方や東海地方、南関東地域と甲信地方などの東国を中心に活動していた。託宣を得る方法は、梓弓《あずさゆみ》を鳴らしながら、神降ろし(霊降ろし)のための呪文を唱える。次第に自分自身を入神状態へと導いていった。

古代の邪馬台国を統治していた卑弥呼《ひみこ》(日巫女、日御子、日神子)が、そのよい例であろう。古代世界は祭政一致が基本であり、巫女が国家において一定の役割を担っていたとみられる。古墳時代の埴輪にも巫女像が出土していることからである。

世界的に見ても、古代ギリシャ時代のデルフォイの神託は有名である。デルフォイの神託は、アポロン神殿の中心部にある立ち入り禁止区域で行われ、この場所はアディトンと呼ばれていた。ピュティアと呼ばれる巫女が、神がかり状態となり、アポロンの神からの言葉を語った。ピュティアに選ばれた女性は、神殿で永遠の聖火を守る巫女たちに支えられながら、長く、そして厳しい訓練を受けた。ギリシャのデルフォイにあるアポロン神殿での巫女による神託は、古代ギリシャ世界に大きな影響を与え、その言葉は重視されたのである。

4　明治の変革

明治になると、神社や祭祀制度自体もが、国家の管理下に置かれることになる。古くからの伝えをないがしろにする根本的な大変革が行われた。神社や神職の大幅な変革が行われ、国学的な神道観を基に、神社祭祀制度の抜本的な見直しがなされることになった。

江戸時代後期に勃興した国学の中には、神霊の憑依などの霊的現象を淫祠邪教《いんしじゃ》として否定的にとらえるような学説があり、民間習俗と結びつきやすい巫女《みこ》そのものに対しても否定的な動きがあった。

国学の影響を強く受けた人物が、時の権力を持つ立場に立ったためである。国家的な神道観による、旧来の神社制度を再組織化しようという政策である。旧来の習俗的な文化を否定するような、文明開化による影響も伺える。神霊の憑依などの霊的現象は、官僚的な組織化にそぐわないものとみなされたのである。

明治六年(一八七三)に、神霊の憑依などによって託宣を得る巫女の行為が、神社を管轄していた教部省によって、全面的に禁止されてしまう。巫女禁断令と呼ばれている。神霊の憑依などの民間習俗と結びつきやすい巫女そのものに対しても否定的になり、巫女による託宣の禁止となった。巫女による神託の禁止措置によって、神社に常駐せずに民間祈祷を行っていた巫女は、ほとんどは全面的に廃業とされた。かつての民間祈祷を行う巫女や、神霊の憑依による託宣を執り行うような巫女は、神社にはほとんどいなくなってしまう。神霊の意志を人間に伝える中取り持ちとしての巫女の役割が否定され、人間と神霊との結びつきが断たれてしまったのである。

ずっと後になって、春日大社では、巫女の神道における重要性を唱えて巫女舞の存続を訴え、従来からの「八乙女」による舞をより洗練させて、芸術性を高め、巫女及び巫女舞の復興に尽くす人も現れる。神社で、今日見られるような普通の形式に整えられて、巫女舞になっていく。古来、連綿と続いた巫女の役割が否定されてしまい、単に神社で神主の行う神事へ奉仕をするという形になった。巫女は神社において託宣を得る役割ではなくなり、近来に見る神主の行う神事へ奉仕し、神職を補佐する役割へと変化してしまう。

明治維新により入ってきた西洋合理主義は、神と人とがともに歩むということを、時代にそぐわないということで切り捨てた。神々への祭祀を、新政府は国家による公《おおやけ》の行事として、国家の管理下に置いた。新政府の官僚組織には管理できない、神霊と繋がる託宣のごとき神事は廃止されることになった。明治期の近代国家体制(国家神道体制)には、伯家神道の祝之神事が宮中で存続できなかった理由の一つであろう。

新政府の採用した西洋合理主義により、神社での神と人とのなかだちをする、御巫《みかむなぎ》や巫女の役割が否定され、人間と神々との結びつきが断たれてしまうか、薄れてしまうことになった。日本人には当たり前のこととして感じられていた神と人との結びつきが社会の中でも忘れ去られていくことにつながった。

日本人なら誰でも心の奥底には、神や仏という存在が生きていた。お天道様が見ているという感覚は、心の中に神や仏という自分を超えた存在があるということである。だからこそ自分の良心に恥じるような行為は、心の中に生きている神や仏が許さなかったのである。神と人とを切り離したために、神との結びつきが薄れてしまったのである。

今、求められている新しい社会とは、再び神と人とが心を通わせて、ともに歩む社会ではなかろうか。

3節　語らずも知る古の道

1　神伝相承の祝之神事

伯家に伝わる祝之神事は、神々の遊び賜う神遊びのなかで、神の意を伺う不思議なものである。まさに、くすしき神事と言えよう。

宮中（白川神祇伯家）に伝わった御道とは、天皇陛下の「すめらの道」として伝えられた御修行である。伯家の門人は、祝之神事がどのようなものであるか、外部の者には一切口外無用のこと、要するに誰にも話してはならないとされた。祝之神事《はふりのしんじ》の御修行によって、門人が知りえたことも、同様に口外してはいけない。縁のある方々が御修行に取り組み、体験した者のみが知ることができる世界であった。祝（はふり、ほうり）とは、どのような意味であろうか。現在は神社のトップは、宮司という呼称で統一されているが、江戸時代までは神社によりさまざまであった。宮司《みやのつかさ》、大祝《おおはふり》、禰宜《ねぎ》、神主《かんぬし》などである。

本田親徳の鎮魂帰神法では、審神者《さにわ》と神主の二人で行う。祝とは神籬となる役を指し、神主と同じような意味で使われている。親徳の法とは違い、神籬の役は極めて大事な役である。

神伝相承の御道《おみち》は、名前が付けられていない修行であった。しかし後の世で、区別するために、いろいろな名前を付けられて呼ばれた。御道、御行《おぎょう》、御修行《ごしゅぎょう》、祝之神事、審神者神事《さにわしんじ》、十種神宝御法、御簾内《みすうち》の御行、皇《すめら》の御道などと呼ばれた。各々それなりに意味のある呼び方である。宮中では、御道と言っても、これ以外指すものがなかったから、この呼び方だけで通じ、十分だったのである。外部の神道や仏教などのいろいろな行法や神道学説と区別するために、あえて名前を付けたに過ぎない。

神道に関係する行法や作法の中には、神祇伯家に伝わった祝之神事との関連性を伺わせるものがある。古代にはじまった伯家の行法は、巫女舞のような舞のような伝統から始まったものかもしれない。千年以上も前には、もっと民間習俗的な色彩の強い行法であったかも知れない。宮中以外、門外不出の行法であったため、上古よりの長い歴史の中でどのような変遷があったのか、詳らかにする方法はない。神祇伯や学頭、門人らにより、改変を加えられ、体系付けられていったと考えられる。時代の指導的立場の者が、霊感により感得したものもあるであろう。

古代からの神々と交歓を行う行法は、形を変えながらも、今に至るまで続いている。時がたっても変わらない、くしびなる神々の世界と交わるための普遍的な方法がある。祝之神事とは、語らずも知る古《いにしえ》の道、神々が舞う神遊びの道である。

本田流の鎮魂帰神法のように、言葉で審神者が判断する帰神法とは、大きく異なる。神々の遊びのなかで、言葉で語らずとも、神の意を伺うのが祝之神事である。祝之神事は、長い間、門外不出としての行法として、文書として記録されること自体が拒まれ、書き物としての文献には残されていない。神伝相承の御道の内容は文書に残すものではなく、御修行を行うことによって、修行者がおのずから体得するものとされた。白川伯家に伝わってきた神伝相承の御道の歴史的な変遷をたどることは、不可能なことである。神道的な他のいろいろな行法との関連性は認められるし、ある一面を発展させたものといえるかも知れない。長い時間をかけて行法の体系づけがなされたのは、偶然の産物ではなく、背後からの神々の意志の表れでもある。

2 祓い清めと浄心

神伝相承の御道で大事なのは、祓い清めである。自己の心身の祓い清めが済んでいないと、御道の世界に入ってはいけない。人間は生活している中でも、霊的な汚れを自己の心身に受けることが多い。けがれ、よごれを祓い清めなければ、神伝相承の御道の世界には入れないのである。始めの段階では、初心の御修行として、心身の祓い清めがずっと続くのである。

長く続く祓い清めに耐えられずに、途中でやめてしまう方がおられるが、残念なことである。今までの生活によって、けがれた自分自身を祓い清めによって、清浄な心身としなければならない。神が働けるだけの心身にまで清めて、そうすることで初めて神々の働きが可能となるのである。

本田親徳の本田霊学でも、浄心《じょうしん》が要《かなめ》としている。本田親徳は、

霊学は心を浄くするを以て本と為す

（出典『本田親徳全集』「道之大原」）

とした。友清歓真も、『神機鈎玄』「洗心鈔」で、浄心の重要性を強調している。

浄心は霊学に入る最初の灌頂壇《かんじょうだん》なると同時に秘中の秘たる最奥の殿堂たり

（出典『友清歓真全集第2巻』）

歓真は、大塩中斎《おおしおちゅうさい》（一七九三〜一八三七）についても次のように評している。大塩中斎とは大塩平八郎のことで、江戸時代の儒学者でもあり、天保の飢饉に対して、民衆の苦難を前にし、義憤を抱いて、大塩平八郎の乱を起こし、最後は自決している。人柄は極めてまじめな人と思

われる。歓真は、平八郎の著書『洗心洞箚記《せんしんどうさっき》』（一八九二）から太虚《たいきょ》について引いている。

其の太虚（大直霊《おおなおひ》）を説き、帰太虚（鎮魂）を痛論せらるゝ処、世の俗儒《ぞくじゅ》と同じからず

（出典『友清歓真全集第1巻』）

身心を意識的に清浄にするように保つことが大切である。修行が進むにつれて、なおさら心構えを意識的に正しくするように気をつけなければならない。意識的に自分を律するように、行動に注意しなければならない。いろいろな霊的存在と共鳴しやすくなるためか、修行が停滞するだけでなく、良くない霊的存在を引き付けてしまうことにもなりかねない。

修行が進んだといっても、外部の霊的存在の影響を受けることもあり、本人の心構えの間違いが大きな影響を自分にも及ぼす。人より優れているという高慢な気持ちを持つと、霊的存在の影響を受けていても、自分で知ることは、なかなかに難しい。大方の人は、自分では霊的影響を受けていることに気づけない。外部の霊的な影響を受けないように、意識的に自分を律し、行動と心に注意を向けることが求められる。清らかな心を目指さなければ、御修行の中でも我《が》が出てくる。我が出てくると、我の行となり、神の行ではなくなる。心を清めて、浄心となし、高い神意識と繋がる御修行へと進めていくように努力しなければならない。

3 語らずも知る神への道

祝之神事は、語らずとも神の意を知る古《いにしえ》の道である。長い間、宮中に秘かに伝承されてきた不思議の業《わざ》である。神霊との問答ではなく、神の意を語らずとも知る古の不思議の業である。

祝之神事(御道)は水によらない禊である。普通の禊は水によって行うが、祝之神事は、水によらない禊、畳の上で行う禊である。荒行は必要がないのである。祝之神事は、神の意識と一体となり、神へと至る道である。祝之神事は霊術ではないので、習ったからといって、できるようになる御行ではない。頭だけで理解できるものではなく、実践を通して少しずつ理解が深まる。だから御行が進むには、実践によらなければならないから、時間がかかるのである。

人の意識を神と同調させていくのが祝之神事の御行といえる。これは直霊《なおひ》と同調させることでもある。神と我々は離れているのではない。深い意識の中で神と同調するのである。人間は魂の中に直霊を持っているから、御行ができるのである。「神は汝と共にあり」という言葉があるが、これは人間が直霊を持っているからである。直霊は神と繋がる意識である。

意識の中にしか神に近づく道はない。直霊とは言語に絶した神の存在であるので、会話や対話ができるような存在ではない。ただ深い意識の中で、気づきを得ることができるだけである。

直霊は、テクニックや技術で接することのできる存在ではない。我々は、限界の無い永遠、自己の内にある無限に意識を向けていくべきである。永遠や無限に意識を向けることは、神と繋がっていく。なぜなら神もまた、永遠であり無限であるからだ。魂は人の純粋意識に応えてくる至上の存在である。

人間の意識や行動は、高級次元にある魂（直霊）にすべて知られている。自分の行ったことや考えたことは、神から隠すこともできないし、神を騙すこともできない。誰も自分の魂を騙せる人間などいないのである。

本田親徳《ちかあつ》の鎮魂帰神法のように、審神者により、人為的に神霊による神がかりを起こす行法ではない。親徳の方法では、審神者が懸かってきた神霊と問答することにより、神霊の正邪やその段階を審神者《さにわ》し、見極める方法である。

祝之神事は、神霊との問答ではない。霊能者の霊能や霊視に頼るような方法でもない。前述した小田垣蘇堂の『元神祇官白川家所用大祓詞』のなかの文章を思い出してほしい。

白川家所伝の審神行事は神祇官にあらざれば、之を知る由無く、仮に是を知るも是を伝えるに至りては、多年の修行を要し、一朝一夕の能くする所にあらざるなり。

（出典『元神祇官白川家所用大祓詞』）

現代語訳

白川家に伝わる審神行事《さにわぎょうじ》は、昔は神祇官に属する人でなければ、この存在や内容を知ることはなかった。仮に、このことを知っていても、この御道を伝えるためには、長年の修行が必要で、一朝一夕に、すぐに学び体得できるような修行ではない。

御道の特徴として、非常に修行に時間のかかる行である。すぐに体得し、理解できるものではない。現代の人々は、早急に結果を得たい人が多いのかも知れないが、何かのやり方なり、方法なりを教えてもらい、体得するために日々訓練するというような自力訓練の修行でもない。教えてもらえば、何かができるようになるとか、何かが得られるというわけにはいかない。御修行には段階があり、段階が進んでいくには、長年の修行が必要なのである。一朝一夕に、すべてを教えてもらって、自分の努力だけで習熟できるという修行ではない。長年にわたる修行に取り組まず、短期間で御道を学べるということはない。師と寝食をともにして、毎日、御修行に打ち込むような場合でない限り、二、三年で免許皆伝などということはありえない。御道を体得するには、長い時間がかかり、一朝一夕に学ぶことはできないのが、神伝相承の御道の特徴でもある。

御行は思考でするものではない。頭で考えてできるような修行ではない。思考が働いている間は、まだ本当の意味の御行にはなっていない。思考では神と繋がることはできない。思考が働かなくなかったその先に神がある。神と繋がるのは、深い深い内的意識である。潜在意識より深い内的意識、無意識の世界から神と繋がっていく。深い無意識を通してしか、神と触れ合うことはできない。高級な神は、次元が低い人には繋がることは難しい。

思考を離れ、無意識の意識が働かないと御行にはならない。潜在意識よりさらに奥にある無意識から神と繋がる意識になる。思考ではなく意識を向上させることである。自分の外ではなく、自分の内に神と繋がる道がある。心も人間意識の一部であるが、ここで思考しても、本質的なことや真に知りたい答えは得られない。

簡単に早く、などは祝之神事にはない。思考で入っていける世界ではない。無意識の世界から、御行の深奥に入っていく。御行を受けている人をよく観察していると、御行に深く入っていけば顔が変わっていく。入神すると、その人の顔かたちが変化し、独特の気高い厳かな雰囲気の顔となる。ここまで行って、初めて祝之神事の御行の世界になる。これは思考が残っていると難しい。思考を離れて、さらに潜在意識からも離れて、無意識だけとなって、初めて御行の世界に入っていく。祝之神事では言葉は発せず、動作のみである。審神者と修行者が、口に出した言葉によって問答を行うのではない。また審神者の霊感や霊聴による問答でもないし、霊能者が行うような霊視でもない。霊能者は霊能から離れないといけない。

御行を受けている間に、修行者はさまざまな身振りや動作を行う。修行者の行った身振りや動作が、何を意味しているかを紐解くのである。高い段階の修行者は、行う身振りや動作自体が意味を持つ。次々に変化し、変わっていく修行者の身振りを紐解いていく。あることから次のことへと、修行者の動作は途切れることなく、さまざまに次から次へと変化していく。修行者は無意味にある身振りや動作をしているのではない。その時々の修行者の動作は何かを表している。高い段階の修行者とは、四種以上の修行者である。四種の上から三種となると、修行者が行う動作はさまざまである。高度な伯家の御行は、特定の型にはまった御行ではなく、神々の神遊びの世界である。

時には御行が、世界情勢を表していることもある。これによって世界情勢や世の中の変化を紐解いていく。御行がいつも世界情勢を表しているわけではなく、いろいろなことを御行は表している。その御行の意味を解釈するのが審神者の役目である。祝之神事を使って、世界情勢や未来のことを判断する方法もある。

もし短期間で、神伝相承の御道を学んだという人がいれば、修行そのものには熱心には取り組まず、何かの手段により、すべてわかったことにしているのかも知れない。神伝相承ではなく、学ぶに時間のかかる御道には、真剣に取り組まなかったのかも知れない。資料だけ手に入れても、御修行の中身そのものは理解しておらず、高等神事についても知らないことになる。あまり感心しない行為や、いささかどうかなと思われる行動は、信用と信頼を失わせてしまい、芳しからぬ評判を招くこともある。抱いていた秘かな自分の思惑を人に投影して、人も同じ思惑を持っていると邪推し、常に誠や義を持って、真心で人と接してこなかったためである。真摯な求道者であるならば、仕えるべき神前に襟を正して、自分の心をあり方を省みるべきであろう。神伝相承の御道には取り組む者の汚れなき思いと、清らかな心が求められるのである。御道を極めていくには、長年の地道な取組みが必要で、自分が清められ、無我の状態になれるまで、御修行を何回も受けるという態度が必要である。即席により学ぶ道ではなく、地道な辛抱強い努力が実を結ぶ道なのである。長い間の地道な取り組みが、意外と難しいのである。

御修行を指導者から受けることを御取立《おとりた》てと呼ぶ。御取立てをするには、御修行の段階が進むことが必要である。修行者は、ある段階で柱人として認められ、御取立てに参加が許される。御道は一人でできるものではなく、御修行の御取立てをしてくれる先達が必ず必要なのである。

神伝相承の御道の修行は、意識的に行うものではないので、自分の御行は意識してもなかなか分らない。意識することのない、無意識的な、ふっとしたちょっとした動きや働きかけが重要なのである。意識下の動きが無意識を通して、神意識の働きにまで繋がる動きとなっていく。潜在意識から、深い深層意識、無意識までつながり、神意識とのつながりが働くようになる。深層意識、無意識を通しての、神霊による行である。入神が深くなると高等神事となるが、なかなかこの状態にはなれるものではない。

通常の神社での祭祀のように、表だって行う顕祭《けんさい》に属するものではなく、幽の世界に属する幽祭《ゆうさい》に属する修行である。御道は、意識的に行うものではなく、無意識的に行う修行を主体にするものである。

自分の心を私欲のない無我の状態に保つことができればよい。何も考えない無の状態に意識を保つことが求められる。何も考えない無の状態に意識を保つということが、実に難しいことなのだ。御修行の中でも、何かを考えてしまうし、表層意識や意志も入ってしまう。意識していない潜在意識の働きも入ってしまう。御修行の本質は、顕在意識(表層意識)と潜在意識をも越えたところにある神意識に繋がることにあるのである。

蘇堂の著した『元神祇官白川家所用大祓詞』のなかに、御修行における拍手について説明がなされている箇所がある。


白川家に於ては修行の始めに当りては、天神地祇《てんじんちぎ》の二手と同時に、遠つ御祖の神を拝せしむる為め更に一手を打つ、是れほかになき所なるべし。

(出典『元神祇官白川家所用大祓詞』)

御修行に入るとき、必ず初めに打たなければならない拍手の説明である。天神地祇や遠い御祖の神々を呼ぶための拍手で、正式な名称も付いている。御修行を始めるにあたって、神々をお呼びするのである。神々を自分の中に迎え入れて、御修行に取り組む心構えが求められる。

意識的に行う行としては、鎮魂の行がある。鎮魂の行として、息永《おきなが》(息長)の法、息吹永世の法とも呼ばれる呼吸法がある。できるだけゆっくりと息を吸い、できるだけ細く長く息を吐いていく。息吹永世の呼吸を繰り返すことで、心を静めていく。呼吸を静めることにより、表にあらわれている顕在意識(表層意識)の働きを鎮め、無我へと近づく。

意識を静め、集中する修行として、瞑想といわれる修行がある。神道ではこれに相当する言葉は、鎮魂、鎮魂法と呼ばれる。瞑想は、仏教やヨガなどで使われる言葉である。仏教ではいろいろな言葉が使われ、座禅、止観、観(阿字観、月輪観など)なども、瞑想の一種といえる。道教(仙道)でも、坐忘《ざぼう》など、さまざまな言葉で呼ばれている。

瞑想や仙道の実習は、宗教とまったく無関係に習うこともできる。瞑想などの実習は素晴らしいが、神や仏などの聖なる存在を敬う心がないと、どの修行でも慢心を生じさせる。神なき瞑想者や実習者は、気付かないうちに多かれ少なかれ何らかの慢心が生じている。慢心というのは、私はほかの人間とは違うといううぬぼれを含んだ心である。神や仏を敬うことのない瞑想や仙道などの実習は、やり込むと慢心が生じて、普通の人々を軽蔑するようになる。神秘体験、エネルギー的な覚醒体験は、体感的にすばらしいが、慢心が生じると一種の堕落となる。

何かの修行での実習を積んで、素晴らしい体験や神秘体験をしたり、エネルギー的な覚醒体験をしたという人でも、実際に会って話したりすると、何か嫌な感じを受け、どこかに横柄な感じがしたことはないだろうか。実習者が知らずのうちに、多かれ少なかれ、慢心が生じているためである。慢心があると、普通の人々を軽侮《けいぶ》するようになる。神や仏などの聖なる存在を敬い、おのれの至らなさに気が付かないと、どこかに慢心が生じてしまう。禅をしていると、自分では気づかずに魔境に陥ることがある。禅の修行者がある段階で覚醒したと思い込むと、陥りやすい状態である。意識が拡張したことにより、不思議な体験をしたり、自分はすごい者だと思い込んでしまうことである。この魔境もこの類である。神のごとく輝き、荘厳なまでの美しさを見せながら、人を騙そうとする霊的存在もある。光り輝く金色の仏が表れても、それに捉われてしまと、禅的な悟りなど望むべくもなくなる。

自分は特別で、人より優れているという心には、慢心が隠れている。すべてうぬぼれからくる慢心である。はるかに高い崇高なる存在を敬い、それに比べての自分の至らなさに思いを寄せないからである。自分に価値があると思うなら、ほかの人にも、同じく特別な価値がある。

傲慢な人とは、自分のことを特別だと思っている人のことだけではない。明らかに他の人もかかわっていることなのに、それを自分一人だけで決めてしまうことも、傲慢の表れである。

他の人の意思や意見を聞かず、自分一人で決めてしまおうとする人も、意識の底には傲慢な心が潜んでいる。

霊能や霊視でも同じで、崇高なる神を敬う心を持ち、自己の至らなさに気付かないと、慢心が生じる。

御道において、「霊能者になってはならない」といわれている。

「霊能者になるな」というのは、修行の道において、霊能は大きな障礙《しょうげ》を生じさせるからである。霊能者と求道者とは、修行する目的が違う。御道でも、慢心は堕落の一種であって、神に向かう障害となる。人は霊能者を目指すべきではなく、覚者(霊覚者)や聖者を目指すべきである。霊覚者や聖者は、霊能などという些末なことではなく、真理を求めて修行しているからである。

出口王仁三郎の霊界物語に、「霊主体従」「体主霊従」という言葉がある。「体主霊従」とは、唯物主義、自己中心主義、お金だけが価値のある世界のことである。相対の世界では、人間の本体は肉体であると捉える。それに対して、「霊主体従」とは、唯物主義ではなく、人が持つ深い意識、すなわち霊性を大事にするということである。

霊性とは、霊能者が持つ霊能を指しているわけではない。普通の霊能者は、霊性という観点からすると、一般人とそう大して変わらない。霊能があると、自分は特別な選ばれた人間だと勘違いしやすいが、とんでもないことである。霊能などは、人間の霊格としては役に立たない。霊能は多くは、憑依している霊に依ることが多い。狐霊、狸霊、蛇霊、天狗霊など、外部からくるいろいろな霊的存在がいる。天狗霊などはなかなか見抜けないが、御行の世界とは違うことに意識が向く。霊能があることで、自己評価が高すぎ、うぬぼれに陥りやすい。光が見えたとか、何が見えたとか、これらは本来の御行とは何の関係もない。

霊的なものが見えた聞こえたというようなことは、霊能の世界であり、御行の世界ではない。これらの外部から来た霊的存在である。このような霊的存在に惑わされてはいけない。外部の霊的存在などは、人間の進むべき道とは関係ない。人間には直霊《なおひ》という、神と直接繋がる魂がある。人間は神と繋がっているからこそ、祝之神事の御行ができるのである。祝之神事の御行をしていると、次第に憑依（憑き物）が離れていき、霊能がなくなる。今まで憑依（憑き物）が見せていた、霊的なものが見えなくなり、聞こえなくなる。ここからが本来の祝之神事の御行となっていく。

外部から憑ってきた霊的存在では、伯家の御行はできない。憑依霊が御行を行うことは、無理である。先祖霊などが頼ってきている場合も、なかなか御行には入れない。この場合は、先祖霊と共に御行を進めていくしかない。先祖霊と一緒に御行をするということである。そのうち先祖霊の影響もなくなっていくだろう。

人間は、霊能者などではなく、真理を目指す覚者（霊覚者）を目指すべきである。その人の霊性には、その人が持つ根本意識が関係している。霊性を磨き、物質的なことはそれに従わせるということである。覚者、聖者こそ、人間の目標である。覚者が真の賢者である。

高い神意識からくる霊的波動は、修行者の直霊を通して、無意識に作用を及ぼし、意識にさまざまな反応を促してくる。意識することも測定することもできないが、神意識からくる霊的波動というものがある。これが神遊びとなるのである。神の遊びは、ただ面白いというようなものではない。神遊びとは、神が知らせるさまざまな意味を持っている。これが霊術ではない、祝之神事の極地である。

神伝相承の御道は、無心から無我へと至る不思議の業《わざ》である。

意識を外に向けて、何かを見ることや聞くことにこだわると、御道の修行は進まない。何かが見えたとか聞こえたとか、そういう霊的なことを目指す修行でもない。何かが映像として見えたとしたら、まだ自分は無心ではなく、無我に至っていないのである。意識に浮かぶ映像は、霊的な存在からの働きかけや、頭の中での思考によるものである。

無心を越えて無我になるために、御修行を積み重ねていくのが御道の世界であり、どれだけ無我の状態になれたかが、ここでは問われているのである。

神伝相承の御道は、語らずとも知る古《いにしえ》の道である。

まことの神の意を知るに、声で語る必要はなく、ただ神に預ける、私心のない無我なる心が求められるのである。

おわりに

天皇陛下は、日本国を代表して、神々への祭祀をなさいます。

篠つく雨の日も、強い風の吹く日も、汗の噴きだす暑い日も、手先も凍える寒い日も、日本国を代表して、臣民のために、神々への重要な祭祀をなさいます。


陛下個人のためではありません。

陛下は神とともに生きておられます。

日本国のため、日本の臣民のために、神々に祈りを捧げます。

日本国を代表されて行う、神々への陛下の祭祀のお役目ほど、尊いものはござません。

大嘗祭で神と一体となられた陛下だけが、おできになられる大切なお役目でございます。

神とともに歩まれる陛下だけが、日本国の代表となられる資格をお持ちでございます。代わりがつとまるものはございません。

政治的な権力を伴わない、祈りとともにある祭政一致の道です。


まごころを込めた、神々への真摯な祭祀が、無力だと思いますか。

心からの祈りが、神々へ通じないと思われますか。

神話時代を別にしても、日本は、なぜ千六百年を超える歴史があると思いますか。

今まで日本国が、長い間、連綿と続いてきたのは、どのような理由があるのでしょうか。


江戸時代の上田秋成、明治時代の泉鏡花、昭和時代の三島由紀夫のなかに、息づいていた神々や精霊の世界を見てまいりました。

日本の神秘の伝統は、昔のことではなく、今も生きています。


三島由紀夫は、自らが自決することにより、日本人の意識に衝撃を与えて、日本人の持てる本来のすばらしい精神性である大和魂を復活させようとしました。

日本の精神的な伝統は、知られざるところに、今でも生き生きと息づいています。

今一度、日本人は神に向かう自分たちの太古からの伝統を、思い出すべきではないでしょうか。

高濱清七郎は、不言惟神の大道、審神者古伝の神事を残すために、自分の妻子や家庭をも顧みず、すべてを捧げた苦難の人生を歩んだのはなぜでしょうか。

神伝相承の御道の存続のために、いのちをかけて努力したのは、天皇陛下の御ためと、日本の国家百年の計を考えてのことでした。

清七郎は、宮中に伝わった日本の伝統を後世に残すために、自らの人生を捧げました。

日本人の精神性は、自然のなかに神をみて、自然を経典として学ぶという神々の歴史のなかに、今も脈々と受け継がれています。

日本人のすべてには、自然のなかに神々や精霊を見て、神々の声を聴くという精神が生きています。

現代人の多くが冷笑するようなオカルトでも、迷信でもありません。

西洋での本来の意味の神秘学、超自然的な目に見えない世界を扱う伝統が、日本には昔から今に至るまで伝わっています。

今までは、人が神を祀ってまいりました。これからは、神が人を祀るといいます。

神から祀られる人とは、どのような人でしょうか。

神様から、この人はすばらしい人だと祀られる人とは、どのような人でしょうか。

神が人を祀るという、この一言の中には、神から祀られるにふさわしい人になれ、という意味が含まれています。


ご自分に問うてみてください。あなたは、神から祀られるにふさわしい人でしょうか。

あなたが思う、神から祀られるにふさわしい人とは、どのような人でしょうか。

我欲にまみれたままの人を、神が祀りましょうか。


金が欲しい、金が欲しい、儲けたい、儲けたい、としか言わない者もいました。

大学で金を儲けるために、数学を学んだといいました。何か儲かる仕事はないか、金が欲しいと血眼で探し回っていました。

このような人を、神が素晴らしい人だと祀るでしょうか。


このような者にとっては、人生の意味や生きる目的は、お金しかないのでしょう。人生の目的や価値観は、お金だけなのでしょう。このような者が、いくら座禅をしても意味はないでしょう。座禅の目的は、お金を儲けることではなく、真理に気づくための方法でしょう。金を儲けたいとしか言わないような者が、いくら座禅をしようと、真理ははるかに遠く近づくことすら難しいでしょう。

座禅は金儲けの手段なのかと思えるほど、お金のことしか言わない者が、いくら座禅をしても真理には近づけないでしょう。真理を目指している者ならば、周りの人に俺は座禅をしているなどと言わないでしょう。座禅も金儲けの手段の一つ、金儲けのインスピレーションが浮かぶための手段と考えているのでしょう。

お金が儲かるという話には、目の色を変えてきますが、それ以外の話にはほとんど興味を示しません。なんか儲かる話はないか、いつも物色していますが、儲かる話でなければ人の話は聞きません。このような者にとっては、この世で価値のあるものは、お金しかないのでしょう。

仕事で社会に貢献しようなどという考えはありません。何か人の役に立つことをしようという考えもありません。ただただ、儲かればそれでいいという考えです。物欲の世界に生きても、真理を見出すことはできないし、人生の価値でもありません。

お金は生活に必要なものですが、真理とは何の関係もありません。現代人は、真理や神に目を向ける人は、本当に少なくなってきています。

お金の力の元となっている根拠は、人間の欲望のエネルギーといえるでしょう。人間の欲望を無限に再生産していく仕組みが、欲望の宇宙を作っています。欲望の宇宙では、高次な段階でも、日々の生活の段階でも、お金が欲しいという思いは同じです。

今の地球は、お金の闇のエネルギーに覆われています。

俺様が通る、どけどけ、と人を人とも思わず、押し退けながら、俺は偉いんだ、金を持っているんだ、とふんぞり返る人も見ました。自分はお金を持っているんだ、偉い者だと、ふんぞり返っている者は、自分の姿の醜さに気が付いているのでしょうか。

相手の気を引くためだけに、自分がする気もないことを、さも実際にするようなことを言う者もいます。このような者は、相手の気を引いて、うまく引き込んで、騙せればそれでいいのです。相手が自分を信じた後は、うまく話に引き込んで騙し、自分の言ったことを実行する気など、さらさらありません。

巧みな言い回しで相手を操ろうとすることは、相手を馬鹿にしていることと同じです。中身のない言葉で、相手を騙そうとして、言葉巧みな言い回しを並べたてても、意味はないのです。相手に言質を与えないために、関係の薄い話で気をそらしたり、政治家のように何とでも解釈できるような話をしたり、口では素晴らしいことを述べていても、内容は伴わなければ信用はされません。

いくら言葉が巧みでも、実質的な内容がなくては、人から信頼も尊敬もされません。

価値もないことで、価値があるように、相手を言いくるめようとしても信頼などされるわけがありません。曖昧な言葉、解釈次第でどうとでも取れるような言葉で、話を巧妙に進めて行く者には、注意が必要です。どうとでも解釈できる言葉で、相手が誤解することを期待して、話を進めたりします。言うだけならタダであり、話すだけなら何の費用も必要ありません。解釈次第で、どうとでも取れるような言葉は、当然誠意が感じられないので、信用も信頼もできません。

いくら言葉巧みに言いつくろっても、話に内容がなければ、意味がないでしょう。言葉の巧みさだけでは、相手を納得させることはできません。美辞麗句を並べ立てても、美しい生き方とはいえず、醜く汚い生き方にすぎません。

座禅をしながら、お金儲けにしか興味がない者も、俺は偉いんだとふんぞり返る者も、実行する気のないことを言い、相手を信用させる者も、言葉巧みに相手を丸め込めようとする者も、美しい素晴らしい生きとは、言えないでしょう。自分ほど偉いものはないと誇ることは、美しい生き方とは正反対の生き方です。

自分がやりたくもない仕事を人に押し付けて、金儲けをしようとする者も、美しいとは言えません。自分がやりたいことを一緒にやろうと言うのではないのです。このような人間が内気な恥ずかしがり屋なわけがないのです。

こんな生き方をしている人を、神が素晴らしい人間だと祀るでしょうか。

嘘やあいまいな言い回し、美辞麗句で飾り立てること、言葉巧みにディベートで相手を言い負かすこと、お金儲けにしか価値を置かない生き方など、こんな世界には嫌気がさしているでしょう。

今の世の中は、自分さえよければそれでいい、という人が多すぎます。

物質的な幸福を追うことに意味を見出していることも、満たされない一体感や安心感を求めてのことかも知れません。しかし、美しい生き方とは、自分がお金を儲けて、俺は偉い者だと威張ることではありません。神が祝福する生き方とは、お金を儲ける事や、外面を飾ったり、美辞麗句を並べ立てたり、俺は偉いんだと威張るような生き方ではないのです。そのような生き方とは、反対の生き方と言えるでしょう。

美しい生き方とは、アフガニスタンでの砂漠の緑化に尽力した医師や、カンボジアで地雷除去に尽力した元自衛官の方のような生き方です。

人々は美しい生き方ができます。他の存在に役立つ生き方こそが、美しい生き方といえます。これらの人達の生き方は、神々からも称賛されるでしょう。このようなことをするとは、なんと素晴らしい人間であろうかと、神から祀られる生き方です。

他の人を救うような生き方こそが、美しい生き方です。他の人とは、つまるところ自分と同じなのです。他人に何かをしたことは、自分にしたことと同じです。

他の人にしたことは、同じことが必ず返ってくるというのが、カルマの法則と呼ばれるものです。これは完全なる宇宙の平等の法則なのです。

目には目を、歯には歯を、という言葉がありますが、通常は自分がやられたことと、同じようなことで仕返しをすると解釈されています。しかし、本当は自分の行いに関して、同じ結果を招くというカルマの法則のことです。自分が行ったことは、いずれそれに相応するものか、それ以上になって、自分に返って来るということです。それは善いことにも、悪いことにも、両方に当てはまります。

美しい生き方とは他の人に尽くすことであり、他人を自分と同じように大事に思い、それが行為に出るともっと良いのです。このような生き方こそが神が祀るような、美しい素晴らしい生き方でしょう。

神が祀るような人とは、外面を飾る人ではなく、美しい素晴らしい生き方をしている人です。

人間は物質にのみ焦点を当てた、物質的な人間意識を超えて、真の人間意識にならなければなりません。真の人間とは、意識を進化させた人間のことです。人間には直霊という魂意識があり、魂意識に同調することができます。これが本来の進化した人間の姿であり、もともとであった神の状態に戻るということでもあります。

直霊はハイヤーセルフなどというものではありません。ハイヤーセルフとの会話といっても、自分の意識レベルにあったものしか、やっては来ません。自分の意識レベルが高くなければ、高いレベルの存在などやってくるはずがないのです。必ず自分の意識レベルに見合ったものしか来ません。

神を見た、神の光を見た、神のお告げを受けた、などという人もいますが、直霊から来たものではありません。直霊はそんな話をしてくるような存在ではないからです。これは神に対する自己の執着から来たものに過ぎないといえるでしょう。だから霊能者を目指してはいけないのです。霊能は、覚者が歩む道、進むべき道ではありません。覚者は、智慧の獲得を目指すべきです。

直霊は、人間側の都合で動くことはなく、純粋意識にしか応えません。直霊とは、会話や対話ができるような存在ではなく、超絶した存在です。ただ気付きを与えるだけです。自分に話しかけてくる声などがあれば、それは直霊ではありません。ただ自分の霊的レベルに応じた何ものかがやってきただけです。

仕事を通して、何か社会の役に立ちたいという考えは露ほどもない人が多いのです。頭の中には、自分の金儲けしかないのです。自分の得になるなら、儲けようと思ったら、人を騙しても構わないとする人もいます。儲けるためなら、どんなことでもする人がいます。

ギャンブルで自己破産するような者は、ただの愚か者にすぎません。ギャンブルでお金を儲けようなどとは、愚か者の極みです。これでは神に近づくどころか、神から離れていきます。これでは神から遠く離れたところにいることになるでしょう。金儲けのために、神を利用してはいけません。

美しくない生き方は、それだけ神意識から離れているとなります。

こんな人を、なんと素晴らしい人だと神が祀るでしょうか。


自分の利益しか考えない人が、いくら増えたところで、社会は少しもよくなりません。

自分が得をするためならば、容易に良心など捨ててしまえる人たちです。

いくら立派なことを言っても、実際の行動が伴わなければ意味がありません。

口先だけで立派なことを言う人が多すぎます。

言葉のうまさで自分が得をすることだけを考えています。


あなたが尊敬できる立派な人だと思った人は、あなたの目が曇っているからかもしれません。

自分の思い込みにより、人を見る目が曇ると簡単に騙されるのです。

言葉の巧みな人、ディベートにたけた人、口のうまい人には注意すべきです。

この社会の普通の人に、そんなに特別に立派な人はいません。

そういう言葉巧みな人は、聖者でもなければ、覚者でもないからです。

このような人にとっては、他人は自分の金儲けのための手段です。金儲けの手段として、できるだけ安く、他人が使えればよいのです。

自分の家族でもない他人は、仲間ではなく、使い捨ての駒にしかすぎません。

言葉巧みなディベートを駆使し、実質の伴わない言葉を並べ立て、人を言いくるめようとする人もいました。実質の伴わない、口先だけの言葉に何の真があるでしょうか。

言葉だけ、美辞麗句を並べるだけ、口先だけの人が多すぎます。

これでは、人からの心からの尊敬は得られません。一時的に騙せるだけにすぎません。

美辞麗句の言葉だけで、当たり前のことに過ぎないことを、何か感謝しなければならないようなことだと言いくるめようとしていました。

当たり前のことで、恩を着せようとし、感謝感激しなければならないように思わせようとしていました。こんな人が、人から信頼されるはずがありません。

いくら座禅をしようと、心構えが自分の金儲けしかないような人を神が祀るでしょうか。

自分の欲、自分の家族の利益にしか、目が行かない人が多すぎます。

こんな拝金主義者がいくら増えても、社会は良くなるわけがありません。

社会や世の中のためには、何の役にも立ちません。

座禅をしても、拝金主義者では、何のための座禅なのか、座禅をする意味がわかりません。

金儲けの手段を座禅でつかもうとしているのでしょうか。

座禅の目的をはき違えているとしか思えません。

自己を高めるためではないのです。


人生の目的はお金儲けにしかないのでしょうか。


自分では興味もないし、作業などはやりたくないが、部下ならやりたいだろうと思う考えに驚きました。仕組みや構造を考え、最先端の技術を応用するのではなく、単なる作業員に過ぎないなら、誰もやりたいはずはありません。これでは嘘八百を並べ立てて、口先うまく言いくるめでもしない限り、人は集まるわけがありません。

この仕事がおもしろそうだから、自分と一緒にやろうというのではないのです。


神から祀られる人とは、どのような人でしょうか。

世のため、人のためになるとは、どういうことでしょうか。

それはあなたが考えなければなりません。あなたが、そのような人になるのです。

この世の中には、女も男もいます。

女は女神に、男は男神に、あなたの理想とする神になれます。

あなたの理想は、何でしょうか。


自分の中の良心に恥じないよう、できるだけ高く、崇高な理想を持ってください。

人が神から祀られるにふさわしい人になったとき、人は神として働くことができます。

それでこそ、神から祀られる人となります。

人、誰しも、神から祀られるに、ふさわしい人にならねばなりません。

すべての女も男も、神から祀られる人になれよかし。


「かむながら」とは、神と人とが手を携えて、ともに歩むということです。

「惟神《かむながら》」と「随神《かむながら》」は、少し意味合いが違います。

しかし、どちらの「かむながら」の意味でありましても、神と人とが手を携えて、ともに歩むことが必要ではないでしょうか。

これからの日本は、いえ外国も、神と人とが手を携えて、ともに歩む世界こそが、求められているのではないでしょうか。

現世は物質の世界でして、肉体を持った人間が活動する修行の場となっています。この世で神の意を体して働くのは、肉体と自由意志を持った人間なのです。

肉体を持たない何かの存在が、現実の世界を勝手に造り変えて、良くしてくださるというわけにはまいりません。人間は機械ではなく、良心による自由意志を持った存在です。

霊的な修行をするということは、霊能力を開発するということではありません。

いくら霊能力があっても、自らの霊性は高まりません。

自らの霊性を高めるということは、聖なるものにあこがれ、霊的に高い世界に向かうということです。

水による禊祓いの儀式は、日本の伝統文化である「惟神の道」の根本です。しかし、水によらない禊の道もあるのです。

自らの良心に従い、不善を離れ、聖なる世界に向かうということなのです。

覚者や聖者や神人が、普通の人々が何の努力もしなくて、世の中を良くしてくださるわけではありません。

覚者や聖者は、人間の霊性があまりに下がらないように、ときおり現れてくださいます。

覚者や聖者は、人々を導いてくださいますが、世界を実際に変えていくのは、一人一人の人間です。

覚者や聖者とは、人類を導いた、ブッダやイエスのような人のことをいいます。自分で聖者であると名乗るような人のことではありません。本当の聖者は、覚者であり賢者です。

人間は、神様のおさまる宮としての肉体と自由意志を持っています。

神の意を受けて、現実世界で、実際に行動を起こし、社会的な活動を通じまして、世の中を変えていかなければならないのです。

「人が神の意を体して働く」ということであり、「神から祀られる人になる」ということなのです。

吉田松陰は、理想に燃えて生きた人です。

心に理想が燃えていたからこそ、幕末の志士たちに、大きな影響を与えました。

吉田松陰の数々の名言が残されています。（出典『講孟箚記』）

人間が生まれつき持っているところの良心の命令、道理上かくせねばならぬという当《とう》為当然《いとうぜん》の道、それはすべて実行するのである。（上巻「巻の一　第二場　六月十八日」）

君子は何事に臨《のぞ》んでも、それが道理に合っているか否かと考えて、その上で行動する。小人は何事に臨んでも、それが利益になるか否かと考えて、その上で行動する。（上巻「巻の二　第十二場　八月三日　第三章」）

小人が恥ずかしく思うところは外面の問題であり、君子が恥ずかしく思うところは内《ない》実《じつ》の問題である。（下巻「巻の四中　五月十四夜　第七章」）

理想とは、個人の欲望や利益のことではありません。吉田松陰は、おのれの欲望や利益のためには、行動しませんでした。

だからこそ、幕末の志士たちの生き方に大きな影響を与えることができました。

吉田松陰の時代の人々と比べると、いかに現代の人たちの霊性が落ちているかということがわかります。

自らの理想に燃えて、理想のために生きている人が現代にはおられるでしょうか。

現代の人々の生きる目的は、金儲けだけなのでしょうか。


これから地球は次元上昇し、アセンションするという人たちがいます。

しかし現実の世界を見ていますと、人々の霊性はますます低下し、次元上昇など夢の夢にしか過ぎなく、次元が低下してしまう恐れがあります。このままの状態ですと、理想的な世界どころか、正反対の世界になってしまいそうです。


理想とは、自分の心の中にある良心に照らして、持つべきものです。

崇高な心は、崇高な理想を生み出します。

崇高な理想をお持ちください。

理想はあなたの生き方に影響を与えます。

神の道は、はるかな永遠へと続きます。

神の道は決して楽な道ではありません。楽しいこと、うれしいこと、ばかりではありません。

時には、思いもかけない出来事や苦難を乗り越えなければならないこともあるでしょう。それでも自分の中にある霊性と神性を信じ、より大きな光を放つよう、自分を磨き輝かせてください。

どのような困難でも、神の道を歩むものは乗り越えられます。乗り越えられない苦難はありません。

問題や出来事から、目をそらさせる話には、お気を付けください。問題の本質に目を向けさせないのは、引き寄せなどとは関係なく、解決への方策を考えさせない催眠です。

いかに神に近づけたか、どれだけ美しい生き方ができたか(外面を飾ることではありません)、こういうことが、人生を有意義に生きるということなるのです

民族を全体でとらえることなく、一部分で捉えると、日和見主義になり、場当たり的な、大衆迎合主義の文化になってしまいます。

いままでの良い価値観を継続するのではなく、良い価値観を否定した社会を作ってしまったのではないでしょうか。

深刻な問題として、日本の勤労文化が壊れかけているように思えるのです。若い世代が、経済的な自立と、仕事の喜びを感じることができず、日本社会というものに、大きな不信感を持つようになってきたといえます。

これでは、日本の良き伝統であった勤労文化もなくなっていく可能性があります。いまの若者は、目先の金儲けのために、拝金主義に近いような仕事に、目が行ってしまいます。

国会議員にしても、民族観すらまともに話せないような人達ばかりではないでしょうか。国家観と民族観を持たないと、政治でも不毛な議論や審議、無駄な時間を費やすばかりになります。

国の発展を妨げ、国民の生命すら危機にさらしています。メディアすら、正確な情報を伝えず、事実を隠し、考える機会を奪っています。

心地よい言葉にしか耳を傾けないのは、思考を麻痺させ、本当の問題に目を向けない幻惑です。問題を正面から見つめることでしか、解決策を考えることはできません。心地よいだけの言葉に惑わされ、自尊心をくすぐる巧みな話術に誑かされてはいけません。

自分の魂を汚さず、理想を持ち、正しき道をお歩みください。
自らのうちにある神性を覚醒させてください。
そうすれば自ずと進むべき道も、明らかとなるでしょう。
神の道は無限です。
無限の神へと続く道へと開眼してください。
神の道に目覚め、限りなき永遠の道をお歩みください。

今ふたたび、古《いにしえ》の奇《くし》びなる神こころを、日の本つ国びとが思い出し、朽ち果てたかにみえる、まことの道を思い出し、こころざしを立ててほしいと願う。

日の本つ国びとよ、目覚めて、神とともにあれよかし。

伯家神道関係者の資料

高濱清七郎、宮内忠政、中村新子、小田垣蘇堂などの書いた文章が、今まで書籍に引用され、掲載されたことはなかった。修行者にも参考になると思われるものを、原資料から今回引用させていただいた。御行を後世に伝えて、残すことに骨折った方々の、大変な努力の一端でも理解できれば、との思いからである。修行者が御行に取り組む上での心構えとしても参考になるであろう。伯家神道の御行を伝えた、清七郎、忠政、新子が、どのような人生を歩んだのか、その足跡をおおよそたどることができたのではないかと思う。

伯家神道関係者の資料（著作）には、今日では手に入れることも、閲覧することすら難しい、どこの図書館も保存していない希少な冊子がある。これらの資料がなければ、まとめることは難しかったといえる。小冊子は非売品であり、ページ数もそれほど多くなく、会則や役員人事についての記述もあり、伯家神道を当時修行している関係者のみに配られたものであろう。

◇小田垣蘇堂著

『元神祇官白川家所用大祓詞』一九四二年、村田圭史。『皇道皇學の発揮』復刻「神道学雑誌 第十五號」一九八六年、第一書房

◇高浜清七郎撰述

『造化三神々伝教会祝詞』一八八四年、佐藤彦次郎（国立国会図書館デジタルコレクション）

◇高浜清七郎、吉田正順編

『沙庭：高浜清七郎先生歌集』一九八二年、高浜神徳会（天理大学附属天理図書館蔵）

◇中村新子著

『和学教授所の起源と歴史』『和学教授の要旨』一九四〇年、『宗教法人神道古伝和学教授所本部』一九五二年、冊子、和学教授所本部

参考文献

◎荒深道斉『神之道初学』『霊素発輝（復刻版）』二〇一二、道ひらき出版、『道臣命在世記（上・下）（神武太平記）』一九六四、道ひらき東京本部

◎昌原容成『日本語は神である』二〇一三、トランスペース研究所

◎アリス・ベイリー『グラマー――幻惑と錯覚の克服』二〇〇二、『国家の運命』二〇〇五、『新しい時代の教育』二〇〇四、『秘教心理学』二〇〇四～二〇〇九、『テレパシーとエーテル体』二〇一〇ほか、AABライブラリー

◎アンドレ・ブルトン、巖谷國士訳『シュルレアリスム宣言・溶ける魚』一九九二、岩波文庫

◎『泉鏡花集成7』「天守物語」ほか、一九九五、ちくま文庫

◎『上田秋成全集』第七巻小説篇1「雨月物語」ほか、一九九〇、第九巻随筆篇「胆大小心録」、一九九二、中央公論社

◎梅田伊和麿『神伝古事記真解』一九八五、『古事記謹解総論―皇国の本義』一九七一、『斯の道』一九九二、筑波山梅田開拓筵

◎瓜生中、渋谷申博『知の探究シリーズ　本神道のすべて』一九九八、日本文芸社

◎荻原稔『井上正鐵門中・禊教の完了と展開―慎食・調息・信心の教え』二〇一八、思想の科学社。「『禊教本院』の展開」二〇〇八、明治聖徳記念学会紀要復刊45号。「大成教禊教の成立過程と変遷」二〇一二、同復刊49号

◎鬼倉足日公『生命の甕《もたい》』一九九一、山雅房

◎小野清秀『両部神道論』一九二五、大興社（国立国会図書館デジタルコレクション）

◎大江匡房『江家次第』（自1巻至3）一九三一、日本古典全集刊行会（国立国会図書館デジタルコレクション）

◎小田垣蘇堂『皇道皇學の発揮』「神道学雑誌 第十五號」復刻一九八六、第一書房
◎加藤周一ほか編集『日本近代思想体系20家と村』一九八九、岩波書店
◎金谷真『川面凡児先生伝（復刻）』一九九三、八幡書店
◎『先代旧事本紀 第3巻』（写）（一六四四年、前川茂右衛門、国立国会図書館デジタルコレクション）
◎『川面凡児全集』二〇〇一、八幡書店
◎近藤喜博編『白川家門人帳』一九七二、白川家門人帳刊行会、清文堂出版
◎『古語拾遺』斎部広成著、八〇七年（写）、（国立国会図書館デジタルコレクション）
◎占地無為平『神代の手引草』一九二三、皇国々体研究会事務所（国立国会図書館デジタルコレクション）
◎セリーヌ、生田耕作訳『夜の果てへの旅（上・下）』二〇〇三、中公文庫
◎出口王仁三郎『霊界物語』一九八七〜一九九五、天声社
◎『友清歓真全集』第一巻「霊学筌蹄」・第二巻「神道古義／一心伝神機鈎玄」、第三版一九八〇、神道天行居
◎長澤雄楯『惟神』「大審院委嘱鑑定書草案起草 霊学に関する材料の一部分」、一九二七、月見里神社付属講社－顕神本部
◎橋本政次『新訂姫路城史（上・中・下）』一九九四、臨川書店
◎馬場剛『明治・大正・昭和の日本──その戦争と平和の歴史──』一九六八、潮文社
◎氷川雅彦『川面凡兒：日本人の霊性に多大な影響を与えた神人』二〇一四、光祥社
◎廣江清『高知近代宗教史』一九七八、土佐史談会
◎H・P・ブラヴァツキー、田中恵美子、ジェフ・クラーク訳『シークレット・ドクトリン 宇宙発生論 上』一九九〇、『ベールをとったイシス 第1巻』

二〇一一、竜王文庫
◎堀川智子『神代より伝う「龍宮臨行の儀」考』二〇〇六、文芸社
◎『本田親徳全集』一九七六、山雅房
◎三島由紀夫『英霊の聲』一九六六、河出書房新社『日本の文学第4巻 尾崎紅葉・泉鏡花』解説、一九七〇、中央公論社
◎宮崎貞行『宇宙の大道を歩む―川面凡児とその時代』二〇一一、東京図書出版、『宇宙の大道へ 驚異の神人川面凡児、霊的覚醒の秘法』二〇二〇、きれい・ねっと
◎山口剛史「矢野玄道と伯家神道―『伯家問答』から見た鎮魂祭―」二〇一四、宗教研究87巻別冊、日本宗教学会
◎山本信哉編『神道叢説』国書刊行会、一九一一(国立国会図書館デジタルコレクション)
◎由利渓「蘇る源の道(1)(2)(3)」一九九九~二〇〇〇、「日本及日本人」通巻第1636~1638号、J&Jコーポレーション
◎吉田松陰・近藤啓吾全訳注『講孟劄記(上・下)』一九七九・一九八〇、講談社学術文庫
◎渡辺勝義『古神道の秘儀――鎮魂と帰神のメカニズム』一九九三、海鳥社

webサイト(二〇二一年四月に取得)
◎国立国会図書館書誌データ
◎坪内隆彦「維新と興亜」実践へのノート「国を磨き、西洋近代を超える」https://tsubouchitakahiko.com/
◎近江神宮 https://oumijingu.org
◎松陰神社 https://showin-jinja.or.jp/

索引

かな

あ

い

う

【著者紹介】

松濤広德（まつなみ・ひろあつ）

1954年、大分県宇佐市生まれ
北海道大学理学部物理学科卒業
筑波大学大学院修士課程環境科学研究科修了

幼少のころは、神道や仏教に関心はなく、修行にも特に興味はない。子供のころは、科学が発展すれば、宗教の欺瞞が暴かれ、不要になるのではないかと考えていた。成人して、仏教は死者の葬式や供養のためではなく、生者のための教えであることを知る。仏教は生者が解脱するために、ブッダが説いたものであった。日本の仏教は、祖師仏教であり、宗派仏教であるため、ブッダの説いたこととはかけ離れた内容となっている。ブッダが生者のために説いた内容は何なのか、その内容を探し求める。それを解説している仏教書は、宗派仏教の本にはほとんどない。

修験道、仙道、神道、ヨーガの修行、インド哲学などについても興味を持ち、いろいろ探求の道を拡げる。真理を探し求める過程で、言葉巧みな偽者の聖者がいることも知る。西洋の神秘学にも興味を持ち、調べる範囲を広げる。

唯物論的な世界観から見る世界とは違い、この世界は人が知らない真実の世界があることに気づく。世界の真実は、人が思い込んでいる世界とは大分違うことに、大部分の人は気づいていない。真実の世界を求めることが、人間の存在目的であると思い至る。遥かな真実に至るにはどうしたらよいか、探求することを生涯の目標とする。探求の過程で古神道を知り、古神道の指導をしている師を探める。古神道の修行に本格的に取り組む。

伯家神道は、古神道を探し求める過程で知り、取り組むことになる。伯家神道の祝詞を最初に聞いた時、とても懐かしい感じを受け、離れがたくなる。はからずも伯家神道の修行を続けることになった。伯家神道の先人の話を聞き、このまま歴史の彼方に埋もれさせるには、惜しい事実があることを知る。都合よく勝手な解釈をしたり、歪曲したりして、教えている者や、本の知識による思い込みの御行をしている者もいることを知る。このままでは先人の苦労した業績が忘れ去られてしまうので、忘れ去られる前に、できるだけ聞き知った内容を書き残す義務があると考えた。

伯家の行っていた神事に「梅の枝神事」がある。早春に行う神事で、梅の枝を使って神様を冬の眠りから覚ますのである。本書では、眠っていた神様に目覚めてもらうためもあり、早春の梅をあしらった。

伯家神道　伝承の系譜　くしびなる日本とかむながらの道

2023年1月23日　初版発行

著　者　　松濤広徳

装　幀　　森脇智代
編集・DTP　来馬里美

発行者　　今井博揮
発行所　　株式会社太玄社
電話：03-6427-9268　FAX：03-6450-5978
info@taigensha.com　https://www.taigensha.com/
発売所　　株式会社ナチュラルスピリット
〒101-0051　東京都千代田区神田神保町3-2　高橋ビル2階
電話：03-6450-5938　FAX：03-6450-5978
印　刷　　創栄図書印刷印刷株式会社

ISBN978-4-906724-85-7 C0014